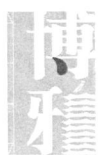

国际政治概论（第三版）

Introduction to International Politics

王逸舟 著

北京大学出版社
PEKING UNIVERSITY PRESS

图书在版编目(CIP)数据

国际政治概论/王逸舟著.—3 版.—北京:北京大学出版社,2020.10
21 世纪政治学规划教材.国际政治系列
ISBN 978-7-301-31760-0

Ⅰ.①国… Ⅱ.①王… Ⅲ.①国际政治—高等学校—教材 Ⅳ.①D5

中国版本图书馆 CIP 数据核字(2020)第 198958 号

书　　　名	国际政治概论(第三版) GUOJI ZHENGZHI GAILUN(DI-SAN BAN)
著作责任者	王逸舟　著
责 任 编 辑	武　岳
标 准 书 号	ISBN 978-7-301-31760-0
出 版 发 行	北京大学出版社
地　　　址	北京市海淀区成府路 205 号　100871
网　　　址	http://www.pup.cn
新 浪 微 博	@北京大学出版社　　@未名社科-北大图书
微信公众号	北京大学出版社　　北大出版社社科图书
电 子 邮 箱	编辑部 ss@pup.cn　　总编室 zpup@pup.cn
电　　　话	邮购部 010-62752015　发行部 010-62750672 编辑部 010-62753121
印 刷 者	天津和萱印刷有限公司
经 销 者	新华书店
	650 毫米×980 毫米　16 开本　20.5 印张　310 千字 2012 年 8 月第 1 版　　2016 年 8 月第 2 版 2020 年 10 月第 3 版　　2025 年 8 月第 3 次印刷
定　　　价	50.00 元

未经许可,不得以任何方式复制或抄袭本书之部分或全部内容。
版权所有,侵权必究
举报电话:010-62752024　电子邮箱:fd@pup.cn
图书如有印装质量问题,请与出版部联系,电话:010-62756370

目 录
CONTENTS

导　论　学什么，怎样学　003
  一、对国际政治的学习　006
  二、国际政治的内涵　009
  三、国际政治的演化　013
  四、对教材重点的掌握　018

第一部分　基础知识

第一章　全球化　031
  一、全球化的概念　032
  二、全球性问题的提出　036
  三、全球性挑战及治理　041

第二章　主　权　053
  一、古典的主权观念　054
  二、对主权的各种制约　056
  三、主权的基石作用　061

第三章　国际冲突　069
  一、国际冲突的主要形态　071

二、导致国际冲突的原因　　　　　　　　　　075
　　三、"地缘政治"和"文明冲突论"　　　　　　081

第四章　民族主义　　　　　　　　　　　　　087
　　一、民族主义的概念　　　　　　　　　　　　089
　　二、民族主义的表现形式　　　　　　　　　　096
　　三、现代化进程中的民族主义　　　　　　　　105

第五章　国际法　　　　　　　　　　　　　　109
　　一、国际法的演化与进步　　　　　　　　　　111
　　二、国际法对国家的约束　　　　　　　　　　117
　　三、国际法反映时代潮流　　　　　　　　　　123
　　四、辩证地看待国际法的作用　　　　　　　　127

第六章　国际政治的理论　　　　　　　　　　131
　　一、国际政治学科的发展历程　　　　　　　　132
　　二、国际政治理论的"美国中心"　　　　　　137
　　三、欧洲国际问题研究的多样性　　　　　　　140
　　四、大西洋两岸的派系差异　　　　　　　　　145

第二部分　新的议题

第七章　国际恐怖主义　　　　　　　　　　　151
　　一、国际恐怖主义的定义　　　　　　　　　　152
　　二、国际恐怖主义的主要特征　　　　　　　　155
　　三、国家恐怖主义问题　　　　　　　　　　　161
　　四、国际恐怖主义的综合治理　　　　　　　　165

第八章　个人与国际政治　171

一、国际政治的另一面　172

二、政治人物的共性与差异　175

三、决策者的代际差别　182

四、人的理性与非理性　185

五、小人物与大历史　189

第九章　非政府组织　193

一、问题的提出　194

二、历史演进：联合国的赋权　195

三、不同的形态与特点　197

四、崛起中的第三种力量　201

五、几种极端类型　205

第十章　生态政治的勃兴　209

一、可持续发展的理念　211

二、国家层面的应对　217

三、生态政治研究带来的启示　221

第十一章　国际多边机制　227

一、国际多边机制的相关概念　228

二、国际机制学说和国际公共产品理论　236

三、案例讨论：集体安全机制和维持和平行动　242

第十二章　科学技术的作用　253

一、历史上的科学技术　255

二、当代科学技术的作用　260

三、科学技术进步对国际关系的影响　269

第三部分　中国角色

第十三章　中国国际角色的变迁　275
　　一、中国的基本国情　276
　　二、中国国际角色的变迁　284
　　三、机遇和挑战并存的未来　290

第十四章　中国对外关系的转型　295
　　一、全方位的转型　296
　　二、新的发展态势　302
　　三、不同领域的进步　309

第三版后记　319

希望本教材能为读者打开更多了解国际政治的窗口

学什么，怎样学

导 论

本章要点

1. 为何学习：好的训练能帮助一个人更加系统深入地观察复杂多变的国际政治现象。

2. 学习什么：除了国际政治的历史、特征和假定，更应关注新阶段的动向及其内因。

3. 如何学习：提高学习技能，掌握学科工具，建立本土情怀和全球视野之间的平衡。

这本面向本科新生和普通读者的教材,讲的是与我们所有人息息相关、我们生于斯长于斯的这个时代,是充满斗争又相互依赖的外部世界,是变幻莫测又不断进步的宏观环境,是各种人(族)群之间、各个国家(组织)之间、各种国际体系之间的复杂关系。本书虽然会偶尔回溯从前的故事,但"厚今薄古"始终是本书不变的主线。

然而,每位读者并不是旁观者、"外星人",相反,每个人都是当代国际政治进程中的一分子,也是各种国际关系、时代变动、全球格局的参与者和承受人,我们自觉不自觉地用自己的情绪、认知和行为,建构、影响着包括国际政治在内的各种政治场景。恰如诗人卞之琳的妙语:"你站在桥上看风景,看风景的人在楼上看你。"国际关系也是人的关系,世界政治的行动者包含了形形色色的领导人和小人物。

大的背景和小的个体结合到一块,构成所谓国际政治的实时热点、话题、问卷及线索。我们不仅要看到大势,也应该注意关键细节和小人物。何谓国际政治的传统?什么是全球化带来的改变?政治家的行为如何既影响大众又受制于大众?主权、安全、民族国家为什么重要,又为什么越来越受到制衡和约束?当代恐怖主义与技术改进有关系吗?非政府组织起作用吗?都说多边主义有必要,但为何人们更多感受到的是单边强权霸凌?

初入大学校园的新生对中学教材的时事考点记忆犹新,普通人每天都在受大众传媒的"信息轰炸"。这些信息各有局限,与专业化或理性的解说有这样那样的差距。本书尝试建立更高的标准:为读者打开观察世界的更多窗口,避免单向度、线性认知;帮助读者不迷信权威,学会进行有质量的独立思考;拓展学习者的眼界,增强其洞察复杂事物的本领。

作为一本在中国使用的国际政治教材,本书第三版特别增加了对这个快速崛起、影响力日增的新兴大国的讨论:中国的国际角色在20世纪发生了什么样翻天覆地的改变?导致这种变化的根本原因何在?它对外部世界产生了哪些影响?国际政治的"中国时刻"是否真的已经到来?我们需要怎样的审视与反思?尤其对于年轻读者而言,如何学会用辩证的眼光和积极的心态看待复杂变化的中外关系?

从大的方向判断,对国际政治的学习理解,存在两种态度、思路及方法:一种是比较传统、在很多地方占主导地位的方法,它强调国家间的竞争甚至冲突难以避免,倡导学会更多博弈的手段,对可能出现的坏结局做出构思预案;另一种是渊源同样古老但近几十年有所增强的思维方式,它鼓励更多的人特别是年轻一代学会在困难条件下寻求合作,在各个国家、各个族群、各种文化、各个地域之间建立更多消除误解的渠道。

年轻读者需更多了解其生于斯、长于斯的这个世界

上述"现实主义"和"理想主义"两大学派——国际政治学把它们界定为"国家中心至上的权力政治思想"和"重视国家利益与国际社会协同的全球政治思想"——各有所长所短,难分胜负高下,有争论摩擦,也有妥协融汇,在实际生活中很难截然区分;然而,在学习专业理论时,学生需懂得它们的差异与前因后果。从各方面考量,笔者期待,国际政治专业的大学新生和普通读者,在知晓现实主义命题及其手段的同时,多一些理想主义的阅读与思考。

让我们带着这些疑问与期许,一同进入对国际政治的学习。

一、对国际政治的学习

国际政治不仅是国家与国家之间的利益和权力关系,还是所有国际行为体之间复杂的相互依赖与作用。了解当代国际政治的千变万化,是一个有趣、益智和无止境的学习过程。

(一)从"国际政治"的概念说起

常听到这样的问题:什么是"国际政治"(international politics)?它与"国际关系"(international relations)、"世界政治"(world politics)或"全球政治"(global politics)等说法有什么区别?

先理解什么是"政治"。国际政治的基础概念是政治。所谓"政治"(politics),简单说,是指政府、政党和主要政治行为体(包括利益集团、背后推手等),以自己的观念、方针和方法,治理社会、管理国家、应对他国的行为;经典的政治概念,强调以国家权力为中心展开的重大社会活动和稀缺资源分配之复杂关系的总和。有一种简单易懂的说法:政治是指谁(who)以何种方式(how)分配何物(what)。沿此逻辑推导,"国际政治"主要指各国政府争取资源(石油、出海口,或威望、影响力等)的行为和由此产生的复杂过程。

再来看国际政治、国际关系、世界政治、全球政治等提法的异同。一般认为,这些概念本质上都是讲国际上发生的事,讲国家间处理相互关系的做法,讲世界重大资源配置时的争夺与合作。比较起来,国际政治的范围窄一些,国际关系的概念更宽泛,使用二者时各有利弊,并无对错好坏。使用"国际政治"的表述,突显国家间、政府间、决策者之间的博弈关系;"国际关系"则包括对政治关系、安全关系、经济关系、文化关系、族群关系等领域的讨论。早期人们使用"国际政治"较多,第二次世界大战后"国际关系"的提法开始增多。20世纪90年代冷战结束后,随着地球村思想和全球主义学派的兴盛,以"世界政治"或"全球政治"表述取代"国际政治"和"国际关系"的趋势加强;论者增加了对非国家行为体和全球化现象的研讨,对"国家中心"范式的质疑和对非国家行为体及对跨国进程的思考,以及对全球伦理、非传统政治和非传统安全等方面的介绍。

本书看重世界政治和全球政治等范畴,行文亦多着眼于广义的国际关系,按理说应该叫"世界政治概论";然而,根据对长期讲授的固定教材的有关规定,教学过程及本书仍沿用"国际政治概论"的课程名称。这一点希望读者知晓。

(二) 学习让你懂得更多

一般人对大众媒体关于外部世界的大量渲染性报道常感困惑,但是同时也增加了认识看似矛盾的各种现象的兴趣。北京街头行驶的出租车上,路边纳凉的人群中,总有人大声谈论世界大事:从美国发动伊拉克战争的教训,到朝鲜试射卫星失败的原因,直至南海多方博弈的后果,乃至特朗普幕僚及背后黑手对付中国的阴谋诡计,见多识广的都市居民几乎无所不议,而且每议必伴有政策性建议。假如你是一个自学者或国际政治专业的学生,面对这种情况,你首先需要问自己一个问题:通过这门课程的学习,自己脑海里是否有清晰有力的线索和合理自洽的逻辑?是否有把握比那些侃侃而谈的大爷把问题说得更明白?

北京街上行驶的出租车里畅谈国际热点的司机

实际生活里存在的国际政治,远比通常人们看到的那些画面更加多样、复杂和易变,真正理解它绝非易事。为此,专门有一个名为"国际政治"的分支学科被建构出来,它尝试用各种办法,全面深入地展示这一对象。经过系统的学习、阅读和思考,在具备广阔的视野和掌握了一定的分析工具之后,国际政治专业的学生和经过认真自学的读者,一定比没有经过此类训练的人对国际事务的认识深刻得多。比如说,你不难察觉朝鲜"射星失利"背后的核不扩散努力、安理会决议、诸大国战略及朝鲜内部政治变迁等多重因素的作用,你或许会把所谓的"南海风波"与中国从传统的陆地强国向海洋大国和其他高边疆(如极地、外空)的迈进及冲击波联系起来并与美国及一些传统海洋强国的猜忌阻挠挂上钩,你也学到了专业工作者常常使用的学习试错与修正方法、国际国内双重博弈模型、定性分析和定量分析、看似简明的政策建议背后实际包含的复杂计算与推导过程等有用、有趣的知识。到了这个阶段，遇到重大时事问题时，即便你说出的判断与出租车司机师傅的相同，更不必说大相径庭的结论，你的看法也是有内在逻辑支撑的，是建立在一大堆科学知识和信息数据之上的，是被大脑里的"科学漏斗"筛选过的——所谓去粗取精、去伪存真、由此及彼、由表及里。

简言之，学习了国际政治的专业知识，你可以发现更大的空间，修正以往浅表的看法，深化对客观世界的认知，提高个人的欣赏水平和洞察力。自然，这种学习绝非一日之功和一蹴而就的，而是逐步熟悉和提高的过程。所谓"专业"，恰似瞄准目标、拾级向上的一种攀登。

二、国际政治的内涵

（一）国际政治的历史

一般而言，国际政治主要指民族国家（nation-state）间的关系。民族国家并非古而有之，它是一个近代的现象，是随着西欧国家率先实现工业化和对外扩张，逐渐被各国及国际社会接受的概念。换句话说，民族国家及其国际体系是最近几百年才形成的。虽然有人认为早在古代希腊或中国已有国际关系存在，但严格地讲，那时的政治实体间的交往过程，包括军事斗争和战略博弈，基本上是在同一种族、民族和宗教范围内发生的，与现在我们所说的不同国家、民族、宗教、文明之间的关系有很大不同。重要的是，古代希腊或中国并没有产生覆盖国际体系区域的规范与话语，如国际法与国际准则。以威尼斯为典型的意大利各城邦国家，在发展对外贸易和对外政治交往中，形成了欧洲也是近代世界最早的以权力和利益为中心的外交模式。不过，只是到威斯特伐利亚体系（Westphalian System）建立之后，尤其是18世纪以后，"国际关系"或者"国际政治"才成为西欧地区普遍的现象。这时，近代民族国家的要素初露端倪：人民（people），人民居住的领土（territory），拥有统治人民和领土之权威的统治者（ruler）或者政府

(government)。这个统治者或政府也被视为国家的代理人,国家是享有主权这一特殊地位的法律实体。"国家"(state)这个词源于拉丁语"*status*",意指统治者的职务或位置。

以实践标准衡量,19世纪算是比较成熟的"现代世纪"。在西欧和北美,这是一个现代民族基本生成、民族意识彻底觉醒的世纪,是一个主权国家相互承认和多边交往的世纪;它尤其表现为是欧美主宰国际权力分配的世纪,是主要国家对外扩张和征服、弱小国家依附大国强国的世纪,是"血与火""战争与革命""争取主权和对外殖民"的世纪。总的来看,发源于西欧的国家政体和国际关系已推向整个世界,"独立""自治""主权""民族国家""外交准则"等观念渐成国际社会普遍接受的东西。

国王曾是主权的象征与权柄掌握者

(二) 国际政治的基本特征

几百年间,国际政治发生了许多变化,但它的基本特征还是可以识别的。总体来看,欧美奠基和主导的近现代国际政治,有如下重要特点:

首先,国际政治本质上是竞争性的(competitive)。如同人性和政治的本质一样,国际政治表现为各国及各种行为体之间为争取自身利益、权力和各种好处而相互较量和适度合作的过程,其中最重要的是各个国家为了本国生存、发展而在国际范围内展开的争斗博弈。竞争的方式多种多样,小国、弱国竞争的是安身立命的起码条件,大国、强国竞争的是控制他国乃至影响世界的权力。需要强调的是,一国在国际上的激烈斗争是根本的,而对外合作是次要的、非本质的、不得已的,它服从、服务于这个国家生存与发展的目的。

其次,与国内政治不同,国际政治呈现出"无政府状态"(anarchy)。在正常国家的内部,政府是有特定权威的,各种法令法律的颁布与实施是有保障的,军队、警察、法院、检察院和各级政府等好似有效维护政令畅通的国家机器。而在国际政治领域,即便是联合国这样相对有较高声望、有一定资源的重要国际组织,也无法像各国政府在本国内部行使权力那样在全球各地彻底落实联合国大会或安理会的某些决议;哪怕是美国、俄罗斯和中国这些世界级的强国,也不能总是根据自己的意愿和要求强迫其他国家做这样那样的事情。主权国家组成的国际体系及国际法的一个基本要求是,各国不论大小都是独立的、相互平等的,因此再强大的国家和再有道义威望的国际法庭,都不可以强迫其他国家做其不情愿的事情。

最后,包括民族国家在内的各种行为体,在国际政治中施行的主要手段及立足方式主要依靠"自助"(self-help)。主权国家的基本性质和国际上广泛存在的无政府状态,使得各国政府和存在于国际的各种行为体,均会按照自己的目标、战略和掌握的资源,尽最大可能通过自身的努力而非他人的施舍帮助确立譬如说本国在国际体系的"受益点"和各专门领域的地位。"自助"也有各种方式和技巧:外交作为一门"复杂的艺术",便是其中的典型;宣布中立或与特定的国家结盟,也是某些弱小国家经常选择的"自助"策略。一国完全无法通过"自助"而生存之时,也是它主动或被动消亡之日。

(三)国际政治的经典假定

上文是关于国际政治基础性的认识,除此之外,还有一些较为复杂的看法。下面是其中几个:

第一,国际政治主要受到大国、强国的控制和影响。根据这个假定,表面上虽然存在诸如《联合国宪章》、安理会决议和许多功能性的公约协定,有时它们也能发挥一些作用,但国际政治的结构与进程主要受到大国、强国的控制。这些内部资源和综合实力远超多数国家的大国、强国,可以根据自己的需要决定是否遵循国际协议和规章,是否提携或打压别的国家,是否利用战争、制裁、外交、经济等不同手段达到自己的目的。"大国决定论"的出发点在于,它并不真的把国际关系看成各国之间的平等关系(至多看成是维系稳定所需的礼节性尊重),而是相信等级秩序的存在和实力的重要性。依照这个假定,国际政治被当成大国政治的延伸,国际政治乃至国际社会的命运由大国的外交和军事战略所决定。

第二,权力的消长与对冲支配着国际政治的宏观进程。欧美主流国际政治思想派系里,有一支叫"势力均衡论"。它的主要见解是:各国尤其是主要大国的实力不仅不相等,而且由于发展速度不同造成的此消彼长容易引发反制的尝试和各种冲突;国际政治里的对抗理由千变万化,实质都是不同实力的国家之间争夺权力、威望及影响的较量;各种势力的消长过程容易带来冲突、革命或战争,而主要势力之间的均衡与妥协有助于国际稳定和繁荣。根据这个假定,应对具有冲突和不稳定性特点的国际政治,需要把重点放在大国间的战略关系上面,需要对处于不同区域、不同文明渊源、不同历史背景、不同国际目标的大国有大棋局式的设置。从古到今,国际政治是各种势力之失衡—均衡—再失衡—再均衡的竞争交错。

第三,国际政治周而复始、万变不离其宗,它是人性自私、排他本能的反映。这一假定告诉人们,虽然不同时代的条件与背景会有一些差异,不同的主导国及国际体系也各有特色,但国际政治的本质是不会改变的。例如,前面提到的竞争、无政府状态和"自助"等,是无论大小国家都要面对的给定条件;"大国决定"和"势力均衡"状态,亦是所有国家都无法回避的决策前提。任何改变或修正必须建立在对这些环境因素的评估之上,不可能出现完全无视上述规律而卓有成效且获得广泛承认的民族国家和行动纲领。说到底,国际政治其实是人的事情、是人性的折射,表现了人类无节制的追求和主权国家之间无法消除的排他性。"人性恶"的本质决定了国际政治的对抗性。

无论有哪些存疑,入门阶段的学生应当把以上内容当成必备的知识和参照系。

三、国际政治的演化

(一)国际政治的新气象

处在 21 世纪第三个十年的开端,需用符合新时代气质的尺度衡量面临的一切现象。在承认大多传统命题仍然有效的前提下,看到新的变化、问题与态势,把它们纳入对当代国际政治的学习与思考,对于读者是很有必要的。

下面列举一些值得重视的动向:

• 全球化进程的推进。如果从哥伦布 1492 年首航美洲大陆算起,以经济全球化为先导和中枢的近现代全球化进程,已经在世界不同地域推进了 500 多年。而最近半个多世纪,是它的加速推进和不断深化的时期。在这个阶段,全球化不仅改变了人们的社会经济生活,也改变了国际政治的景象,使后者具有以往不具备的某些内容。比如,全球性挑战的出现和严峻,促使各国和国际社会更加重视全球治理问题,也催生了全球责任及全球伦理的萌芽。

- 以信息技术为中心的新技术革命的到来。21世纪之交前后,以手机、互联网和人工智能为代表的信息技术获得飞快发展,预示世界范围内新一轮技术革命的到来。与以往历次技术进步浪潮(如蒸汽机革命、铁路的修造或航海航空技术的突破)有所不同,以信息技术为中心的这一次新技术革命,穿透了传统的政府信息垄断屏障,更多惠及普通人的跨国交往与资讯获取,致使传统的各种控制力量受到削弱、治理方式受到质疑。在国际政治视野下,国家政府的主导地位有所下降,传统的国家决策和协调方式受到更多挑战。

- 主权作为国际政治的核心范畴受到深刻持续的冲击。近代国际体系生成以来,主权一直是民族国家赖以生存的法宝和利器。主权的关键内涵是一个国家的政权(领导人)能够不受任何外力约束地自主决定内外重大事务。但是,随着全球化的深化和新技术革命的到来,任何国家都不再可能按照以往那种方式自行其是,既无法不顾及国内社会和人民的意愿而做出专制决定,也不能在不考虑国际环境的压力的背景下实施外交和对外战略方针。主权范畴调整的新动向是执政者根据国内人民和国际社会的主流意志因地制宜、因时制宜、因事制宜地实行政治变革和政策调整,放弃过去那种把国家意志强加于内外民意的专横做法。

- 国际制度网络的不断强化与扩散。与全球化的特点相适应,国际体系最近半个多世纪尤其是冷战结束之后出现的一个新情况是,以联合国为中心的国际组织系统逐渐活跃壮大,各种国际规范、国际法律、国际制度朝着不同方向和不同领域伸展,发挥了远比从前重要的功能与影响。国际制度好像一张大网,越来越紧密地铺展到地球的各个地块和国家,不同程度地改变了各国和国际社会的议事日程。对国际政治历史的研究者而言,这种情况的意味之一是,新的国际政治局面再也无法简单地被定义为"无政府状态"。

- 大国权势不再有往昔的风光,尤其是军事力量的优先性有所下降。把时间的广角拉长就会发现,尽管当下各主要大国仍然占据国际政治的中心位置,但比起过去而言,它们受到国际制度更多的约束,受到媒体和社会等因素更多的批评,传统的统治方式和政治体制面对复杂多样的挑战显得更加乏力。这中间,军事机器作为国家重要手段之一,显然不像从前那样"好使",军事的优先性相对于法律、外交、经贸的位置有所降低;它揭示出多元化世界的一个重要含义,即国家的暴力机器功能逐渐减弱,国家合法性由不同的因素决定。

- 社会力量作为第三种力量登上世界历史的舞台。毋庸置疑的是,过去几十年国际政治最显著的一个现象是,以往很少发声的社会力量开始表达自己的诉求,用极其多样甚至完全不同的方式显示自己的存在。形形色色的非政府组织是一个典型,它们试图改善政府权力误用及缺失造成的问题,或直接对政府行使权威的方式发出挑战。不管采取什么方式,社会作为一个复杂的机体在国际政治里逐渐壮大,而传统的政治权威和经济势力(如政府经济主管部门和国有企业)不得不与之争夺权力和影响力。

- 国际政治与国内政治的互动更加密切,复杂的传导机制呈现出国际关系的新画面。由于上面提到的各种因素的存在和加强,最近几十年国际关系中有一个值得研讨和追踪的情形,即随着各国门户的日益开放(不论是主动自觉还是被迫接受),国际政治与国内事务的界限越来越模糊,外部的动态很快传递到各国内部(反之亦然),一国自身的决策往往是内外"双层博弈"的结果,国际的协调或冲突有了更多的参与方和动因;判别国际政治的进程与后果,很难用过去那种相对简单的国家间冲突或合作的标准加以衡量。新的国际关系结构层次更多、因素更多样、结局更不确定,国家间相互作用不再沿着线性的轨道发展。

以上动向与趋势给出一条线索提示,即国际关系的性质正在发生深刻变化,传统意义上的"国际政治"正在朝着新的更加立体化、动态化的"世界政治"转变;以往教科书和官方权威的文本对"国际政治"的旧式定义虽未完全失效,但已无法充分诠释"世界政治"正在萌生的新要素、新角色和新的互动方式。过去人们熟悉的"inter-national"(民族间、国家间)政治,变成了"multiple-actors"(多要素、多角色)政治。

国际政治中的新因素、新角色

（二）国际政治的未解之谜

综观历史、细察今日，一个问题是：能否说国际政治的基本性质一直未变，国际关系的历史始终在循环？还是说，国际政治存在着进步趋势，进步由量变到质变，呈现逐渐加速的状态？根据笔者的判断，后者不仅是可能的，而且是现实的。后文将分析的一些内容，如第二次世界大战后尚武风习的式微、社会世界的兴起、国际制度的网络化、法律和外交影响力的上升、经贸因素对军事的约束、专制国家的逐渐减少、主权范畴内涵的积极演变等，如果放在短时间内观察，这些变化也许只是缓慢的、微不足道的，但是，把它们纳入长时段的历史框架下比较，就不难发现，在国际政治传统内核大体不动的情况下，国际关系和外交许多曾经坚硬的"外壳"不断出现融解、分裂、消亡、转换形态等改变。变化的原因不一，变化的速度各异，变革的方式有别，对变革的解说大相径庭，但总的指向是从比较低级朝着比较高级、比较粗鄙朝着比较精细、比较野蛮朝着比较文明、比较封闭朝着比较开放、比较专制朝着比较民主、比较压制人权朝着比较尊重人权、比较少的福利和社会事业朝着比较多的福利和社会事业的方向过渡。这是人类进化的体现。

在此强调，对"循环论"或"进步说"的讨论至关重要，它关系到年轻一代思考问题的不同方向和解决问题的路径选择。根据这样一个判断，本书的内容设计有意加强了对"有进步意味"的主题及领域的介绍，如全球化、多边机制、生态政治、非政府组织、新安全观、世界趋势等；即使是那些国际政治传统主题（如主权、安全、地缘政治、民族主义、恐怖主义等），书里也把对它们的介绍重点放在其变化与新的知识上面。这种设计背后的基本考虑是，年轻一代中国人需要让自己的心胸更加开阔，避免受到狭隘情绪的左右，要学会做出有人文关怀、有长远眼界、"有温度"的思考判断。

与未解之谜相关的另一问题具有哲学意味，那就是，以往假定的"人性恶"本质制约了国际政治的基本属性，仿佛国际关系和外交天然只有丑恶的一面，只能让国家之间彼此争夺残杀，只是单纯运用博弈方式置对手于死地或无法反抗之境。而现在的情势与发展让人不禁发问：国际政治难道没有真善美的一面吗？国家与国家之间的多渠道交往，难道不存在文化的融合、理解与升华吗？既然国际关系也是人的特殊关系，难道人性不是丰富多样、充满矛盾和变化、既有邪恶也有美好的吗？譬如说，当世人见到那些全身心投入国际禁止地雷运动并且取得成效的组织，当越来越多的志愿者像白求恩大夫那样为国际人道主义事业无私奉献，当北欧国家把国民收入和财政支出的重要部分用于国际和平进程（如维和行动、中东和平进程及调解东南亚紧张对立局势），当大量以色列人民和外国公众为追悼已故总理拉宾的场景通过媒介传播到世界不同角落，当南非前领导人曼德拉倡导的废除种族隔离制度的事业最终在这个国家获得成功……在无数类似的场合与时刻，国际政治里的正义得到弘扬，邪恶遭到唾弃，其示范效应像冲击波一样扩散。

这里不打算否定国际关系的竞争特质，也绝非看不到霸权主义和强权政治的逞强，而欲指出，要善于辨识国际政治里的真与伪、善与恶、美与丑，看到这些"对子"之间的较量及消长,懂得各国、国际社会和世界人民去浊扬清、趋利避害的可能性及努力方向。过于悲观的眼光有时会加剧事态的恶化;而乐观的心态与进取行动可能聚沙成塔,甚至在关键的时刻化量变为质变。正如国际政治学里相互依存学派创始人之一、哈佛大学教授约瑟夫·奈指出的那样,假使双方互视对方为敌且朝着这个方向竭力推动,本来不是敌人的两个国家最终也可能成为敌人;如果彼此视对方为朋友且朝朋友的方向逐步建构,即便是原本存在分歧的两个国家也可能会化干戈为玉帛。历史经验和理论论证都表明,对外心态及其支配下的战略,往往决定着国际进程的走向和最后的结局。从这个意义上讲,年轻一代的国际政治学习者和实践家,有责任改变悲观主义的宿命论。这也是广义进化论在国际政治中的应用,是人类历史进步与地球其他物种进化本质同源的论点。

四、对教材重点的掌握

(一) 本教材的内容及重点

作为一本简明教程,本书尝试用不大的篇幅,通俗地提示当代国际政治的方方面面。书中讲述的范围涵盖了当代国际政治的一些难点和前沿,包括有成长前景的线索与缺乏共识的争论。

导论"学什么,怎样学"旨在引导学生和普通读者进入理解国际政治的大门,了解课程的大体框架、进度及要求。区分权力政治的传统思考方式与理想主义的新型思考方式,反映出笔者对培养年轻一代开放进步心态的期待。有关对象和方法的说明,建立在社会进化论和全球主义的思想基础之上。

第一部分"基础知识"共有六章,属于国际政治学习的原理部分。第一章"全球化"是全书的核心内容之一。它研究了全球化的概念、动因、进程以及面临的挑战,提示了当代国际政治生成的时与境。这一章的重点有二：一是对全球化概念为什么存在大相径庭的各式解释，二是恰如其分地评价当下的反全球化现象。对全球化概念的熟悉及应用，对于整个国际政治课程的学习至关重要。第二章"主权"，是本书另一核心。它着重分析了主权范畴在当代面临的挑战和自身发生的重要演变，指出了其与人权问题的联系，以及动态进步的几个关键点，提示读者用发展的眼光看待国际政治这一关键范畴的演化。第三章"国际冲突"，介绍了当今世界国际冲突的主要形态、分布情况和发生原因，揭示了各国利益和目标存在的矛盾何以导致紧张对立，各种国家和非国家行为体如何在非传统安全危机中扮演各自的角色。第四章"民族主义"，梳理了民族、民族主义等概念的来龙去脉，以及部族民族主义、种族民族主义、宗教民族主义、文化民族主义等类型，揭示了现代民族自我发现与审视的特点。第五章"国际法"，简要介绍了国际法的主要知识和这个领域演化的特点，主要讲述了国际法给当代国际政治和各国外交带来的积极影响，既展示了它制衡权力政治的趋势，也分析了它内在的矛盾（"王道"与"霸道"的复杂关系）。第六章"国际政治的理论"，简要介绍了国际政治作为一门学科的成长历程，重点分析了两大主干——学术界的"美国中心"和欧洲特色研究是如何伸展的，有哪些特点与差异，指出了非西方国际关系研究的方兴未艾与任重道远。

第二部分"新的议题"也有六章，介绍国际政治学习的新知与重大争议点。第七章"国际恐怖主义"，从多个角度透视了国际恐怖主义的来龙去脉，尤其是揭示出这一现象背后的不同立场，提示读者注意国际恐怖主义的残忍手段、隐秘特征和政治目标，以及根治它的艰巨性、长期性。第八章"个人与国际政治"，为读者打开洞察国际政治的另一窗口，即个人的特殊位置，包括角色如何约束个人，人性、情感、个体差异的存在，决策者的代际差别，非理性思维如何作用，以及小人物与大历史的关系。第九章"非政府组织"，解释了国际政治范围内这种"第三种力量"为何崛起，它与各国政府的微妙关系，它自身形态的复杂多样，揭示出在全球以民间团体和社会组织为主体的社会世界兴起的意义。第十章"生态政治的勃兴"，分别从可持续发展的理念、国家层面的应对和生态政治研究带来的启示的三个层面，讲解了生态政治议题的不同内涵及意义,揭示了它在国际政治向世界政治(全球政治)转换过程中的深远影响。第十一章"国际多边机制",扼要探讨看似简单的这个范畴下相关的知识点,如单边主义和多边主义,政策性多边主义与机制性多边主义,国际多边机制的刚性、韧性、惰性,国际机制学说和国际公共产品理论等。第十二章"科学技术的作用",说明了国际体系的变迁、国际关系的塑造越来越受制于科学技术的发展及应用,从不同侧面证明了科技在国际政治中的双刃剑效应。

第三部分"中国角色"由两章组成。第十三章"中国国际角色的变迁",讲的是最近100年中国国际地位的变迁,重点分析了新中国成立后的毛泽东时代、改革开放以来的邓小平时代和当下进入的新时代各自发挥的国际作用及其成因。第十四章"中国对外关系的转型",主要介绍改革开放40多年来中国外交与国际关系发生的深刻转型,从不同侧面展示中华民族在当代取得的历史性进步。

这些章节各有其目标与重点。总体看,导论很重要,对初学者可能稍有困难,不妨多读几遍;第一部分属于基础知识,应花更多时间、精力去理解;第二部分在阅读时不必平均用时,可根据各人喜好做出取舍;第三部分专讲中国,容易产生共鸣或争鸣。希望读者根据自身爱好和疑问,结合各章末尾的思考题和推荐阅读,有计划、有步骤地扩大知识面并增强理解力。

(二)国际政治的思考方式

下面再来讲讲如何掌握这门课程的知识。

学习国际政治,需注意学习的技巧与门径,这样才能循序渐进、学有所获。一个优秀的学生或聪明的读者,在阅读本书时,首先会认真体会笔者的关键提示和全书的导论部分,做到心中有数、恰当分配精力和时间,使学习或阅读的进度与老师的要求一致。顺便说一下,在听课和阅读时做好笔记是重要的,它会使你不仅笔头更快而且反应更敏捷;在笔者的师长、同行和已进入教研岗位的学生里,有不少人有这种好习惯。其次,应当尽快熟悉和掌握这个学科的基本工具与主要概念,避免在缺乏基本知识与手段时就开始无序阅读、囫囵吞枣。

国际政治这个学科里学派林立、方法杂多,一般读者和学生不可能面面俱到地懂得所有知识,必须有所取舍。鉴于国际政治领域情况复杂,可阅读的好书和值得思考的主题也很多,学生和一般读者应当根据自己的兴趣,确定重点关注的目标和精读的书目。本书在每章后面都附上了思考题和推荐阅读书目——思考题反映出各章的重点线索与深入追踪的方向,每个读者对此应当予以重视;至于推荐的那些书,则完全可以根据自身兴趣和疑惑选择性阅读,譬如每周精读一本,或挑选几本里的相关章节对照阅读。

学派林立、名词纷繁的国际政治

需要指出的是,虽说学习这门课程的学生或一般读者一定对国际问题有兴趣,但每个人的成长经历、个性和环境不会相同,因而关注国际政治现象的重点会有所不同。例如,有的同学从小喜爱大自然,可能对生态政治和气候变化带来的国际政治现象更有兴趣;有的同学关注军事问题,因此阅读和思考的重点与国际热点问题上的大国战略博弈有关。在国际政治的术语里,这两个同学关注的对象分别属于"低阶政治"和"高阶政治",各自领域有着不同的研讨内容、争论焦点和分析路径,值得分别下功夫、找书看。笔者从指导学生的经历中发现,在起点相同、素质近似的同学的学习中,漫无目标、问题意识较薄弱的学生容易事倍功半,而那些根据自己兴趣及特长认真听课、选择读物的同学经常事半功倍。

学习国际政治,可以使用不同的方法,它们帮助学习者更加便捷地进入通常只有专业人士熟悉的领域,以更有深度、更有学理的思考方式为自己解惑释疑。举例来说,国际政治学界常用的一种方法叫"层次分析法",它把需要观测的问题分成不同层次,包括决策者个人层次、国家内部层次、国际体系层次、全球社会层次(世界政治层次)乃至宇宙政治层次,然后依次讨论不同层次的对象特点、行为动机、行动效果等,用大相径庭的"故事"和事实解释它们的差异性。这很容易让读者联想到个人的心理、情绪、出身、教育程度、成长经历等一系列线索,联想到国家内部的各个阶层、阶级或部门单位的复杂关系,联想到国际格局下大国间关系、中小国家的弱势(及策略)以及其他国际行为体(如联合国和跨国公司)的作用,联想到"地球村"的概念、外星人入侵的场景乃至各个星体未来的可能互动。这样,由若干简单明了的层次划分,收纳进许许多多的线索,让原本混沌庞杂的画面变得比较清晰有序。读者发现,有必要深入下去了解更多的知识,如人格分析、政治心理学、领导人代际更迭学说,如国家主权理论、国家安全观、国家利益的各种构成学说,如单极世界观、两极霸权稳定论、多极化(或无极化)思想等。随着持续的阅读和讨论,学习者的知识收获增多,思考水平也相应提高。

(三)国际政治的学习工具

从层次分析法不难看出,国际政治的学习有一定的规律和比较高效的工具。从学理上说,分析国际政治的学问(包括各类学习方法的解释)叫作国际政治学。它属于社会科学大家庭里的"小兄弟",诞生至今不过百年时间,但像那些老大哥一样,它有自己独特的分析目标、视角和"工具箱"。

下面是专业人士经常采用的一些分析方法:

● 权力政治分析。它也叫"现实主义学派",是国际政治的主流学派之一。它注重分析本国的利益和地位,以及国际权力争夺的战略和技巧。

博弈论、势力均衡说、"两面下注"（对冲）策略、各种进攻性或防御性的战略，均由此衍生。这种方法比较受各国决策部门的重视。

- 国际制度分析。它又叫"自由主义学派"，包含全球主义论、制度规范论、国际法学派等分支。它看重国际组织、规则和制度在塑造各国行为和增进各方利益方面的作用，强调经济相互依赖对政治安全事务的外溢效应。这种方法在冷战结束以来的时期扩展很快。

- 激进批判分析。它常被称作"左翼观点"，最早起源于马克思和列宁的革命思想，又分不同派别及追随者。基本上，它对西方资本主义国家主宰的现行国际秩序持批判和否定立场，主张从阶级斗争和世界革命的角度辨别国际危机的性质和各国政府的立场。

- 建构主义分析。它源自欧洲大陆分析哲学、语义学、后现代的某些思潮，勃兴于最近几十年的国际政治学界。专究行为主体间的认知与互动，强调"制度""国家""权力""威胁"等均为建构之果，不存在恒定的行动者、体系或动因。这派在年轻人那里追随者众多。

- 身份认同分析。它与建构主义同源，但侧重解剖国际政治安全重大事件背后的种族血缘、宗教文化、历史因缘的根源，把身份、认同、族群同异等范畴作为分析要件。近年来国际上引起广泛争论的"文明冲突论"，便是这种方法的代表之一。

- 战略文化分析。它与身份认同分析异曲同工。强调一个国家的历史脉络、文化传统、古法道统等，对这个国家的军事战略、策略、战法之类，乃至政治家、军事家思考重大战略问题时的取向，有持久深刻的、时而清晰可见时而难以名状的影响。

- 历史主义分析。它属于早期主流学派之一，代表人物多为知多识广的政论家、历史学者。它注重经验事实，强调历史启迪，对"孤本""绝木"尤为看重。但它比较排斥信息时代的所谓方法论，加上历史研究创新不易，近来呈现某种颓势。

- 哲理主义分析。与历史主义分析者类似，哲理主义分析者多半有宏大的全球视野和丰富的历史知识，更多地从哲学世界观的角度看待人类的整体性问题。著名的"罗马俱乐部报告"反映了它的长项与敏锐。不过,这类分析通常不太注重国家需求及解决问题的具体路径。

- 计量统计分析。此法崛起于20世纪60年代前后,受到第二次世界大战后科技革命的影响,由一批科学家和经济学家启动。这一学派擅长国际政治和安全事务的定量研究,对数据、模型、实验结果的可验证性等指标要求严格。"古巴导弹危机"可算是其一个催生事件。
- 政治人格分析。它借鉴心理学、医学、隐喻学的某些知识与概念,用来探讨政治人物特别是决策精英独特的政治意识、深层心理活动及其决策后果;其主要作用是,破除了对权势人物的迷信与假象,揭示了位居政治上位者之复杂且不为大众所知的人性。

分析工具如同生火的木棍,掌握越多越好

以上不同"家谱"内部还有好些子系分支,细察就能见到不同的起源、背景和演化过程。感兴趣的读者,最好深入追踪,比如阅读各种流派的代表作品等。

对分析路径和工具了解越多,对国际政治现象的判断就越有深度。这方面的努力,有事半功倍之效,利于初学者的思想火花持续迸发,使点状的兴致发展成真正的专业知识。

（四）本土情怀与全球视野

理解国际政治的难点之一,是如何看待全球主义追求与推进本国利益的关系。很多年前笔者曾写道:"在考察国际政治时,应当有什么样的立足点？不知这对别人算不算是一个问题,至少对我来说,经常为此感到困惑。许多人可能都有这样的体会:透过人生的'万花筒'可以发现:在现今的时代,你对外部世界了解得越多,见到越多你原先有所不知而别人独具慧眼的见解,或者发现自以为知其实不知的某些地方,你就越不敢下独断、做结论;尤其是研究国际问题的人,通常你的专业就决定了你对人类具有的共同问题——如生态保护、人口增长、军备竞赛、种族歧视、文化差异等——有更多的了解和忧患,你可能因此而很少做出一副'唯我族类'的俨然,相反,总希望自己成为或起码看上去像是一个能够避免狭隘地方主义和民族主义的人（通常这就有了某种'国际主义者'的成分）。另一方面,不论你如何对外部的东西开放、明理和宽容,你毕竟是特定国家特殊民族的一员,你脱离不开生你养你的土壤和文化,你的父母妻儿在你的祖国用你在其他地方听不到的语言文字和习俗方式与你生活和交谈,你熟悉这种语言,喜欢这种交流方式;中国的传统强调'位卑未敢忘忧国'的士林风骨,更使你在研究中时时受到'不忘国家和民族利益至高无上'的提醒和（有时的）自责。这个问题是如此严重和不可回避,以至于我认为,究竟站在什么'立场'看待你研究的对象和提出建议,是当一个古道热肠的'体制中人'还是客观淡泊的'第三者',真真是一个'首要问题'。"[①]

对历史经验和理论分析的反复研判,让我们今天有理由得出结论:一个热爱祖国又想跟上国际进步的人,应在保持本民族情怀和确立全球视野及国际主义追求之间,建立恰当的、动态的平衡;这中间不存在先验的标准,没有任何权威尺度能够"以不变应万变"。一方面,不管自己的国家取

---

① 王逸舟:《当代国际政治析论》,上海人民出版社1995年版,"写在前面"。

得了多大的进步,实事求是地说,它在许多方面跟别人相比仍有不小的差距,仍有学习和改进的巨大空间;另一方面,无论国际社会和国际法有哪些新的发展,没有人会否定,当代国际政治依然存在诸多不尽如人意之处,各种不公正、不合理现象到处都有表现。看到本民族的进步与不足,也看到外部的复杂性与不确定,一个人就会有审慎乐观、稳步推进的均衡感。保持这种态度,对自己的国家会"胜不骄,败不馁",对外部世界会"不卑不亢"。深一步讲,上述平常心还涉及屹立于世界民族之林时的文化自觉,它是不断成长壮大的当代中国之所需。所谓"文化自觉",最好的表述是费孝通先生晚年悟出的"十六字箴言",即"各美其美,美人之美,美美与共,天下大同"。它表达出中华文明传承里最优秀的部分,是引导中外关系乃至整个国际政治的一种大智之说。对于改革开放盛世下成长的一代,尤其对于志向高远的年轻学生,费先生的箴言弥足珍贵。保持本土情怀是必需的,最民族的东西才最有世界意义,失去对祖国的热爱也就失去了立足世界的根基;而放眼全球和借鉴外部经验,是反省自我、不断变革的另一种动力,唯此方能在自己挚爱的土地上深耕厚植。对于国际政治的学习者来说,只要用心建立民族情怀与国际主义间的动态均衡,无论学习的对象看上去多么复杂,都不会在学习中迷失方向、失去自我。

  结束本部分的讨论,相信读者会明白一个道理:对国际政治的深入学习,有利于我们做心胸开阔、视野宽广的人,做"有温度"、有理想的人。"国际政治概论"这门课程好似一望无际的森林,我们中的多数人被好奇心带入其中;探索之旅既要有勇气和恒心,又需有指南针和工具。沿着适合的路走下去,行者将收获满满。

思考题

1. 你能把自己最感兴趣的国际问题排出一个有逻辑性、有探讨价值的序列吗?

2. 你比较看重或希望了解的国际政治理论的学说流派或工具有哪些？为什么？
3. 为什么学习国际政治既要有本土情怀与根基，又要具备全球主义的视野与关切？

推荐阅读

1. 〔美〕哈罗德·D.拉斯韦尔：《政治学：谁得到什么？何时和如何得到？》，杨昌裕译，商务印书馆 1992 年版。
2. 〔英〕大卫·马什、格里·斯托克编：《政治科学的理论与方法（第二版）》，景跃进、张小劲、欧阳景根译，中国人民大学出版社 2006 年版。
3. 〔美〕约翰·鲁尔克：《世界舞台上的政治（插图第 12 版）》，白云真、雷建锋译，世界图书出版公司 2012 年版。

第一部分 基础知识

所谓"基础知识",是指学习中那些基本的内容、主要的知识点、奠基性质的常识,相对而言,它们流传时间久、传播范围广、比较容易记。再深奥的理论都有基础知识,最复杂的思想也建立在基本认知之上。只有掌握了基础知识,才能搞懂理论性更强、学术性专深的流派。

基础知识的内核虽然稳固且保持时间相对较长,但基础知识绝非一成不变。一般情况下,基础知识的改变可能来自它的指向边界发生了变化,或者理论原则的适应性变差,或者产生基础知识的原有环境和条件产生变动,总之出现了要求基础知识修正或完善的各种情况。牛顿力学是近代以来物理学的基础知识,尽管受到以爱因斯坦广义相对论为代表的一些修正的冲击,但牛顿思想依然是物理学入门的常识与基石。

前面扼要提到了学习国际政治需要了解的一些基本概念和思想,比如竞争是国家间的常态,无政府状态决定了各国的自助态势,又如大国、强国主导国际政治,国家间相对实力的兴衰决定了国际体系的构造与变动,人性本能决定了国际政治的根本性质。这些基础性命题受到时代变化的冲击,无论外延或内涵都发生了这样那样的变化,有时甚至发生急剧改变,使得核心与边缘的界限模糊不清。与第二部分"新的议题"相比,基础知识存在的时间更久远,在现实层面也得到了更多的传播。

第一部分"基础知识"选择了全球化、主权、国际冲突、民族主义、国际法、国际政治的理论这样六个主题。它们好比一些横梁和竖梁,撑起了国际关系和世界政治的总体建筑。从全球主义和进化论的立场衡量,即便是基础知识,在国际环境改变、技术进步、各国内部变化等因素的长期作用下,其中的主干知识一方面保留了关键特性,另一方面出现了一些变化,新旧成分存在交叉重叠。对于当代国际政治的学习者而言,避免做匆忙和单向度的论断,保持精细阅读的习惯和开放灵活的思考,是非常必要的。

全球化

第一章

本章要点

1. "全球化"是近代以来的国际发展进程,也是一个见仁见智、充满争议的概念。它最初指的是一种世界性的经济现象,逐渐延伸至文化、社会、安全、军事、政治等领域。

2. 全球化有着复杂的动因,产生出多样的结果。它一方面以难以逆转的力量整合世界,促进全球一体化,另一方面孕育着新的差异和抗衡,加大了不同地区及人群间的纷争。

3. 全球化搭建了当代国际政治的舞台,奠定了国际冲突与合作的基础。认清全球化的不同侧面,尤其是近期抬头的反全球化现象,是打开国际政治学习之门的一把钥匙。

学习当代国际政治,首先需了解全球化这个议题。可以认为,这是学习国际政治最重要的起点,是初学阶段不可或缺的环节,是建立恰当的世界观、时代观和人生观的关键。

互联互通的全球化

一、全球化的概念

(一)争论中的定义

"全球化"(globalization)是冷战结束以来国际政治中使用频率最高的术语。它告诉人们,世界正在发生变化,人类进入了一个新的时代,各国政府和公众不论自觉与否、愿意与否都得适应这种改变。

第一章 全球化

什么是"全球化"？浏览诸多文献会发现，人们对它的定义并没有达成共识，很可能十篇文章有九个定义。经济学家也许是讲全球化最多的一类人，比如用它指欧盟、北美自由贸易区和亚太经济合作组织等地区经济集团化趋势，指"南方"和"北方"之间的相互依赖，指大公司的跨国经营模式；社会学家用这个词形容工业化、都市化在全球普及后带来的社会同构现象，如不断层化的阶级阶层、趋同化的大众消费口味、迅速恶化又让人束手无策的各种生态危机；文化学家用它描述商业文化、大众娱乐、流行音乐等新艺术占据文化市场的世界潮流，或指中国"追星族"同美国"追星族"的相似之处，也指各国知识分子影响力不约而同下降的尴尬处境；政治学家用该词表达的是国际干预的不断扩大和弱小国家主权受制的趋势；历史学家用它指人类社会发展到近代才出现的现代化过程，指地球逐渐变小、人的视野逐渐扩大、国家间互动逐渐增强、世界体系的扩张；军事家和战略学者总把"全球战略"这个词挂在嘴上，他们心目中的这一术语意味着比过去范围更大的总体战思想和谋略等；诸如此类，不一而足。

"全球化"最早的含义包含世界经济的特定指向，所以叫"经济全球化"。这一过程始于工业化早期的西欧，标志性事件有航海大发现和自由贸易，以及后来的工业革命和现代制造业。它强调的是经济要素在世界范围内更加广泛和不受约束地流动，各种经济资源（人、财、物等）在全球范围内更加合理有效地配置，如国际自由贸易、全球各地市场的资本流动、大量的跨国经商活动和技术转移、随经济需求出现的专业服务和移民趋势、信息更加快捷有效地传输，乃至各国在金融、贸易、航运、航空等领域各种交易中使用规则的通用化等，全球化的总体态势是形成相互依存、相互制约的世界经济格局。这一概念逐渐扩展到其他领域，逐步有了"政治过程的全球化""安全威胁的全球化""社会层化过程的趋同""文化方式和消费品的类似"等说法，引申出的含义也五花八门。可以说，越到后来，全球化范畴越像是一个"大篮子"，涉及全球政治和国际关系的方方面面；每个人都可以根据所处的位置、所思的方向、所求的重点，来界定和解说这一范畴。

这里要提醒的是，除了专业差别导致视角不同外，全球化定义多样化的主要原因是人们对其本质有不同的理解:一种认识是,全球化代表着客观历史进程,不依具体的环境、地域、社会体制、发展模式、意识形态为转移,这一走向萌生于近现代,到了当代条件更加突出,其基本内容是以各种方式的运动(政治的、经济的、文化的、军事的互动,信息的、物质的、资金的、人员的流动等)沟通地球各地块的联系,增进各民族间的了解,加强国际社会的整体意识和作用。简单说,这个解释强调了经济学所看重的人、财、物资源的全球流动和配置,把它作为一个客观的、实际技术推动的展开过程。另一种见解是,把全球化看成一个西方主导的现代化过程,这个过程是近代出现的。几个世纪以来各国国际化的历史,明显沿袭了欧美地区的发展模式(生产方式、生活方式、交往方式、消费方式、思考方式和语言方式等)。这种解释最早始于马克思和恩格斯的《共产党宣言》,后来逐渐构成全球化学说的一大派系;它认为,所谓全球化实际上就是"西化",相较此前的封建主义,这一过程有进步意义,但资本主义世界的扩张与物质改进,必然造成新的竞争和分化。

如果认为全球化乃客观历史进程,论者多半会从器物和制度层面找动因。比如,有人专门研究信息和资讯手段的穿透力,有人强调市场经济的整合作用,有的论文提到了大众品味的单向性,有的论文识别了"全球性问题"(环保问题、难民问题、核扩散问题、毒品问题、失业问题、债务问题等)的影响,还有论者分析了新的行为体在创造国际化方面的作用。这些有关全球化动因的论点着眼于实际发生的"全球性影像",力图证明各国、各民族、各地区之间联系的重要性,说明相互依存会促使"地球村"所有居住者遵循共同的规则。

若承认全球化是"西化"的同义语,论者在讨论全球化的动因时,会察看西方霸权的出现、它的盛衰交替及其支配世界其他地域的方式。考察的出发点在于揭示历史表象下的"西方中心主义"的外化方式。考察的核心观点是,全球化即西方文明主导的现代化。这方面的论述,有马克思的著名论断,有沃勒斯坦的世界体系理论,有萨义德的"东方主义"。根据这种思路,不仅冷战结束以来的秩序,而且整个第二次世界大战后的秩序都是由美国主导的。各主要国际体制和规则,如"布雷顿森林体系"、欧盟、世贸组织和国际货币基金组织、联合国安理会及其多数决议,均属于西方文明的产物,其他国家被迫接受这些体制和规则。在此判断下,西方对非西方的征服和同化,被视为全球化进程的主要驱动力。

联合国也是第二次世界大战后由西方国家主导建立的

认知全球化的历史必然性,理解这一概念包含的复杂多重后果,学会从多角度透视、解析它,不仅要记住技术进步的一面,也要了解阶级分化的思路。这样学习国际政治,就掌握了要领。

(二)特定的历史阶段

对全球化的学术研究不过几十年,全球化的实际发生发展却是一个长久的进程,人们今天所见算是它的晚近形态。

从历史角度观察,全球化过程或可从1492年哥伦布首航美洲大陆算起。这一年,从几百万年前诞生以后就分散到世界各地且一直互相隔绝的人类,实现了再度会合,随之而来的是探险与贸易的热潮,最终导致工业革命和资本主义的产生。世界各个部分从此走上了"相互依存"的时代。不同地域和肤色的人们第一次明确意识到,自己和那些与本族不同的人群居住在同一片天空下,可能发生交往或冲突。从此,人与人之间的行为和心态被打上了全球化的烙印:异国他乡亦是地球的一部分,此地彼地是不可割裂的;凡地球人皆有理由相识沟通,人同此心、心同此理。这是一种与封闭、孤立的部落社会拥有的交往方式和心态大相径庭的东西。显然,受到赞扬的不是殖民主义者给新大陆的土著人和原始部落带去的横祸,而是地理大发现对人类文明向新阶段迈进的里程碑作用。

今天,全球化已不再只是一种征兆,或是一种迹象;它汇集成洪流,有无限的推动力。任何人都能感到,全球性的问题在出现,全球性的危机在加深,全球性的力量在行动;在几乎所有发生在国际背景下的事件里,人们都可能发现全球化过程的冲击力,发现跨国界的、全球性因素的作用:从柏林墙的倒塌到苏联的解体,从欧盟的扩大到信息化时代的飞速进步,从金砖国家的转型和崛起到世界上经济最发达的美国、日本、西欧出现的经济危机,从南非种族主义制度的消亡到伊斯兰世界萌动的革命,从毒品到难民再到核扩散等共同挑战,直至生活方式、工作方式、思考主题的趋同——理智的人不难从中观察到一个不同于以往历史的进程。时任联合国秘书长的布特罗斯-加利先生在1992年联合国日致辞时说:"第一个真正的全球化时代已经到来。"

二、全球性问题的提出

(一) 罗马俱乐部的报告

对全球性问题的最早研究,可能始于20世纪70年代初罗马俱乐部发表的两份报告——《增长的极限》和《人类处在转折点》。当时,由来自不同国家的一些杰出的学者、科学家、教育家、医生和管理人员共同撰写了报告,表达了对他们所说的"世界总问题"或"人类困境"的关注。

在报告的作者看来,人的世界系统中所有事物的相互联系给人类带来了意想不到的问题。新技术使一切都发生了变化:对于互不相干的经济、技术或社会问题,本来人们完全可以按自己的方式加以判断,可以由个人一个一个地解决;而今,处理方式大相径庭。世界的动态、速度、能量和复杂性,早已今非昔比。人的困境也是如此:同时面对心理的、社会的、经济的、技术的和政治的难题。它们不是单纯的"问题",而是整体机制和世界范围内面临的重大挑战。失去控制的人口增长、社会的分工和差距、各种不公正现象、饥饿和营养不良、贫困、失业、通货膨胀、能源危机、资源短缺和竞争、国际贸易和金融的混乱、保护主义、文盲和不合时代的教育、青年的反叛、犯罪和吸毒、法律和制度的无效和不健全、政治的腐败、官僚主义、环境的恶化、道德水平的下降、信仰的缺失,以及对这些问题及其相互联系的认识不足等——把这些问题联系起来看,就不难发现后面隐藏的整体性危机,是一种真正的全球困境。

罗马俱乐部报告指出,要确定某一个问题的性质并提出单独的解决办法是困难的。每一个问题都和其他问题相关,单独针对某一问题的解决办法可能使其他问题恶化或受干扰。使用传统办法或线性思维是无法解决这些问题的。经验表明,不管社会和政治制度如何,当问题处在发展的某个阶段时,它们往往会越过国家边界向四处扩散,造成世界性难题。这类扩散越来越多,更难处理。而现实问题在于,各国精英把注意力集中在边缘性或功能性难题上,忽略了控制着这些难题的总问题。既有的组织和机构(如政府和国际组织)的内在缺点是其无法对这种形势做出充分的、迅速的反应。它们的结构是为了对付边缘的并根据功能的需要设计的,其官僚氛围对变化是抵触的,当下的局部问题已令其焦头烂额。当下迫切的任务是,促进对人类困境更深入的了解,在新的基础上,探讨改进目前状况的新方向。

罗马俱乐部报告《增长的极限》

经过多年努力,罗马俱乐部报告收到成效。把增长本身作为最终目的(所谓"GDP 主义")的想法,遭到越来越多的批判,代之而起的是诸如"有机增长""均衡增长""可持续增长"等观念。到 20 世纪 90 年代,联合国有关机构吸收了罗马俱乐部的建言,敦促各国政府建立有各自新视野的 21 世纪议程及行动计划。

罗马俱乐部报告在历史上占有重要地位,开启了"全球化研究"的进程。

(二)信息与思想的传播

全球化的重要推动力之一,是交通和通信手段的日益发达。它们代表了对信息的掌握,掌握信息就意味着掌握资源、财富和权力。19 世纪早期,欧洲一些银行家由于最先知道滑铁卢的战况而大发其财。到了当代,信息更是越来越表现出它无所不在的巨大力量:它成就事业,摧毁制度,于无中生有,令有化为无。信息不仅传播得更快、穿透力更强,也为更多的人共享。纵观现代化历史,推动美国崛起的发明有电报(后来是电话)和铁路,而使地球变成"地球村"的是喷气式飞机和通信卫星的发明。由于采用了通信卫星、光缆、传真机等先进通信手段和数字化通信等新技术,电信机构已能提供全球电信服务。与现代化通信手段相结合的大型喷气式飞机、巨型货轮和油轮、高速铁路和高速公路等,大大缩短了各国、各地区之间的距离。传播工具的现代化使世界变小,使人的全球意识更强烈。

当代信息传递过程具有日益明显的全球性质。没有信息,任何全球性问题都不可能被广泛了解和获得解决。比如,没有各方关于和平倡议的相互通报、高级别的方案讨论、领导人面对面的交流,当今世界的总体和平与稳定便不可想象。许多国家正在尝试用信息方法增加对彼此安全的信任,如事先通报军事演习、部队调动、武器试验等。各种全球性问题之所以引起国际关注,主要得益于信息的传播。当大量媒体把撒哈拉以南某些国家饥饿不堪、瘦得只剩一把骨头的孩童的照片和报道播发后,世人对落后国家面临的饥荒问题就有了形象的认识。它无形中也加深了人类对共同命运的感受。当然,信息的全球化也带来了不确定性和消极的后果。比如,它令金融财富不合常理地增长或消失;它使接触新媒体的年轻人和失业群体反抗并发动革命;它让穷国和富国了解彼此差距,加剧了移民势头(包括非法移民)。

科学技术的国际化和研究活动的国际化,从另一侧面推动了全球化。在当代,科学知识所达到的空前水平和规模,自然科学各领域(物理、化学、生物学、控制论、天文学等)的巨大突破,人类对微观和宏观世界、地球深处、海洋、太空以及生命实质的探索等一切现代科技革命展现的成果,越来越不是单个国家努力的结果。没有科学知识的迅速普及,没有科学家的国际交流,人类就不可能取得现有成就。全球化扩大了技术创新的基础,使财富生产有了新的基石。当今世界的研究和学术交流活动,更多是由不同企业、基金会、研究机构或大学共同承担的。单个国家政府对思想和信息的控制越来越困难了。

从这个角度观察,全球化虽有快与慢的不同阶段,但这一进程是不可逆的。

(三) 市场经济和跨国公司

市场经济的世界化也许是全球化的最大动力,在20世纪后期表现得尤为明显。这种浪潮排山倒海般地席卷了地球的各个角落。以市场为基础的经济全球化,用巨大的穿透力,整合和重塑了地球上生产、经营、流通、消费的诸方式。世界经济的全球化不仅包括技术的全球化和电信及运输手段的全球化,还包括贸易的全球化、金融的全球化和生产的全球化。这种"至高的经济力量"一方面把个人变成利己的、独立的个人,另一方面把人变成公民、法人。在迫使不同地域的人变为经济人的同时,市场经济也迫使各国使用同样的商业语言,按照统一的规则活动,建立类似的规章制度。正如马克思和恩格斯指出:"资产阶级,由于开拓了世界市场,使一切国家的生产和消费都成为世界性的了。……新的工业的建立已经成为一切文明民族的生命攸关的问题;这些工业所加工的,已经不是本地的原料,而是来自极其遥远的地区的原料;它们的产品不仅供本国消费,而且同时供世界各地消费。旧的、靠本国产品来满足的需要,被新的、要靠极其遥远的国家和地带的产品来满足的需要所代替了。过去那种地方的和民族的自给自足和闭关自守的状态,被各民族的各方面的互相往来和各方面的互相依赖所代替了。物质的生产是如此,精神的生产也是如此。各民族的精神产品成了公共的财产。民族的片面性和局限性日益成为不可能……"[①]

如今,国家体系和国际经济关系正迅速改变,传统的国家疆界内外正在出现新的关系。国家不再像从前那样控制经济,全球资本听令银行和跨国公司的董事会,而这些人很难说属于某个国家或政府。各式各样的跨国公司、行业基地、生产网络成为市场经济走向全球化的中介。经济巨人通

---

① 《马克思恩格斯选集》第1卷,人民出版社1995版,第276页。

过"生产的国际化"或"新型的国际分工"得以扩张,其力量达到惊人的程度。那些特大跨国公司的资产超过了很多中小国家的国内生产总值。比如微软(Microsoft)、苹果(Apple)、福特(Ford)、通用电气(GM)、壳牌(Shell)、丰田(Toyota)、大众(Volkswagen)、雀巢(Nestle)、索尼(Sony)、可口可乐(Coca Cola),以及中国日益壮大的那些企业巨人,如腾讯、华为、阿里巴巴、京东、联想等。它们比多数国家更富有、更强大;它们改变了传统的经营思想,创造了单个国家无法容纳的产品、技术和消费观念。在新的结构下,国籍、人种、疆界的影响不断弱化,起作用的是生产方式和消费方式,是人、财、物的配置及速度,是对能源资源的控制。这是国际关系新的基石与环境。

三、全球性挑战及治理

(一)全球性问题

全球性问题的日益严重,亦是全球化进程的推动力之一。科学家发出警告,人类活动导致的二氧化碳和其他温室气体排放量不断增加,这些气体在大气中的浓度升高;如果不采取措施遏止排放量的增加,将导致地球表面的温度上升,造成难以估量的消极后果。它可能使沙漠化速度加快,使极端的天气现象(如飓风和干旱)增加,使良田减少或害虫增多,使"生态难民"跨国流动。处理全球变暖带来的一系列严重问题会产生许多社会政治难题,造成深刻的全球挑战。比如,处理国际环境污染和温室效应问题,意味着约束国家主权;新的排放规则能否实施,取决于共识达到的程度和牺牲传统权利的意愿;很多发展中国家不得不面对发展与减排的两难困境。

但传统发展模式背后仍有巨大推动力,如新兴国家的大众消费欲望和资本输出者的赚钱动机。谁来干涉和改变这种发展模式呢?谁可能投入巨大资源保证实现不破坏环境的发展呢?谁来设计能源非密集型的、对环境无害式的建设战略呢？不难想象传统国家的无能为力。在与全球变暖有关的国际场景里，政治上最难操作的是从富裕的"北方"向贫穷的"南方"转让资金技术。如要达到科学家们建议的指标，大部分的能耗削减须由工业化国家做出。像公园、公海灯塔、军事安全、公共交通一样，生态的维护越来越多地被视为一种"公共产品"，它能让每个国家和个人都受益，但作为个体的个人或单个的国家很难心甘情愿地单独承担所需费用。各国都不希望承受气温上升、全球变暖的后果，但多存有"搭便车"的心理。正是这种消极态度使科技进步与生态退化在同时深化。

气候变化加剧了地球生态危机

现实表明，多数当代已出现或严峻化了的问题具有总体特征。人口问题、粮食问题、能源问题、环境问题、债务问题、毒品问题、核扩散问题、国际恐怖主义问题、贸易保护主义问题、金融安全问题等——这些不断恶化的问题，其作用范围及后果均是超国界的，其生成也不仅仅是社会制度或意识形态因素所能解释的。为解决这些问题的努力也呈现出全球化特点，如难民问题，其产生的原因多种多样，有当局的镇压，种族间的仇杀，国家与国家的冲突，饥荒、地震等，但不论何故，它一旦出现即成为国际麻烦，逼迫国际社会共同应对。这是相互依存的时代与从前的最大区别。国内政治生成国际政治,国际政治催化国内政治。国内冲突直接或间接成为国际冲突导火索。"地球村"的意识,正是在这种境遇面前不断被激发和培育。

(二) 全球性规范和文明

不知不觉中,人类进入 21 世纪之时,全球文明的因子悄然萌生。与仍然强大、占据主导地位的国别文明和地区文明相比,全球文明仍然弱小,却生机勃勃。就其范围而言,全球文明建立在对世界日益增长的相互依存的认识和承认的基础上,它不把产生并且依赖于孤立的、偏于一隅的文化的东西看成神圣不可打破的偶像。全球文明的基石之一是国际市场体系,上面建筑了全球文明的其他构件,如通用的科学和技术、商业规范和语言、共同关心的问题、国际法等。全球文明有异于过去的文明形态,但又从其他文明那里吸收有助于其发展的成分。新的全球文明孕育了新的行为准则和道德规范。如种族、宗教、语言、性别的差异不应当成为某类人遭受歧视的理由;社会运转既应服从于市场需要,也应接受国家监督和调节;政府要注重生态环境的保护,不能光是为了讨好选民而大肆搞市政建设;国家领导人的职责来自对公民的福利、安全和发展的承诺;处理国际事务和解决国际危机,离不开国内矛盾的化解和国际性的协调。这些行为准则和规范的形成虽然漫长,对各国政府和公众的影响却是潜移默化且巨大无比的。

全球文明的载体有其独特的性质。它由众多的衔接系统构成,如全球通信和运输系统、全球金融和贸易系统、全球生产和消费系统、全球科研和教学系统、全球救济和医疗系统、全球竞技和娱乐系统等。这些系统有些有中央组织和协调机构,有些则没有(例如体育竞技方面有国际奥委会等机构,而教学方面的科层机构薄弱得多),但无一例外地都要以主权国家的支持配合为前提,都要建立在各国的分系统的发展之上,这些分系统包括交通运输和传播系统、生产和分配系统、水源和能源供应系统、教育和科研系统、医疗保健和防疫系统、福利系统和科层管理系统等。与各国的分系统不同,全球大系统是无政府而有组织的,全球文明的传播主要不是依靠强制手段,而是依靠润物无声内化式的方式进行的。

韩国农民抗议进口大米

(三) 全球经济

这里的"全球经济",不是泛指世界各国的经济,亦非指这些经济中已经国际化的部分之和,而是指正在萌发的全球要素和系统。全球经济的主要表现有:(1)跨国经济占越来越大的分量,影响支配着民族国家的经济,降低了物理边界的价值。(2)形成跨国经济的主因是货币流动,各国的货币和财政政策被迫对跨国货币市场和资本市场做出反应。(3)土地和劳动等传统生产要素重要性下降,管理则上升为决定性的生产要素,有全球视野和战略的管理者拥有更多发言权。(4)人们追求的并非"利润最大化",而是"市场份额最大化",贸易正在成为投资的一种功能;目光狭隘者看到的只是滚动变大的利润,全球企业家瞄准的是"越来越小"的地球。(5)同过去相比,主权国家已不是全球经济里唯一的单元,它必须与区域共同体、跨国公司、全球经济相互依赖。(6)经济政策的"自由贸易"和"保护主义"色彩变淡,而地区间的"互利"色彩日益浓厚。(7)生态环境问题在发展议事日程上占有更重的分量。全球经济的出现和发展,可能会带来一系列人们意想不到的结果,许多后果难以"好""坏"论处。例如,全球化经济带来了管理革命,即便管理者们相互合作并且有某些共同利益,全球性市场也不似从前那样容易操纵或管制;在传统的"国家间经济"中,各国的合作关系是多边的,而在全球经济里,国际的经济合作形式转向更复杂微妙的跨国合作与整体配合,难度可想而知。只要能最大限度地获得收益,人们并不在乎投资于世界何地。全球经济一定程度上导致国别的政治影响和劳资谈判余地变小,因为全球性的资源配置、市场份额和劳动力流动依据的是经济合理性的需要。全球经济的一个新地标是,越来越多的地区正在形成贸易自由化的板块。这些地区性经济集团虽有保护主义色彩,却体现着经济全球化的必由之路(一种中间形态),其内在逻辑与全球经济别无二致。

(四)全球政治

所谓"全球政治",主要表现在以下方面:(1)全球层次中的各种决策能力得到重视和加强。典型的事例有联合国安理会制止侵略的能力,国际货币基金组织或二十国集团引导各国处理金融危机的能力等。(2)人类活动的广泛领域在全球层次上得到更多协调。如国际奥委会、国际红十字会、大赦国际、绿色和平组织等机构在国际社会发挥的作用。(3)各国国内的活动正在进一步国际化,国际秩序和民族国家的互动,使很多政治事态超出了国家掌控的范围。(4)人们在参与国际政治事务时必须参照国内政治,在处理国内政治事务时不得不考虑国际政治影响。(5)网络化的政治决策和决策后果,使民族国家在复杂的国际体系内不得不接受其约束。(6)以上种种使国际干预与国家主权的争论引人注目,使国际社会对国际组织的期待更高。

政治全球化的突出表现之一,是各种反抗与抵制力量的活跃。对于活在当下且被"裹胁"进入全球化时代的人来说,它带来的不仅是欢乐和进步,还带来烦恼和痛苦。它不但会促成融合与和谐,还带来摩擦与冲突,甚至是血与火的斗争,是生与死的抉择。出于求生的需要,人们越走越分散,越走越远。然而地球是圆的,大约从距今500年前开始,这种趋势倒转过来了,人类又走到一起了。全球化不会是平稳的。市场经济就其积极面讲,它的伟大作用就是解放了个人的主动性与创造性,因而促进了财富的增值;而就其消极面讲,它利用的正是人原始的利己心,是人对物质享受似乎永远不会满足的贪欲。正因为如此,它提高了人们的生活水平,增加了个人可能得到的自由度;它也把牛仔裤、可口可乐、迪斯科、摇滚乐同海洛因和艾滋病一起传播到世界各地。它打破了自古以来多数人已经习惯的生活方式,却还来不及给他们建立应有的新秩序。随着全球化进程的加速,今天的世界陷入了价值观念空前的失落和混乱。这就是人们现在都已看到的全球文化危机。之所以是危机,是因为它不仅表现在诸如教育事业的衰败、出版行业的不景气、音乐家作不出好曲子、科学碰到了逻辑和实验的界限等,而且表现为所谓"文化"的核心——道德水准的下降上。传统的价值失落了,安定社会的新价值尚不知在何方。[①]

就像物种起源和进化的道理一样,全球化过程会加速和强化各种传统文明的汇通、冲撞、竞争,会导致演化、筛选、淘汰,会在产生新形式、吸收旧形式优点的同时,使一些曾经辉煌过的东西黯然消失。尽管全球化是在更高的基础上对人类历史上一切文明的新综合,这一过程本质上不是排他性的,而是吸纳式的,但至少从物种消失或减少的意义上讲,全球化过程不可避免地要造成某些损害,好比生物学家看待蝴蝶品种和标本的态度一样:一万年以前,世界上可能有数万种不同种类和颜色的蝴蝶,而现在,蝴蝶可能只剩下了一万多种,尽管它们比从前的品种更强壮、更好看、更有生命力,但从品种和颜色的数量角度看,生物学家不免会哀叹。当哥伦布的航

[①] 参见李慎之:《全球化与中国文化》,《东方》1994年第5期。

行把东半球和西半球联系到一起时,触发了一系列的冲突和战争,但血与火的征战并没有阻挡全球化前进的历史车轮,反而加快了不同地区及不同人种的文化的、思想的、经济的、政治的、信息的、科技的交融,让各种文明置身于现代化的角逐场。

(五) 反全球化现象

认真思考反全球化现象,是理解全球化议题不可或缺的内容。

全球化进程有它的周期性。远的不说,20 世纪后半期它处于比较顺畅、快速、红利较多的阶段,进入 21 世纪以来这些年它呈现的更多是停滞、分化、动荡调整的状态。中国的老话"分久必合,合久必分""物极必反,否极泰来",揭示出世间各种事物生长变化的一般规律,一定程度亦适用于全球化的形态。

造成全球化周期波动的原因很多,比如技术突破带来的各种不适应,产业形态的"创造性毁灭"(熊彼特语)和更新的冲击,传统生产方式和就业者被淘汰引发的矛盾,本土文化与外来文化激烈碰撞时产生的影响,世界核心地带与边缘(半边缘)地带的发展不平衡加剧,特殊艰难时刻政府机构的官僚主义、漫不经心激起的抗议风潮,某些大众传媒的渲染性报道和自媒体不负责任的内容引起的社会骚动,国际安全领域的重大事态诱发的危机,贸易保护主义政策的消极连锁反应等。

各种因素混杂在一起,使得本来处于经济周期低谷阶段的失落人群与阶层愈发困顿不解和愤怒不满。历史上被冠以"极端民族主义""排外主义""民粹主义""饥民抗争""底层运动""草根觉醒"(往往由某些知识分子和政治人物代言)的各种躁动与抗议,在全球化的相对停滞时期显得格外醒目。其实仔细观察不难发现,在经济中长周期之"繁荣、衰退、萧条、复苏"的每个时期,这些麻烦与不满都存在,只不过相对兴旺阶段的红利更容易惠及多数人群,抑制和掩盖了内在的差距与问题,让政府办事机构"拆东墙补西墙"。

反全球化运动①与全球化过程恰似一个硬币的两面。全球化不仅造就了获利者,而且带来了失落的群体;从全球范围看,南北世界的差距仍在扩大,发达国家内部的弱势群体与富有阶层的矛盾也未能缓和;技术的进步、经济的提升与贸易的自由化,还带来了生态环境恶化、少数民族边缘化、"好莱坞文化"和"麦当劳食品"消解本土文明传统等现象。反全球化运动目前仍杂乱无序,缺少明确的纲领与组织,有时甚至自相矛盾,但总体上,它以其特有的方式证明了世界需要改造,西方主导的现代化有严重缺陷,现有的全球化发展模式并不完美。

从实际历史考察,冷战结束以来的这些年,反全球化声音始终不绝于耳。最初的典型是对世界贸易组织的抗议。1999年世界贸易组织在西雅图举行会议时,几万名被称为"反全球化运动"的抗议者与警察对峙,造成严重的街头骚乱,导致会议的原定日程被打乱,有关启动新一轮谈判的讨论无果而终。从那以后,"西雅图运动"几乎成了全球范围内反政府大规模街头抗议示威活动的榜样。这种来自民间的示威活动愈演愈烈:每每在达沃斯论坛、欧盟首脑会议、八国集团或二十国集团峰会举行时,示威者大量聚集,大声抗议且与警察发生冲突。一些政客和媒体人也充分利用民间的这些情绪,在政策实施中或媒体引导上呼应和加强了单边主义、民粹思潮和反全球化的力量,世界各地的反全球化声音此起彼伏。

略做分析可以看出,这一轮反全球化运动和呼声有着不同的内容及成因,无法用单一尺度衡量:

- 比如"特朗普现象"。美国现任总统特朗普上台之后提出美国第一、美国优先和贸易保护主义的方针,不断退出各种由美国主导创立的国际组织和机构,削减对盟友和国际协议的义务,对世界贸易组织、联合国教科文组织等全球性机构的规则提出质疑。这一现象表面上是对前任领导人所谓"政策失败"的反动,其实质是对美国多年衰退的担忧(包括对"铁

---

① 今天的反全球化运动,类似于英国工业革命早期出现的"反珍妮机事件"。当时,一些贫困工人砸毁纺织机,把苦难的根源归咎于现代机器的出现。

锈地带"的政治回应），体现出这个超级大国的制度缺陷（党派争斗导致行政低效），以及与中国、俄罗斯等非西方大国竞争时的乏力状态。所以，全球化的主导国——美国一时间成了反全球化的领头羊。

- 又如"英国脱欧"。英国这几年久拖不决的脱离欧盟进程，对促进国家间相互依存的全球化思想造成挑战。深究其因，英国国内各阶层对难民涌入产生的恐惧心理，以及英国精英阶层对欧盟"德法轴心"的长期不满、对欧盟决策机构烦琐而低效的官僚政治的强烈批评，起了重要的引导作用。其实，从经济贸易和社会交往层面观察，英国与欧洲大陆有着密切的相互依赖关系，即使脱欧成功也不等于彻底割裂这些共同利益。但无论如何，英国的这一举动给号称区域一体化之世界典范的欧盟带来了沉重的打击。

- 再如世界贸易组织等重大国际机制的"停摆"。从世界范围看，由于美国带头或扬言退出一些国际组织，包括世界贸易组织、亚太经合组织领导人会晤机制等在内的世界主要经贸机构这些年的活跃度明显在下降，它们在倡导和推动自由贸易、加强各国沟通协作进程中的中心位置遭遇了几十年来最严重的挑战。这里面的原因有很多，不同组织机构的情况很难一概而论，但究其深层次的根源，与这些机构长期奉行的重刺激重发展、轻均衡轻平等的政策方针，及其背后的新古典自由主义的经济理念逻辑不无关系。

- 对中国崛起的担忧与批评。中国是当今全球化进程的重要参与方和建设者，值得注意的是，在这一轮的反全球化抗议浪潮中，有些非政府组织和草根阶层只盯着中国的获益面，把抨击矛头对准所谓奉行"国家资本主义"的中国政府和获得大量补助的大型企业。这些批评意见认为，中国充分利用了全球经贸规则的漏洞，依靠国家资本和强力政府，以牺牲劳工利益和环保议题为代价，不公正、不合理地获取了太多红利。

- 瑞典环保女孩的强势登台。2018—2019 年，一位来自瑞典的女孩桑伯格在联合国相关会议和一些高级别国际会议上，就人类面临的温室气体排放难题,强烈抨击了各国政府和"大人物",引起广泛关注和报道。这是新一轮批评全球化的队伍里颇有代表性的一位,她表达了所谓弱势群体(普通民众)和易受损害行为体(如小岛国)的诉求,也表达出一种新的"政治正确性"倾向(环保、性别、非政府组织、劳工权利、易受损害行为体等议题被日益放大,经贸和安全等传统议题的重要性下降或受到更多约束)。看起来,经济的全球化与政治的全球化越来越不像两条平行线。

- 对后工业时代的广泛担忧。仔细辨识就会发现,世界各地尤其是发达国家兴起的反全球化运动内部,存在大相径庭的担忧、不确定感、危机意识、倡议和行动。它们的取向可能完全对立,它们的要求可能南辕北辙。比如,它们有的起因于欧美发达国家的"富贵病"(如福利赤字和政府缺乏行动力),有的来自对人工智能、大数据时代技术进展的警惕不安,有的是经济的周期性波动造成的分化效应及其政治批评(比如抗议各国政府把过多资金投放于新技术研发,而在解决失业问题上却消极无为)。诸如此类,不一而足。它们从不同侧面折射出全球化的"双刃剑"效应:发展很快但发展不足,进步的同时产生更多问题与需求。

分析至此,可以看出:反全球化现象虽形形色色,但其基本属性和成因并不难解。虽然它们一定程度上减缓了全球化的速度,放大了批评声音,产生了各式反弹作用,让全球化进程的波峰波谷更加明显,但反全球化势力很难从根本上扭转全球化的长期趋势,不可能改变全球化赖以形成的深层次结构性因素,无法割裂世界不同地区、不同国家、不同经济体、不同文明方式在同一地球村的信息技术和思想联系。看上去反全球化现象与全球化进程彼此排斥、抵消;事实上它们相伴相随,在矛盾中共生,在磨合中互构。

全球化越是发展,表现越是复杂,像一棵大树枝叶的伸展。多角度认识全球化,对后面各章的学习,有触类旁通的作用。

思考题

1. 不同的"全球化"定义说明了什么?
2. 为什么说全球化总体进程不可阻挡?
3. 如何判别反全球化不同内容的诉求?

推荐阅读

1. 〔美〕米哈依罗·米萨诺维克、〔德〕爱德华·帕斯托尔:《人类处在转折点——罗马俱乐部研究报告》,刘长毅、李永平、孙晓光译,中国和平出版社1987年版。
2. 〔美〕阿尔文·托夫勒:《第三次浪潮》,黄明坚译,中信出版社2018年版。
3. 〔美〕塞缪尔·P.亨廷顿:《变化社会中的政治秩序》,王冠华、刘为等译,上海人民出版社2015年版。

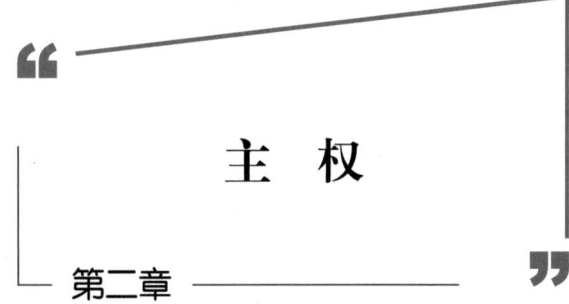

主权

第二章

本章要点

1. "主权"定义源自西方,是近代国际体系的基石,其核心是一个国家自主决定内外事务。
2. 当代世界的复杂变化,对传统主权既增添了多种动力又施加了不少约束,不断催生出主权新的内涵和表现。
3. 理解主权的不可或缺性,同时注意它微妙而深层次的嬗变,是掌握此概念的关键所在。

"主权"可能是国际政治话语里有较大争议的概念之一。学习的难点不在于概念本身,而在于怎样理解它的本质属性和变化内涵。期待读者学会用辩证和发展的眼光看待主权问题,避免陷入狭隘僵化的国家权利意识。

一、古典的主权观念

"主权"(sovereignty)观念源于西方。欧洲中世纪时它被用于表示主权者上面没有其他权威,例如最高法院被称为"主权的法院"。第一个赋予它以近代意义的人,是法国思想家让·博丹。他把主权定义为"国家(state)支配其公众和臣民的不受法律约束的最高权力",说它是一种"绝对和永久的权力"。[①]

当说起主权国家,其相应的经典定义就是:它是指完全自治的,因而是独立的、不服从于任何其他国家法律秩序的国家,或者说是国家有一种特殊和至高无上的权力(及权利)。在它之上,除了国际法以外,不存在其他任何的世俗权威;它通过一个有效的法律秩序而结合起来,它的特殊地位和组织使它能代表这个国家的人民参与国际的往来,决定相互间的重大事务。"完全自治"是指一个国家可以自由地和不受干涉地规定它的国体和政府形式、内部组织和国民行为、对内政策和对外政策。这意味着国家垄

[①] 〔英〕戴维·米勒、韦农·波格丹诺编:《布莱克维尔政治学百科全书》,中国政法大学出版社1992年版,"主权"词条,第725—727页。

第二章 主 权

断了在国内合法使用暴力的手段,相比之下,没有其他权威——不管是内部的反叛组织还是国际集体安全组织——有权在这个国家的领土之内使用暴力或维持秩序;同理,通过国际法的授予,国家也合法地垄断了在国际活动中运用强制手段的权利,如它在公海遇到侵犯行为时的回击。海盗行为和恐怖主义之所以被认定为非法,乃因为它们属于国家以外的主体使用武力的行为。

主权宣示

　　国际法是相互平等、相互协调的实体间的一种法律。诸如边界不可侵犯的原则、不干涉内政的原则、使节人身不可侵犯的原则、善待俘虏的惯例等国际法的基本原则和国际交往的惯例,只有彼此独立又相互平等的主权国家才能承诺和履行。各国之所以承认并愿意受制于国际法,是因为唯此方能表明自己是国际社会中不受制于他国的一名成员;反过来,除非尊重国家主权至高无上的原则,基于现代国际法之上的国际秩序是没有保证的。这种主权观念含有三个基本假定：主权国家是国际关系里的主要行为体，其他行为体是次要的；国际社会和法律松散乏力，任何国际准则的落实都依赖主权国家的认可与合作；主权国家的政府不受约束地行使立法和执法的权力。

以上是就古典主权概念的一般规定。

二、对主权的各种制约

在当代国际政治背景下，古典主权遇到了各式各样的制约。主要表现是：

（一）民族与国家的不重合，带来政府权威的失效或下降

国际政治的现实是，很多国家内部有多个种族、民族或部族，同时一些种族、民族或部族分布在多个国家。世界上只有少数国家在种族上是同质的（主要民族或种族占到本国人口的90%以上），近一半的国家里最大的种族集团的人数少于50%，1/3以上的国家中存在着基于部族、种族或民族差异之上的宗教纷争。全世界有几千个少数民族或种族，其中不乏想成为"国族"的力量。由于历史的和现实的原因，许多种族、民族是跨国界的，例如巴勒斯坦人、库尔德人和吉卜赛人。此类情形在非洲最为普遍，因为历史上西方殖民主义者在争夺和瓜分非洲时，并不考虑部族、民族或种族的分布状况，而是按照各自的实力和利益，人为地划定势力范围，甚至用直线分割方法划定边界。在非洲现有的边界中，44%是按经纬线划出的，30%是用直线或曲线的几何方法划出的，仅有26%是由河流、湖泊或山脉构成的自然边界线。[①] 冷战结束之后，由于各种原因，一些国家内部的少数民族要求独立和分离出去，另一些跨国性族群则希望建立自己的独立国家。其后果，既有和平分家的，也有暴力抗争的。在巴尔干半岛、南亚、中东和非洲

---

① 〔埃及〕布特罗斯·加利：《非洲边界争端》，仓友衡译，商务印书馆1979年版，第5页。

大陆,处处可见这种"元素化"运动的冲击。

(二) 政府的能力和责任感,直接影响主权的强弱

传统的主权并不考虑政府效能。在现代国家产生地西欧,国家体制的建设经历了漫长过程。然而,在当代,既有新兴的工业化地区的有效能的政府,也有缺乏责任意识和现代国家形态的国家。一些国家没有像样的政府,交战的敌对部落或势力需要靠外力强行隔开,民众处于悲惨的境地。有些"政府官员"其实是某个部族、种族的代表,或是某派系军阀。在这些地方,很难判定"政府"是否合法和得民心,因为既不存在选举程序,也见不到为民谋利、造福社会的国家行为。在这里,国家物质上灾难深重,精神上和政治上更是虚弱不堪。一些可怕的现象(饥荒、难民、传染病和法律失效)由低劣、腐败的政府造成,或是因为根本不存在政府而造成。某些国家的强行干预或者邻国请求联合国"托管"的呼声虽然不无道理,但这种干预和托管对传统国家的主权带来严重挑战,勾起人们对殖民主义时代的记忆。不发达国家在这方面的境遇,特别值得关注。

(三) 资源多寡和外交质量,制约着主权保持的难易

资源是制约主权能否坚持、如何坚持的自然条件,外交则是化潜能为现实利益、使国家在世界舞台上立命安身的人为手段。这里讲的"资源"是广义的,指一个国家可利用的天然财富和环境状况等,如人口、幅员、地理、物产。所有国家在法律上是平等的,但现实里没有一样东西的分配是平均的、平等的。比如,俄罗斯的面积占全球陆地面积的11.4%,太平洋的小岛国瑙鲁的面积仅为前者的几十万分之一;中国有14亿人口,而联合国中人口较少的会员国瑙鲁、图瓦卢等太平洋岛国的人口仅为1万人左右。在这种情况下,尽管小国人民不愿意,但按实力大小所决定的政治关系很难避免。主权原则作为国际法的准则,涉及的只是独立于外部权威的道德尺度和理想的行为规范,这一原则不可能保证各国资源天然分配的平等及由此形成的国家实力的平等。弱小国家尽管也是联合国享有投票权的会员,拥

有法理上和形式上的主权,却很容易受到外部的渗透和干预。

而外交的质量是一个国家软实力的组成部分。高质量的外交不仅可以使大国变得更强,也可以令小国不弱。反过来,即便国家地大物博或人口众多,如果政府不谙外交奥秘或手段平凡,国家潜在的资源就不可能完全和稳定地转化为政治现实,甚至导致资源浪费等情况的出现。

(四)文化认同与民众心理,从内部制衡政府对外发言权

民众的效忠意识与两个因素有关:一是文化上的认同感。即便在民族或种族比较单一的国家内,不同地区或同一地区的不同人群之间,往往也有不同的效忠对象,这折射出语言、宗教信仰、生活方式上的差异。二是民众对政府工作的评价。主权需要人民对国家效忠,但当今世界的各种矛盾和过程却在不断创造非国家的效忠。同一种族的人群有时会出现狂热的"爱国主义",有时却可能形成厌恶国家当局的情绪。政治统治的基础可能时而巩固时而动摇,政府代表国家的权威可能时而加强时而被削弱,而外部势力插手干涉的机会也相应增减。从历史上看,大凡民族比较单一、社会进步比较平衡的地方,国家的对内统治和对外独立的权利都有较好的保证;相反,在那些族群关系复杂、文化演进过程中"断层"较多、内外忧患的"双重变奏"反复出现、社会现代化举步维艰的国家,国家的主权就很难获得保障。

(五)国际干预的加强和国际法的"硬化"一定程度上抵消了主权权威

近几年,国际维和行为和大国干预不断增加,改变了传统的主权形象。现在,联合国已向越来越多的地方派遣维和部队,一年耗资几十亿美元;除执行任务的士兵外,很多国家能见到联合国派出的调查小组、军事观察团、特使、考察队和提供人道主义援助的工作人员。国际干预在当代的加强及其结果,无形中使国际法律秩序得到了强化。按照传统的理解,国际法原则上只对同意这些规则的国家有约束力,如果主权国家表示异议,即等于本应适用于主权国家的规则失效或名存实亡。当代的世界政治现实看上去与此越来越不一致:一旦涉及《联合国宪章》和安理会决议,谁也不会当儿戏;如有违反,轻则遭到抨击,重则受到制裁和攻击。先例多了便成为惯例。新独立的多数国家很难感受到从前那种主权至上时代了。

(六) 国际组织的加强,削弱了国家自主性

除了安理会外,世界银行和国际货币基金组织、世界贸易组织、世界卫生组织、欧盟、美洲国家组织、非洲统一组织、东盟等,对世界或地区事务均有自己的介入。国际组织被赋予了一种广泛的道义职责,人们希望通过它们处理或解决各国之间,甚至各国内部由于种种因素无法处理的问题。国际组织能把各国官员召集到一起,确定共同的国际议题,引起世界舆论的重视并促使国际社会的一致行动。国际组织把本来不可能发生接触的各国政府机构转变为明确的、以直接接触和合作为特点的跨国联盟。国际政治力量的相对增强和民族国家主权的相对削弱,很可能是今后很长一段时期内并行不悖的趋势。各国在日益相互依存的国际体系中的运作,一方面赋予它们新的机会、利益和权利,另一方面也限制了它们的部分自主性,甚至以侵蚀它们的主权为代价。得到的越多,失去的也越多。

(七) 非国家行为体的壮大,制衡国家传统的独大地位

在当代世界,有一些非国家的行为主体正越来越多地卷入国际政治事务,对国家主权起着侵蚀的作用。粗粗梳理一下,至少有三类力量:各国内部的反叛势力、跨国公司、非政府组织。它们有自己的利益和追求,有不同于政府的渠道和方式,当它们成长壮大和发挥作用时,很多国家的政府会感到"头痛"和不适应。尽管单个的组织只有特定的利益和影响,但有时候它们在特殊条件下会对国家的政治生活和对外交往产生强烈的影响。例如,教皇对东欧和南美一些国家的弥撒访问活动可能给当局带来微妙而持久的政治麻烦;大赦国际组织的某份报告可能会引起世界舆论对某一国家事态的关注和批评;罗马俱乐部的报告比许多政府的做法更大推动了对生态环境议题的讨论。随着全球政治时代的到来,国际行为体日益增多,活动范围不断扩大,政府和国家的支配地位趋于下降。

(八)经济跨国活动和各国相互依赖,使主权形态发生改变

货币、商品、人员、信息和技术都以一种加速度实行跨国界、无领土的流通。市场经济正向全球的每一个角落推进,造成愈来愈明显的经济全球化。相互依赖的经济同样有政治含义。石油输出国组织的决定直接影响大国间的政治外交博弈。在信息化和经济全球化时代,所有国家都具有敏感的相互依赖性,但有的国家会比另外一些国家更脆弱。依赖石油进口比重相同的两个国家,对油价上涨的敏感程度看上去一样,但 A 国可转向其他资源(如煤炭),而 B 国没有这种回旋余地,那么 B 国比 A 国更脆弱。不过情况也可能会发生变化,仍以上述情况为例:B 国虽然缺少国内替代资源,但它拥有强大的军力,因而能够从第三国购买或强行取得他国石油或其他资源,而 A 国军力有限,一旦失去外部能源供应,它只好要么降低国内需求,要么开采成本较高的煤炭,这时 A 国就比 B 国更脆弱。而 B 国的优势也不是绝对的:假若由于种族骚乱、宗教对立、政治斗争、社会混乱等,B 国的内部和谐性远不如 A 国,它的军事能力不足以使它再可以有效地取得第三方的资源,这时 B 国的脆弱性又大于 A 国。在当今世界,世人见到了相互依赖的经济对各国政治安全乃至主权的各种塑造。

(九)全球性危机的加深,也使主权有了新的约束

全球性问题带有普遍性和一般性,没有一个问题可以仅仅归结为局部的、民族国家的特殊制度和意识形态下产生的问题。由于危机从根本上讲是全球相互依赖的产物,当世界系统具备了全球维度时,传统的认知框架和治理方法(主权国家的管理)便失去了效用。许多在以往不曾发生的问题,或者即便出现了也易于解决的问题,到了今天已具有别样的性质。例如,失业曾被认为是工业化国家经济周期问题,一旦国家采取措施解决有效需求不足的矛盾,失业便可自然消失;而在今天,产业链条是全球性的,失业或就业不足的后果已超出国界。解决全球性危机,有时要求主权国家放弃一些权利,但谈判和博弈十分艰难。到目前为止,各国抱有矛盾心理:当不涉及根本利益时,它们愿意出让一部分权力;一旦触及敏感的议题和利益时,主权至尊的思想又占了上风。这是一个反复的、漫长的对冲过程。

(十)科技进步和相应法规的出台,可能会超越或限制某些主权

以制定太空方面的法规为例,它需以从太空及宇宙活动中获得的可靠资料为依据,而多数国家这方面的认知能力有限。一国对其领土上空具有主权并可向上伸展的原则,实际上无法适用于太空领域。人造卫星被各国默认,就是对上述原则的无声否定。但大多数国家又都同意,为了安全,国家主权必须达到一定高度,譬如说大气上层或大气层与太空之间。国际法学界的分歧,使原本复杂的国际关系更加微妙。有些国家的科学技术已达到了探索宇宙的程度,其关心的是外太空的法律地位问题。而不少国家甚至还没有自己的飞机和军队,连最小限度的领空权益都无法捍卫。新兴国家看出了问题的性质,却缺少提出对国际法的建议并使之通过的能力。主权原则同主权实现之间有巨大的距离。科技使某些国家的主权得以增强,也使另一些国家的主权被削弱。

三、主权的基石作用

(一)实际的权利

上文分析的各种限制绝不是说国家主权会消失。须明白,只要有国际关系,主权就不可或缺。当今国际组织及国际法只会庇护有主权的主体。库尔德人的遭遇就是一例。相传库尔德人是古代米底人的后代。目前有 3000 多万人口,主要分布在土耳其、叙利亚、伊拉克、伊朗的交界地带库尔德斯坦,有少数分布在阿塞拜疆和亚美尼亚山区。由于库尔德人没有组成一个正式的民族国家,缺少联合国承认的主权地位,始终无法形成整体的力量和声音,无法在国际社会得到任何正式的声援和庇护;它的"被暂时授予"的某些权利,经常被有关国家按照自己的利益取消或限制,它的独立运动领导人经常或被逮捕判刑或被追杀,库尔德人的武装势力也被有关国家认定是恐怖主义非法组织。鉴于库尔德人的当代遭遇,世人不难理解和解释为什么巴勒斯坦人百折不挠地争取实现独立建国的目标,为什么以色列人针锋相对地寸土必争,以及为什么许多国家的非主体民族(如斯里兰卡的泰米尔人、西班牙的巴斯克人、加拿大的魁北克人等)会提出政治独立的要求。

上述显而易见的事实反映了现代国际关系中一个严酷的事实:主权是当代民族生存不可或缺的基石,国际法和国家间组织"只认主权,不管其他"。国际法与国家的一般理论证明,在现代国际关系里,法律、权利和正式的国际组织与国家之间有不可分割的联系。主权的第一层含义是,在无政府的国际格局下,若想维持基本的交往秩序,必须在各个基本的行为主体之间建立和保持一种对等和平等的权利。国际法在本质上正是这样一种交往规则,是一种调整各国相互间行为的交往规则,如保护外交使节的规则、优待战俘的规则、贸易结算通汇的规则等。国际法的深层含义在于,国际法与国家有一种必然联系,国家的一切"要素"(如领土、国民、政府以及相应的对内管辖权、对外交往权以及合法使用暴力的权力等)均受国际法制约。一般来说,只有当国家而非个人或任何其他非国家行为体成为国际法的主体时,正常的国际秩序才得以建立,主权国家才有平等可言。主权确实像是国际体系不可或缺的一块基石。

(二)原则的平等与实际的不平等

国际法的上述定理或判断,不等于说实力不等的国家拥有同样的发言权或实际支配力。主权国家原则上的平等,既不代表也不说明它们的实际力量和国际地位。在很多情况下,人口和面积等规模指数、技术和资金等

第二章 主　权

能力指数,已经天然地决定了原则上平等的主权国家之间在现实中的不平等。例如,一些弱小贫穷的第三世界国家,由于缺少资金或技术而同某些发达国家进行所谓的"减排贸易"(由西方国家出钱,"赎买"发展中国家降低污染指标所花费的某些代价),出卖本属于自己的海洋洋底矿物资源甚至国家的整块洋底矿区,或标价出卖联合国有关管理机构分配的属于各国的太空电磁频谱区段,甚至连一些本该自己国家派代表出席的国际会议,因无钱购机票赴会,只好"委托"西方发达国家的某些个人或团体代为出席和谈判。再举一个事例,即南极的开发和利用。按理说,南极是人类的共同财富,各国对其享有平等权利。然而,实际情况是,没有资金和技术能力在南极建立永久性的越冬考察站并实施重大科研项目的国家,根本就不被南极条约体系所接纳。建造一个南极考察站,少则数百万美元,多的上亿美元,加上破冰船、直升机等必需设备,费用还要大大增加。无论从技术上、财政上还是后勤保障上看,世界上仅有极少数国家能够负担起这种利用前景不甚明朗但使用成本十分高昂的国家权利。

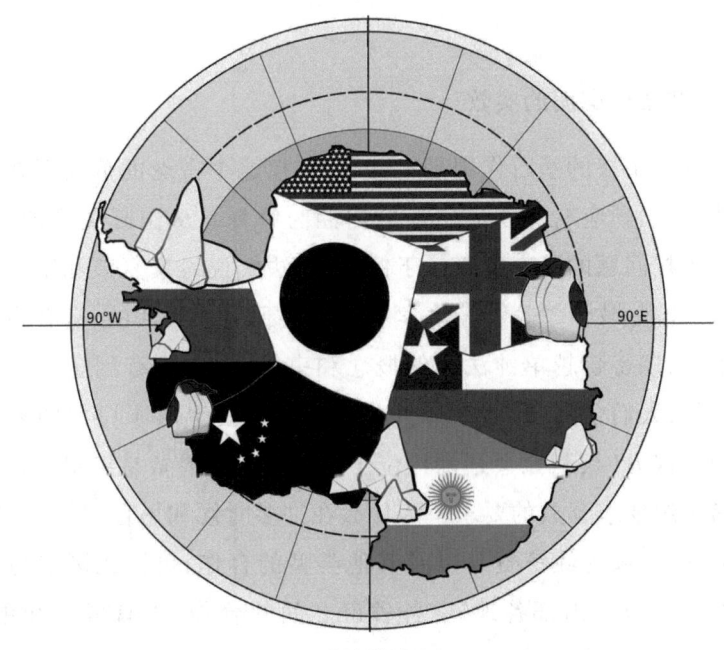

强者争锋南极

就主权原则和国际法来说,所有国家不论大小强弱都是一律平等的,但现实的世界政治中没有一样东西的分配是完全平等的。资源不平等,技术不平等,气候或地理条件不平等,实力不平等,甚至连饮用水和空气的质量也不平等。人口仅几万、几十万,面积只有大国千分之几、万分之几的微型国家,尽管有形式上的主权,但很容易受到外部的渗透和干涉,这些国家甚至很难对自己的领空、领海和领土实行真正的控制,尤其当政府不负责任、缺乏能力或对外交往的经验时。不管接受与否,现实政治仍然是按照实力确定地位和发言权的,主权在强权政治面前经常要打折扣。主权国家实现完全平等属于"自由王国"的理念,而它们实际上的不平等才代表着真实的"必然王国"。遭遇不平等对待的国家对平等的诉求,可能是一个难以企及却不能没有的追求。缺少它,就不会有国际社会错综复杂的斗争,就不会有今人所见的国际政治。国际法和主权权利只存在于民族国家的互相争斗又互相依赖的时代,体现在国际范围内表面上无政府管理、实际存在内在秩序和规范的世界中,只能在理想与现实的复杂矛盾与磨合的过程本身中实现。

(三)非法律层面的实效

仅仅宣示主权的基石作用是不够的,主权这个古老的范畴正在面临变化和挑战,必须顺应时势发展出新的内涵与解释。从国际关系的角度看,国际法对主权问题的既有解释过于保守,无法解说纷繁复杂和富于变化的国际形势。国际政治学家和经济学家希望得到更加灵活的、富有弹性的对主权的解释,期待超越单纯法律的概念和束缚,提出更有创意和操作性的思想。比如,人们会问:为什么海关关税这种传统上属于民族国家政府的主权范围的权力(权利),会逐渐让位于或受制于世界贸易组织和各种国际经济贸易组织要求开放的要求?为什么在许多时候和场合,"增长三角"这类跨国界、跨区域的经济贸易以及其他类型的合作,可以比国家与国家之间的合作以及国家内部各地区/各省市之间的合作,更有成效和更快捷?当这类合作的规模发展到足够大的时候(假设占到整个国内生产总值或有关区域产值的一半以上），是否会使传统的主权权利降低意义？对于比利时的布鲁塞尔、法国的斯特拉斯堡、瑞士的日内瓦等"欧盟城市"或"国际组织城"的很多居民而言，他们的个人收入、日常生活和价值追求，可能因越来越多地与欧洲一体化机制或国际合作进程相联系，而逐渐变得与传统的本国意识，尤其是"国家利益"概念没有多少关系。日常生活中看得见的东西，特别是经济方面的考虑，可能比大而化之的国家意识、难以捕捉的政治宣传以及抽象晦涩的法理条文，对他们个人的态度和投票产生更直观的影响。

让我们继续发问：为什么世界政治中越来越多的"新事物"，如新社会运动、生态保护团体、女权组织和跨国界经济实体（不只是跨国公司），以及层出不穷的国际组织、多边协议和区域性安排等，在其所关注的具体领域，虽然没有古典意义上的主权，却拥有日益增强的影响力和对具体事务的发言权甚至某种"管辖权"？为什么会形成这种看上去主权的相对作用被削弱而管辖权的相对作用增强了的局面？主权与管辖权的分工此消彼长的趋势是否会继续扩展？在提不出新的主权思想的前提下，务实的政治家和战略决策者凭什么要守住旧式的主权观念不放而拒绝争取管辖权或与之合作的诱惑？以往国际法学家所界定的主权国家的"权利"和"责任"，能否从性质上和外延上囊括日益增长的"权利让渡"现象和"国际义务"承诺？为什么国际上会出现诸如所谓"加利福尼亚外交"（California Diplomacy）或"区域国家"（regional state）等议论？为什么国内学者也有越来越多关于"非中央外交"、地区一体化的好处、多边主义等问题的理论探讨？结论显而易见，在飞速变化的世界中，若拘泥于纯粹的法理说明，就无法适应实际的过程和需要，主权也不能得到很好的实现。

（四）"层化"的趋势

当代国际关系的一个趋势是，人们对主权与使用权、管辖权之间的功能区分更敏感，更看重实际的效果和收益，因而倾向于将"主权"作为一个立体的、可以分层的范畴，而不再像从前那样视其为某种平面的、无法剥离的概念。虽然在实践中主权和管辖权紧密相连，但两者并非总是相辅相成的,它们有时会作为两种截然不同的东西存在。例如,在巴拿马运河区,直至1999年巴拿马将它收回前,虽然名义上巴拿马对这个运河拥有主权,但美国仍拥有至关重要的管辖权。从实际情况来看,在很少发生的主权和管辖权的冲突中,拥有管辖权对于冲突的结果更有决定作用。在日本本土西南方向的冲绳群岛,美军基地占去了五分之一的面积,享有让当地民众难以忍受的治外法权,哪怕是美军犯下了不可饶恕的罪行,东道国的法律仍对其无可奈何。同理,在任何国家都不拥有主权的公海上,根据国际法,任何一国只要能在某一情形下(如对付海盗和毒品走私,或者在租赁的船只上悬挂国旗)确立管辖权,就决定了这个国家在这一情形中的主导权。国际组织也加深了这个层化趋势。某些国际组织有大量资源或能力展开行动,它们的法律权限,即广义的管辖权,并非来自主权,而是来自会员国在创立这些组织时所同意接受的一些规则和条约。对国际组织人员提供保护和意外赔偿,就是非国家的国际行为体享有实际利益的典型。同样的情况也适用于国际民航组织、国际劳工组织、国际海事组织,以及其他联合国专门机构。在它们各自的职能领域中,这些组织各有其管辖权,通常会影响到主权国家的权利与义务。虽没有主权,非国家角色也可拥有重要的管辖权并成为实际受惠者。国家面对的新竞争者增多了。

冲绳居民抗议美军基地

(五) 新的人权内涵

主权观的充实与完善,是与人权观念的进步分不开的。在全球化的背景下,旧式的安全观受到冲击。越来越多的国家和战略家认识到,新的安全观应当是一种"立体安全"的观念,即不仅把安全从传统的军事领域扩大到非军事领域(如经济安全、金融安全和生态安全等),而且"国家安全"不只是一种对外的、单纯防御性的东西,还应包含受保护主体自身的良性改进,如政治开明与民主程度、民族融合与团结程度、社会安定与稳定程度、经济发展与开放程度等。国家的安全与否,同国家的进步与否有密切联系。同理,也需赋予"主权"新的内涵。古典的主权概念最早是强调君主拥有至高无上的权力,要求世俗权与神权分离,表达资产阶级上升时期的期待;然而,它开始时主要是一种对外的东西,并没有重视本国普通百姓的权利,尤其没有强调君主权力来自民众的认可。在那个时代,不管是暴君还是开明君主统治,主权都不会受到质疑和挑战。在当代,国家的权力与合法性不仅具备国际法认可的质的规定,而且与社会公众的权利联系在一起,它尤其重视个人自身的各种权利,包括生存权、发展权、表达权、参与权以及法律面前人人平等的内容。没有好的国内人权状况、不尊重百姓的基本权利,国家及其政府就可能在国际社会上遇到麻烦。有新时代特征的主权观,要放在全面的人权观之下加以透视。它也是国家与社会关系的重新建构过程。新的主权观念应与人权观念有机结合,应当同时具备政治安全、经济社会的内容。与新安全观一样,新主权观应当与"进步性"联动:一个国家能否捍卫自己的国家主权,既要看它防范外部势力干涉的军事和经济实力,又要看它社会内部的各项"健康指数"。

主权不仅是国际现象、法理现象,而且是社会现象、历史过程。主权现象同国家一样,是一个历史的范畴,因而也应用历史的眼光去看待它。它是随着近代国家一同诞生的,也将随世界体系的变迁而改变自己的作用形式。主权又是一把现实的尺子,用它可以衡量当代国际政治的复杂性,以及民族国家同其他行为体的互动关系。主权观念是世界性的,但对这一观念的理解由于文化背景、历史条件、民族构成、国家实力、发展战略等的不同而大相径庭。对于有不同经历、不同文化背景、不同幅员人口、不同经济基础、不同军事实力、不同发展目标的各国而言,评说主权问题的角度、心态、利害关系也自然不同。民族成分比较单一的国家与民族构成比较复杂的国家之间,拥有自己的文明发展线索的国家与建国时间很短、文化渊源多取自外部的国家之间,地大物博、人口众多的国家与国土狭小、资源贫乏的国家之间——总之,背景相差很大的国家之间,在主权问题上很有可能会采取不同的立场。有时,给行使主权施加的限制,确实是与不公正、不合理的国际秩序联系在一起的,很可能是西方国家从狭隘、自私的利益出发带来的结果;有时,对主权问题的思索,反映了世界相互依存的趋势和国际社会认知加深的事实,反映出解决全球性问题的迫切需要。

"主权"观念有自己的时代特点,主权现象背后有着复杂的成因和动机。眼光锐利宽广的读者既应懂得主权始终存在的核心价值,也要懂得主权形态随着时代变化而出现的变化。

思考题

1. 主权的基本含义是什么?
2. 当代主权受到哪些约束?
3. 如何观测主权演化趋势?

推荐阅读

1. 〔英〕约翰·霍夫曼:《主权》,陆彬译,吉林人民出版社2005年版。
2. 〔英〕劳特派特修订:《奥本海国际法》上卷第一分册,石蒂、陈健译,商务印书馆1971年版。
3. 〔美〕汉斯·摩根索:《国家间政治:权力斗争与和平(第七版)》,徐昕、郝望、李保平译,北京大学出版社2006年版。

国际冲突

第三章

本章要点

1. 国际冲突反映出各国利益、目标难以调和时出现的摩擦对抗,是国际政治主要消极面所在。
2. 国际冲突形态多样、原因复杂,而且随着各方面的环境和条件的改变而不断发生变化。
3. 对于"文明冲突论""地缘政治"之类流行提法或动向,应当透过表象看本质、析根源。

国际冲突给人的第一印象是它的消极对抗性质。如果在街头上随便找个人一问："什么是你感受到的国际冲突？"答案可能五花八门，谁都会说出几件事，不外乎那些导致流血伤亡的糟糕事态，比如美国与伊朗之间的几十年恶斗，巴勒斯坦对以色列的长期抗争，乌克兰东部地区民兵与政府的较量，非洲一些部族的宿怨和跨国残杀等。

不过，要是追问这些冲突的根源，受访者往往说不出所以然。毕竟，国际冲突虽长久存在，其表现方式却在不断变化，会受到不同时代条件和环境因素的影响。远的不提，就拿第二次世界大战以降时段举例：两次世界大战残酷的经历和战后核武器的发明，使得主要大国发动全面战争的可能性大幅下降；冷战结束和美苏争霸时代的完结，则开启了新一轮烈度低、周期长、范围广、形态多样、诱因复杂的国际冲突局面；而21世纪以来信息与科技的进步、各国综合实力发展的不平衡，以及传统和非传统安全因素的共同作用，造成地缘政治博弈的抬头，国际冲突变换花样重新出现。所以，欲深入理解这种现象，需要有专业的指导与学习。

这里，先给出一个定义：所谓"国际冲突"，是指各种国家和非国家的行为体为追求各自目标和利益产生的对抗和摩擦；它涵盖了相互压制、反制、伤害乃至消灭对方的各种行为，从部落或民族的旧恨新仇、各国领导人的严重口角，到一般性的制裁、武力威胁或军事战争，直到危及周边地区甚至全球社会的事态。国际冲突可以表现为不同的形态，植根于不同的因素，呈现出不同的烈度，但归根结底它表现出行为体之间的利益、权力、目标之争，是这些东西无法取得妥协、协调或平衡的结果。

对学生而言，重要的不是记住几行字的定义，而是要看到国际冲突的多种形式，找出其背后的不同根源——知其然，并知其所以然。

一、国际冲突的主要形态

从第二次世界大战结束至今，全球冲突及安全的形势一直在发生变化，出现了以往没有的情况，尤其随着 20 世纪 90 年代前期冷战的结束和 21 世纪以来国际关系的复杂变化，国际冲突的分析光谱中出现了更多色调。本章探讨范围为近几十年发生的现象，聚焦当今世界已有的国际冲突的主要形态。

（一）核扩散问题引发的对抗（典型的安全困境）

20 世纪末期以来，由于苏联的解体和两极对抗的终结，几种毁灭性最大、强度最高的冲突（常规世界大战、有限核战争和全面核战争）发生的可能性大幅下降。但与此同时，核扩散阴影开始显现，有越来越多的大国甚至中等强国，想要拥有自己的核威慑能力。不时会听到这样的问题：美苏对抗的时代结束之后，世界更加安宁还是更加危险？准确的回答是：两种可能兼而有之，取决于观测的角度——如果从核大战可能发生的危险性看，今天的世界是自原子弹发明以来比较安全的时期，主要原因是美俄两个主要核大国不易发生全面对抗，它们掌握的占全球 90% 以上的核武器处于"低战备"状态，因此人类居住的这个星球被彻底毁灭的可能性较小。然而，越来越多的国家拥有了核武器或企图掌握这种技术，又让国际社会产生了新的忧虑。核扩散成为 21 世纪前期人类面临的重大安全难题之一，而在防止核扩散的名义下打压敌手和竞争者，又成了某些大国实行双重标准、推行强权政治的把柄。美国与伊朗的角力及其产生的系列危机，就是此类典型的事态。

（二）分离主义诱发的麻烦（民族主义的副作用）

在近些年各式国际冲突里，分离主义的作用相当巨大。分离主义的主要政治目标,是从既有的主权国家那里分离出一部分领土建立自己的独立国家,其推动力多来自该国少数族群,而且往往是在民族自治和保护少数权利的口号下推进自己的主张。这种特殊情况令解决相关冲突的敏感性和难度上升。最近几十年,分离主义造成的冲突由于来势猛、规模大、影响广而特别引人关注。独联体和巴尔干的多处热点便具有这种特征,非洲和中东一带的冲突也多少与此有关。这中间往往含有复杂的宗教信仰和种族方面的历史矛盾,许多冲突表面上是新近出现的,其实根子早在几十年前、几百年前已扎下。在狂热的分离主义势力那里,只要独立了,所有问题就会迎刃而解,否则自己永远是"非主体民族"和"二等公民"。分离主义势力不惜向主体民族乃至整个政权发出挑战,包括采取各种极端的手段。这种现象可以称作族群的"元素化运动"。由于美俄两大国的传统控制不复存在,在一些政权基础不牢固的多民族、多宗教、多文化并存的国家,这类事态导致的对抗和动荡变得严重起来。从未来一段时间观察,分离主义导致的国际冲突有增多的趋势。

(三) 国内冲突的外溢(内外互联型)

当代国际冲突还有一个显著特点,即内战的多边化、国际化,内乱外溢。中美洲、非洲的大多数冲突始于内战,源于当权者同其他政治势力、派别、阶层的矛盾,继而加深和发展,引起国际社会关注和大国干涉。意味深长的是,国际共同体和列强的干预似乎既不能阻止类似情况一再发生,也未能根除已有的痼疾。直到两极的稳固秩序瓦解以后,在层出不穷的由内战引起的地区冲突面前,内战多边化和国际化的问题才受到更多重视。非盟和一些次区域性组织单独或联合实施的武装干涉行动多半是针对某些国家的业已失控的骚乱或战争展开的;叙利亚问题导致的大国介入和各方冲突持续不断,是新近的典型事例。在欧洲,20世纪90年代后期北约对南斯拉夫联盟实施了长达近80天的封锁、制裁和轰炸,导火索是南联盟内部的种族争斗和野蛮杀戮。而澳大利亚和东盟几乎在同一时期支持了原属印尼的东帝汶的独立,原因在于印尼国内强硬派军警对这一少数族裔区域此前的弹压和大量平民伤亡事件。经验表明,冷战结束以来大部分的国际冲突是由各国内部的冲突诱发的。与20世纪50—60年代的民族解放运动不同,亦有别于19世纪40—60年代的欧洲中小国家独立和自立浪潮,21世纪初的民族主义多表现为"裂变"的力量而非"整合"的因素。由于世界上大多数国家均由非单纯的一个民族或种族组成,多数国家或多或少、或严重或轻微地都存在内部的种族问题和自立倾向,这种"裂变"的前景给世界带来很大的不稳定性、不确定性。

(四)大国争锋导致的危机(传统均势型)

一个早已存在、至今依然奏效的"铁律"是,不论是何种类型的冲突,大国如果不介入的话,冲突的强度就比较低。在大国有效控制的势力范围内,冲突相对不多且不激烈;反之,冲突持续久且强度比较高。多数大国、强国只在本地区范围内起调解、干预或加强的作用,只有美国作为唯一的超级大国能够对全球施加全方位的干涉和影响。作为唯一超级霸主的美国,无论全球任何地点任何时候发生重大冲突和危机,总能见到它干涉的身影,安排直接间接的代理人。美国既是世界警察,又是全球麻烦制造者。而俄罗斯、德国、日本和印度等多数大国,首先是保证对周边地区的影响,其次才追求全球性的目标。以俄罗斯为例:它到目前为止表现出一种"分层次采取不同强硬态度"的大国战略。在第一层次即核心地带——独联体范围,俄罗斯完全是主宰性大国的姿态,不允许任何国家(包括美国)和国际组织(包括联合国和北约)干预,车臣即为一例。第二层次是中东欧和巴尔干地区,在俄罗斯看来,这仍是它大有作为的势力范围(包括乌克兰、白俄罗斯等)。第三层次是全球范围内的各战略要冲,对此俄量力而行、有取有舍,如联合土耳其大力介入中东事务,抗衡有关叙利亚问题的美欧方案。历史证明,大国的目标与利益易发生交叉矛盾,无法妥协和合作之时,便是国际冲突爆发之日。

冷战争霸时代

（五）多因素作用的摩擦（复合型冲突）

国际冲突的另一个特点是,围绕自然资源、领土边界、水道或出海口等方面的传统争议,有越来越多、越来越复杂的冲突与较量,许多危机还在酝酿、深化的过程之中。盛产石油、地处要津的中东地区是一个典型。21世纪以来,除了原有的阿拉伯-以色列冲突外,又增加了地区内的强国与弱国、富国与穷国、区域内列强之间、区域内不同教派之间的多层次摩擦。以色列对黎巴嫩部分地区的占领、对巴勒斯坦人的打压,伊拉克对现今叙利亚阿萨德政权存留问题上的活跃姿态,多数阿拉伯国家内部的统治阶级与宗教激进主义者之间的较量,富有的石油输出国与贫油国对待西方的不同立场,都显示出各种利益矛盾缠绕在一起、难解难分的情景。即使在相对稳定的东北亚和东南亚地区,有关岛屿、大陆架和海域的争端,也给这些地区的安全与稳定增加了不确定性因素。随着冷战时代的结束,实际利益

(特别是安全战略利益和经济贸易利益)的重要性上升,局部的、当下的、独特的恩恩怨怨涌现出来,此起彼伏、交缠叠加到一起;在不少场合,冲突的主次原因、主角配角、内外影响,亦变得模糊不清、难以辨识。

二、导致国际冲突的原因

导致国际冲突的原因很多,很难给出包罗万象的解释,这里只能择其要者加以列举。请注意:由于实际生活里各种因素盘根错节,下面梳理出来的类型有可能存在一定交叉;所谓类型与根源之间也未必有那么清楚的界限,本节重点是提醒人们关注根源的一面。

(一)历史遗留的难题

基于宗教信仰和血缘种族的不同而产生的敌视、怀疑和不信任,历史上大国和强敌干预而导致的国家边界、领土、海域、水道的多次修改及争端,文化、语言和生活方式的差异而造成的相互歧视和经常性摩擦,以及社会制度和意识形态的分歧或区别带来的敌视和对立等,是冲突发生的一大部分原因。在冷战时代,这些积恨受到抑制;在后冷战条件下,它们重新抬头。日本和韩国在两极对立的年代同属反共盟友,很难想象那时它们会因"日本海"的称谓或某个小岛的归属发生严重对立。类似情形出现在希腊和土耳其之间:这两个北约成员国长期存有纠葛,只是在苏联扩张的威胁下才没有让历史矛盾发作;苏联一解体,原先的"黏合剂"就不起作用了。

(二)失落人群的绝望

全球发展的不合理、不公正,既包括各国内部经济及社会地位上的差别,也包括发展中国家同发达国家的南北差距。穷国与富国之间日益加深的鸿沟,是许多国际冲突的深层次根源。不少落后地区的经济增长停滞不前,贸易条件恶化,债台高垒,失业严重,儿童得不到教育,民众缺医少药。经济、政治和心理的被剥夺感和绝望情绪往往会诱发所谓的"失范性冲突",即由于规范的纲常无法维系造成的冲突:不少人愤懑地认为,国际呼吁、谈判对话、诉诸理性等,是虚伪和无用的;暴力、反抗、革命和其他激进的行为,才是在无望又无助的世界生存下去的唯一出路。这也是恐怖主义和极端势力滋生的社会心理基础。加上一些地方政府的治理赤字严重,整合的机制不起作用,精英反叛或大批流失,对立的国内政治势力借外力坐大,最终局面演变成内战乃至波及周边的战事。不管具体的导因是什么,这些冲突代表长期矛盾的爆发,带来无穷尽的动荡和流血事件,有时更有域外大国的乘虚而入及更大的不确定性。

走向极端的绝望者

(三)大国权势的转移

列宁很早就指出,在垄断资本主义阶段,由于政治、经济及综合国力的发展不平衡,新的、后起的实力派国家可能对旧的势力格局发出挑战,提出新的权力要求,而"既得利益者"当然不甘示弱,它们之间为了瓜分世界,为了重新分割殖民地、金融资本的势力范围,会"产生许多特别尖锐特别剧烈的矛盾、摩擦和冲突"①。因此,帝国主义扩张政策是资本主义成长到一定阶段的必然产物。列宁的预言可以在一定程度上解释当代某些国际冲突的生成。在一些国家的一定时期,人口与技术增长的能动作用、贸易和军费开支上的改变、联盟的形成或瓦解、国内需求结构的急剧变化、国际影响的突然增加、对外扩张的便利条件(原先的潜能可能由于特殊气候迅速转化为现实的好处或力量)等综合国力的快速提升或下降,造成国际体系新的不稳定,打破了旧的均衡状态。对此,既得利益集团尤其是主导国拒绝接纳新兴集团分享权力的要求,采取遏制和打压方式,制造各种危机和摩擦,从而引起新的国际对立与紧张。21 世纪非西方大国的快速崛起和影响扩大,以及西方传统强国对此的紧张焦虑和难以接纳,正是近期国际政治安全形势具有一定紧张性和对抗性的深层原因。

(四)后两极综合征

苏联解体、东欧剧变和由此产生的两极格局的崩溃,是导致新的国际冲突,特别是小的、局部的和低强度的冲突的一个重大因素。在两极时代,主要由两个超级大国展开争夺,小国、弱国则多依附于某个世界大国;由于超级大国的庇护或干预,小国、弱国既免遭敌对大国的入侵,也不受有历史积怨的邻国的威胁;小国、弱国既没有意愿也没有能力去追究与周边国家的历史恩怨。核武器的出现和核均势的形成,则加强了冷战时期特有的稳定与秩序。总之,第二次世界大战后世界大战的避免,不能不部分归功于两极均势和核威慑的存在。而在 21 世纪的今天,世人见到的是一幅大相径庭的画面:相对稳定的两极格局被不太稳定、急剧变化的多极格局取代,旧的敌我友概念早已模糊不清,各国都在调整国际战略;民族主义抬头,地缘因素崛起,中小国家不像以往那样受大国管束,以前受到抑制的许多争

---

① 《列宁选集》第 2 卷,人民出版社 2012 年版,第 650 页。

端重回各国议事日程。此外,由于苏联解体后造成的地区混乱和核控制能力的下降,核武器今天与其说是一种威慑力量,不如讲是一种新的不稳定因素,其流失和扩散成为对国际社会安全的新威胁之一。超级大国传统对抗模式的骤然消失,造成了一些战略"真空",激发了某些地区的军备竞赛。某些新兴大国和地区强国近年的武器购买,无论质量或数量远超冷战时代的采办。地球遭受彻底毁灭的可能性下降了,但国际安全的其他方面并未得到有效保障,有些领域的问题反而增多了、加重了。

(五)高危地带的升温

冷战结束这些年,有两个大的冲突带持续升温,构成新的地缘政治较量的重要部分:一是沿原苏联集团的主要势力范围分布的"破碎地带"。这一狭长的弧形地带约有20个中小国家,各国人口从100多万到几千万,面积从几万到几十万平方千米,民族成分错综复杂,天主教、东正教和伊斯兰教的教派林立,多数国家同其他邻国都有民族矛盾和边界纷争,有些已成为有名的"火药桶"。这一地区历史上曾发生多次战争,两次世界大战就在此地带诱发。新阶段最主要的变量是俄罗斯的演化。这个国家正处于缓慢复苏阶段。普京政治的特点是,刚柔相济、软硬兼施,坚决要重新确立世界大国形象。它放弃在全世界各地与美国的意识形态较量,但不退出对某些战略要津的争夺。另一条冲突带是沿阿富汗、伊朗、巴基斯坦,到土耳其和新成立的某些中亚国家(如塔吉克斯坦),直至中东和阿拉伯半岛,最后到达北非地区的伊斯兰"新月形地带"。它正在成为国际局势动乱的主要根源,不但威胁欧洲侧翼,也对美国主导的世界秩序发出挑战。综观全球,伊斯兰地区急剧动荡,属于当今世界流血冲突最多、最严重的地区。阿以争端、波黑战争、阿富汗和塔吉克斯坦的内乱、索马里内战、库尔德的独立运动,直至北非、中东近期的动荡(革命)等,皆属此类。这一条冲突带之所以显化,原因是苏联衰败后,美国肆无忌惮地介入当地,滥用武力和以武力威胁,造成当地民怨沸腾,各路反美势力反弹,冲突持续升级。

（六）非传统安全问题的增多

随着两极对抗格局的结束,国际安全大背景发生了重大改变:一方面,传统的东西方阵营的界限逐渐变得模糊,一批中等强国和若干区域集团相继抬头,绿色和平组织、新社会运动、反全球化团体等各种非政府组织和跨国性"网络"纷纷崛起,全球力量格局出现了多极化、分层化的趋势;另一方面,有关当今世界不同宗教、文化、民族区域之间发生"文明冲突"的议论甚嚣尘上,历史上早已存在的各种积怨和摩擦在缺乏冷战时期那种"核大战威慑"（又叫"恐惧平衡"或"霸权稳定"）的前提下逐一冒头,新的国际冲突和地区争端显得纷乱、无序、跨领域、多元化,比如,既有旧式的中小规模的国家间军事对抗,又有围绕石油或水资源争夺、出海口和其他战略通道占据、陆地和海上疆界划分产生的各种纠纷（或历史纠纷的重现）,更有许多暂时无法定性和辨认的矛盾冲突（如跨界区域的难民回归和安置问题、地区性金融危机和跨国犯罪现象、废气造成的酸雨等污染源带来的棘手问题、公海和极地范围内出现的各种新问题）。

从长时段考察,由于全球化进程中各种要素的加速流动,国际安全直至国家安全乃至国家内部的社会安全和人的安全一整套安全体制、安全观念,持续出现世人从未见过的衍变。确切地说,正是这一进程造就了安全问题的非传统景象,促成了"非传统安全"威胁。非传统安全威胁及类似的各种麻烦,实际上是全球化时代的产物,解决这些问题同样必须从理解全球化造就的全球性社会变动入手。安全问题的复杂化、多层化和跨领域势在必行,它加快了全球化进程的塑造和改观,后者模糊了"高阶政治"（如战争与和平问题、外交与结盟问题、国际法与国际组织问题）与"低阶政治"（如生态与环境问题、妇女与性别问题、非政府组织与新社会运动问题）的区别,模糊了国际事务的所谓"铁律"（无政府状态、自助法则、囚徒困境、霍布斯定理等）与国内政治的一般理论（政府主导、国家/社会二元论等）之区别,乃至否定政治与经济、科学与文化、物流与信息、主体与客体、敌人与盟友等概念之间的不可互换性。在新的剧烈变动的时代,所有人既体会到不限于经济方面的全球化大机遇,又感受到前所未有的"全球性不安全"。

非传统安全是相对于传统安全而言的。在最直接和最简明的意义上,非传统安全威胁指的是军事战场以外发生的重大威胁,也即主要不是依靠传统的军事手段能够消除的严重危险或隐患。这类重大威胁通常不表现为对国家主权和领土完整的侵犯,主要来自国家、非国家和跨国间的各种行为体而非以往那种单一的民族国家(及政府)。虽说国家和非国家的行为体对非传统安全问题的形成同样负有责任,但非国家行为体更加复杂和难处理,其多样构造、变幻难测的行动纲领和行为方式,不易用单一的办法和线性的思维加以应对。毒品问题、难民和非法移民问题、严重的有毒气体和雾霾的跨界扩散问题,诸如此类的"定时炸弹"尽管不一定就是暴力冲突,但若不采取有效的防范措施,也可能诱发大规模的骚乱、恐慌、武力镇压和国家间的战争行为。实际上,目前这些全球性问题中有些已是国际冲突的"催化剂"和"导火索"。非传统安全威胁在不同国家里、不同背景下有大相径庭的表现形态,但总体上这类威胁涉及的范围超越了国家的传统防御领地,牵扯到政治、经济、文化、社会、宗教、环境、医疗、信息、技术、心理等各个层面,挑战各国社会的稳定、民众个体的生存质量甚至整个人类的生存前景。

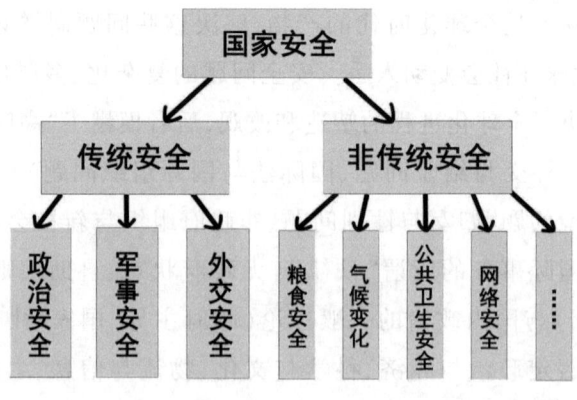

非传统安全是安全范畴的重要组成部分

三、"地缘政治"和"文明冲突论"

最后说说"地缘政治"和"文明冲突论"这两个作为深化本章学习的知识点。

(一) 地缘政治

"地缘政治"(geopolitics)通常代表着国际政治里的消极部分,体现出各国的利益冲突和相互竞争的一面。近年来"地缘政治"这一术语,无论在政治家嘴里还是在学者或记者笔下重新变得十分流行。当超级大国美国在有孤立主义倾向的特朗普总统治下,对全球不同区域发出贸易战和各种威胁的时候,国际政治大厦仿佛一夜之间被涂上了"地缘政治"的色彩,人们发现国际事务好像处处存在与地缘因素有关的风险。这个概念使人联想到俄罗斯与北约东扩的摩擦、伊朗与以色列不共戴天的关系、波斯湾石油供给通道不时遇到的麻烦、全球战略矿产分布不均造成的明争暗夺等。

其实,有关国家政治行为的地理及环境因素的分析并不新鲜,长久以来它一直是政治学者和外交界的话题。亚里士多德就认为,人是受地理条件和政治体制影响的,靠近海洋的地方的商业和城邦易于兴盛。主权概念的提出者博丹认为,气候条件影响民族特点,甚至直接决定国家的外交政策。法国启蒙思想家孟德斯鸠相信英国近代独特的政治制度和自由观念的形成,与那个岛国不易受到外部侵略的天然条件有关。对美国19—20世纪的快速崛起,欧美学者亦有相似角度的分析,比如托克维尔坚信新大陆优良制度的创建,很大程度上得益于美国远离腐朽旧大陆的地理位置及心理气质。美国人自己也深信,对新边疆的不断拓展,培育了一代又一代美国人的进取精神和"胜者为王"的民族性格。马尔萨斯的"人口论",强调了资本主义时代世界范围内人口增长与技术进步、资源原料供应短缺与战争争夺、饥荒分布与革命因素之间的联系。西方很多人长期信奉的"社会达尔文主义",尝试把适者生存、优胜劣汰的思想从生命有机体的研究延展为有关国家和国际社会的一般性原理。

从借鉴角度讲,地理政治学说是中性的,经常为各国决策者所采用。它以地理分析为基础,注重国际政治力量与地球自然性质的内在联系;把领土国家视为国际政治力量的主要单元,而气候、植被、土壤、位置、矿物资源、海拔高度、陆块分布等因素则构成"地球自然性质";让读者注重国家利益与地球属性之间的联系。在决策者和战略家那里,专门的地理政治区域并不是由恒定不变的地形所规定的地理区域,而是一方面由自然地理所决定,另一方面由实力中心的动态变化所决定的战略区域。也就是说,争夺权力的斗争本身会把一些地区提到显著地位,把另一些地区暂时降到边缘地位。地理政治分析与纯地理分析不同,其特点就在于它所研究的是动态而非静态的形势。世界政治环境的改变,会改变某一时期某些特殊因素的重要性,因而影响到最终的结局。技术条件的变化也会使形势改变,特别是在行使武力方面,因为交通速度和工业技术的进步,会使一些国家的实力地位发生变化。地理因素不会改变,它们对外交政策的意义却在改变。

自近代资本主义从欧洲发生以降,这些思路自然培育出欧美列强的一系列扩张性军事战略和学说,对各国的国防和军事现代化,对各国政府的外交和贸易政策,以及对国际社会在20世纪经历的两次世界大战,都产生了深刻久远的影响。地理政治的基本思想奠定了权力现实主义国际关系和外交学说的基石。其中比较有名的有美国军事理论家马汉的"海权论"、英国地理学家麦金德的"陆权论",以及各种"空权论"。海权论强调,制海权(特别是控制具有战略意义的狭窄航道)对于大国的地位至关重要;一个国家获得这种地位的能力取决于它的地理位置、陆地形状、领土范围、人口规模和民族性以及政府形式。麦金德看重19世纪兴盛的铁路机车和公路网在广袤欧亚大陆发挥的巨大作用,以及这一"心脏地带"蕴藏的丰富自然资源,强调它们对于大国竞争的价值——谁统治东欧,谁就能控制大陆心脏;谁统治大陆心脏,谁就能控制世界岛(欧亚大陆);谁控制世界岛，谁就能统治世界。空权论的要点是，技术的突飞猛进可以让军队改变传统的作战方法，让国家手段延伸至以往无法企及的更大空间或疆域；空中力量的进步并不改变环境决定论的命题，而是使新的环境要素取代旧的环境要素，从而使理论应用拓展至更高、更远的地球表面和外层空间。

"陆权论""海权论""空权论"

必须指出，主要兴起于近代欧美资本主义扩张时期的这些看法，到了19世纪后期至20世纪前期德国军国主义谋求扩张的背景下，生成了一种负面畸形的德式"地缘政治"学说。从拉采尔到豪斯霍弗、施密特等一批德国地缘政治理论家，先后发展出一系列为德国扩张主义行径奠基的概念与理论，如对德意志民族"生存空间"的解释，对国家作为地球"有机生命体"的探讨，对人类分布和迁移规律的认识（"人类地理学"），对各个优劣种族和文明传播路径的追踪，以及拉采尔的所谓"国家侵占他国领土是内部生长力的反映，强大的国家为了生存必须要有生长的（更大）空间"的论调。再加上"日耳曼种族优越论"，德国这一系列的地缘政治论，为希特勒的抗衡英美势力、全面征服欧洲的军事侵略方针，提供了关键性理论依据。第二次世界大战后的欧洲及更大范围的世界，严厉抨击了这种地缘政治学说，德国学界也因这个概念折射不堪往事而对其讳而少言。也因此，战后全球各国主流的国际政治理论和外交思想，多把德国旧时的地缘政治概念视为名声不好的东西，世界范围内的地理政治学科的发展多少受到了束缚。

无论出于何种原因，经过长期流传的"地缘政治"这个舶来语，在中文语境下带有明显的贬义（例如美国现任领导人推行地缘政治那套东西），而"地理政治"的提法相对中性（说"这个政治家懂得地理政治"，可当成是一种表扬）。读者在阅读和使用它们时最好有所区分，哪怕两个词表达的内容有重叠之处。

（二）文明冲突论

进入 21 世纪以来，哈佛大学教授亨廷顿所说的"不同文明间的冲突"引起了广泛的关注和争论。"文明冲突论"是近 30 年来国际政治学界和外交领域有巨大争议性的话题之一。

亨廷顿这位著名的右翼保守主义思想家，在 20 世纪 90 年代初期连续发表作品分析了冷战结束之后世界力量格局的走向，他认为以欧美为基地的基督教文明、以阿拉伯世界和中亚一带为活动范围的伊斯兰教文明以及以东亚地区为中心的儒家文明三大主要文明体系之间，存在深刻的差异和冲突关系。这三大文明是世界范围内根基最深厚、影响最广泛的文明体系，他们的矛盾和冲突制约着世界的未来。这三种文明所依存的三大政治地理板块，构成未来几十年国际关系的主要依托。"基督教板块"以西方创始的市场制度、法制文化和个人主义为根据，它支配着世界体系至今已四五百年，但它由盛至衰的进程已初露端倪。"伊斯兰教板块"正在经历一次新的剧烈运动，造成动荡的原因既有宗教激进主义的挑战，也有改革宗教及政治体系、与世界其他部分建立更平和及更协调的关系的要求，还有来自外部——主要是西方国家的多方面压力。"儒家板块"属后发工业化区域,政治上制度化、法制化程度较弱,国家主义、政府导向、强权人物既是这一地区发展的特点、优点,同时也是缺点、劣势,但它目前正处在上升期,创设新的发展模式的前景被普遍看好。"文明冲突论"的主要结论是,文明圈内部的矛盾会随着核心文明(中心大国)的崛起而化解,但各文明圈之间,尤其在不同文明间的接合部(边缘地带),却会由于文明之间的差异而出现对抗。不同质的文明之间很难真正和谐共处;它们之间的差异与对抗,比旧时的国家制度、意识形态和地理位置形成的划分更加紧要。亨廷顿做这些判断时,依据的时段不是三年五年或十年八年,而是更长的历史时期。

　　这种理论有其深刻独到之处,也存在偏颇的地方。它是一种近距离的斜视。所谓"近距离",指的是他看到某些问题的要害,看到21世纪到来之际各种文化、宗教、信仰、价值、发展模式、生活方式之间的竞争,看到历史传承的各种文明之间的差异和矛盾,看到这些大的矛盾对于国际关系和人类前景的深刻影响。所谓"斜视",是指他戴着西方人的有色眼镜,看待西方与非西方文明之间的关系。他讲的"文明的冲突",是害怕西方支配地位受到挑战,是提醒西方决策者不能任凭这种态势蔓延。这种理论的政策含义是:中国及其影响力的壮大,不只是对西方世界现实的挑战,更是对其中长期的战略考验;当下的最大威胁来自伊斯兰世界,是那些极端的宗教激进主义势力,如伊朗和伊拉克的反美武装、恐怖主义、宗教势力等。亨廷顿建议,西方应当首先防止儒家文明圈与伊斯兰文明圈联手,然后分而治之,确保基督教文明的全球主导能力不被击败。在西方一些政客和策士那里,这种全球地缘政治观建立在对文化认同和历史传统的深刻认知之上,值得重视和采纳。而对于非西方的多数国家,"文明冲突论"充斥偏见误判。它没有察觉实际存在的各种文明之间的交融过程,缺乏对非西方文化精神的正确理解;它以消极阴暗的心态看待21世纪的全球变化,其方法论和出发点都有些问题。

　　对"文明冲突论"的讨论,给我们的读者一个启示:国际冲突绝不只是军事斗争意义上的,它也可以是文化角度的误判、历史传统差异引发的对立。然而,究竟是"文明"的差异引起了冲突,还是打着文明旗号的其他东西激起了不同国家和民族之间的矛盾？对这样的理论命题值得我们深思，而不是采取简单否定或跟从的态度。

思考题

1. 新的国际冲突与以往有何不同？
2. 中东热点主要由哪些原因造成？
3. 为什么要批判地看待"文明冲突论"？

推荐阅读

1. 〔美〕小约瑟夫·奈:《理解国际冲突:理论与历史(第七版)》,张小明译,上海人民出版社2009年版。
2. 〔英〕杰弗里·帕克:《二十世纪的西方地理政治思想》,李亦鸣、徐小杰、张荣忠译,解放军出版社1992年版。
3. 〔美〕塞缪尔·亨廷顿:《文明的冲突与世界秩序的重建(修订版)》,周琪等译,新华出版社2010年版。

民族主义

第四章

本章要点

1. 民族主义是当代国际政治里一个重要、敏感同时十分复杂的现象。
2. 民族主义有各种形态,代表着不同族群对身份的认知及政治需要。
3. 民族主义演进过程漫长曲折,现代国家的产生给了它自我审视的机会。

上一章讨论国际冲突时，曾提到民族主义的副作用。的确，由于易于引发不同人群间的情感冲突和流血对抗，"民族主义"从来都是各国政府、外交界人士和军方高度关注的议题，也始终占有国际政治教材的部分篇幅。不懂得民族主义敏感性和复杂性的学生，不能说自己受过当代国际政治专业的教育。

在当今世界，特别是冷战结束以来，各式各样的民族主义引起了越来越多的关注。这个在两极霸权时代曾一度被认为趋于消失的现象，现在不仅重新回到人们的视野中，而且显然已成为国际政治领域中的重大焦点之一。从美伊激烈争斗的波斯湾到排外丑闻迭出的西欧，从种族隔离制度消失不久的南部非洲到部族主义迅速蔓延的撒哈拉以南的广大区域，从近几十年显现的伊斯兰冲突弧带到存在年头已久的南亚次大陆热点群，从表面相对平稳的东北亚到主权争端风波乍起的东南亚，从最贫困的国家到经济最发达的地带……几乎在地球上所有角落都可以感受到民族名义下展开的摩擦与角逐。不夸张地讲，各国和国际社会面临的和平与战争、发展与停滞、整合与裂变等一系列重大的两难问题，多半同民族性发生联系；不同文明之冲突和融合的进程在 21 世纪只会加快而不是放慢，族际意识将充当现时代不同人群存在的一种重要标识。在民族主义的作用下，未来几十年的国际政治版图，或许会变得面目全非。

民族问题是最敏感、最容易触及心弦的问题。它时而使人亢奋、使群情激昂，时而令人沮丧、令万众落魄；它可以让处于穷困中的民众忘记时事的艰难并保持对自己历史的记忆和对执政者的忠诚，它能够把富裕社会里的公民变成极端主义势力的热烈拥护者并且使其失去对自由和公正的客观理性见解;它时刻提醒人们记住自己的身份和认同的目标,不断叩问:"我们是谁?""为什么是现在的样子?""如何变得更好?""如何摆脱不公正?"正像有的研究者一针见血地指出的那样:"每个国家的爱国者都咒骂其他国家的民族主义,而认为自己的特殊的民族主义牌号是可贵的和高尚的。"①

在当今世界,有的民族问题仅限于某一地区,有的民族问题则具有全球意义;有的民族占到全世界总人口的近五分之一,而全球人口最少的几个国家国民数只有几千到几万人;有的民族运动助推了国家统一和团结,而有的民族运动从诞生伊始便呼吁从母国分离;有的民族领导人主张非暴力斗争,而有的民族精英一直从事武装斗争;有的民族国家历史悠久,而有的民族国家建国不过数年。民族主义作为特定群体表达自身的一种文化意识形态,在有些国家被视为凝聚民心、动员社会力量、抗击外敌、团结人民、统一国家的法宝,而在有些国家被认为是极端排外势力和种族主义的历史基石和内在源头,被当成狭隘封闭、自大排他、不适合新时代全球化需要的坏东西。无论受到肯定,还是遭遇抨击,或是被罩上光环,哪怕被强迫暂时遗忘,民族主义始终以各种方式顽强地表达自己,存在于当代各国外交决策者的议事日程上,影响着地区和全球形势,成为当代国际政治的焦点之一。

探究民族和民族主义,为读者打开了观察当代国际政治的又一扇重要窗口。

一、民族主义的概念

(一)概念辨析

关于民族主义,有许许多多的界定和概括,下面先来说说其关键词"民族"。

---

① 〔美〕爱·麦·伯恩斯:《当代世界政治理论》,曾炳钧译,商务印书馆1983年版,第458页。

在西方,"nation"(民族)一词来源于拉丁语"natio",有"创造""新生"之意,后来专指以真实或虚构的同一血统或种族的生活团体为基础的社会集团,这一集团共同体只限于超越单个家庭之外的部族。到16—17世纪时,"民族"的含义才发生了重大变化,具有了不管其种族属性而把一国幅员之内的人民纳入其中的意义;它逐渐成了"国家"(country, state)的同义词,并具有与"人民"(people)相对应的含义。早期的"nation"一直与血缘或地域有关,后来有了与政治组织或国家政权相联系的意义。一般来说,民族的形成须具备多种条件,如祖国的意识、高度自治的内部关联性、漫长进化的外部环境、特殊的宗教或思想认知、语言文字、习俗和历史传奇等先决条件,包括法律戒规和政治制度、意识形态、国际承认、边界的确立等现存条件。

作为一种观念形态,民族主义当然不是古而有之的东西,而是随着近代国家的形成才开始出现的某种思想、思潮和运动。它用来表达特定群体所有成员的一种意识,传递着增强群体的力量或团结的一种诉求,体现了内部面对外部压力和机遇时的一种情感。大约在18世纪后期到19世纪初期,随着封建制、家族统治、教会权威的衰败,以及宗教改革、工业革命、启蒙运动、对外扩张等新型因素的崛起,民族主义思想逐渐成形,并渗透到资本主义国家取代旧时代的进程中,成为近代体系的主流追求。中国直到20世纪初才有了这一说法,显然是受到欧美、日本等先进强权的刺激。梁启超是中国宣传民族主义的第一人。他在1902年发表的《论民族竞争之大势》中明确提出:"今日欲救中国,无他术焉,亦先建设一民族主义国家而已。"

从长时段考察,民族主义作为一个历史进程,它的主要政治诉求是把特定的族群建设成现代国家,它的思想基础是这个族群既往形成的理念原则、文化传统和种属同一性,它的认同标签是对本族群的忠诚度超越其他任何对象。民族主义本质上是追求民族独立、自主和强盛的意识形态,要求以民族为基本单元和依托看待人类活动(包括对外关系和对内整合)。

民族可以建立在国家(政府体系)的政治框架上,成为所谓的"国族"(state-nation);亦可存在于国家的政治形态里面,比如大大小小的主体民族和少数民族;还可以是(主动或被迫)脱离国家而跨国生存的状态,如吉卜赛人、库尔德人、巴勒斯坦人。民族是一个"想象的共同体",它基于同样或类似的历史经历、文化基因、情感境遇、地理相关性乃至人种、语言、相貌等的相似性之上,在近代国家兴起与扩展的世界进程中追求本族群的政治地位和各种价值,谋求自身强盛、避免被欺侮殖民、扩展生存能力和影响。

下面,对一些术语加以辨析。在很多地方,民族主义的诉求一旦成功,成为国家主体民族,民族主义和爱国主义便自然合为一体。民族主义概念的重点,是主张以民族为人类群体生活的基本单元,以此作为塑造特定文化、信条、制度和政治主张的理念根据;而国家支持的爱国主义(民族主义),重心在于把民族与国家存续联系在一起,强调二者的合法性互构。民族不同于国家,因为国家的建立无须有共同的语言,一个民族可以组成一个国家,多个民族也可以组成一个国家。一个民族通常有自己的语言和历史标识,它可以隶属于一个国家,也可以分属于多个国家,甚至跨洲越洋分散在不同地点,民族主义的主要作用是寻找文化血缘和根系、催生共同体意识,而国家意识把重点放在国家层面上,强调国家至上,二者的重心不一样。区分种族主义和民族主义相对容易:民族主义承认血缘种族和某些传承价值,但它不会像种族主义那样公然宣称种族有优劣(如纳粹德国时代希特勒臭名昭著的"日耳曼种族优越论"),种族主义在政治上没有合法性,遭到官方和大众媒体的抨击。

(二)民族问题的复杂性

关于民族的产生,有两种看法。一种看法是,应从文明社会的开端算起,这种"文明"民族的标志应当是农业、手工业和商业的出现,以及野蛮的婚姻制度被废止等;这里的民族也即所谓的古代民族,像古代埃及、中国、

容易混淆的几个概念

印度等国的民族皆可列入此类。另一种看法是,民族特指现代民族,即以西欧为典型的、资本主义时代产生和壮大的、披上了现代国家"外衣"的民族,这种民族拥有主权国家的各种制度,如现代企业和国家财政制度、科技转化为生产力的机制、选举方式和官僚体系、国防体系和国际法意识等,同时公民个人拥有法人意识、产权意识等。

划分民族,可以有主客观的不同标准。主观标准是衡量特定区域内人们的整体意识,强调一个民族代表一种灵魂和精神原则,如同甘共苦的心态和共同追求;任何一个地域共同体,只要其成员意识到自己是该共同体的成员,并希望保持对其的认同,就算一个民族。客观标准坚持族际划分的血缘原则和地域原则,强调民族是一个种族或若干血缘因素经过社会变迁产生的结果。民族的传统权威定义是:"民族是人们在历史上形成的有共同语言、共同地域、共同经济生活以及表现于共同的民族文化特点上的共同心理素质这四个基本特征的稳定的共同体。"①综合地看,民族须生成于特定的区域、文化或语言环境,要借助血缘的、种族的纽带才能结合成某种共同体,它在发展演化过程中可能发生裂变或脱节,但历史上培育出的民族情感已无法被割断,已成为民族存在的象征和支柱。

  正确看待民族与国家的关系是重要的。尽管在共同地域、共同人民方面,民族和国家两个概念有重合,但民族概念似乎更看重文化心理层面,国家则是一个政治单位和法律概念。民族可以同国家发生联系,也可能毫无关系。如前所述,有的民族无国家依托,有的国家内存在多个民族,还有单个民族分布在许多国家的情况。谈论民族问题,不能离开具体的时境。现在常说的民族,实际上是近现代随工业革命才出现的现象,而不是古代部落、种姓、族群、居民。严格意义上的民族产生于西欧,即产生于现代化的发源地,是在同封建主义、宗主国权威,尤其是同教会和教皇的长期斗争中出现的。新出现的这些民族,从一开始就追求拥有主权的政治国家地位。

  如果认为民族只有披上国家这件"外衣"才能维持有机体的生存,那么并非所有民族都配有大小合适的外衣:有的民族不得不接受"非主体民族"或少数民族的地位,有的民族甚至过着四处漂泊的生活;有时一个民族分散在若干个国家,有时许多个民族(自愿地或被强制地)被聚集在一个国家内。事实上,如果以人口的90%以上属于同一文化民族的标准确定民族国家的话,当今世界上190多个国家中只有很小一部分国家属于这一类型。"nation"概念的缺陷在于,它无法负载当今世界存在包含多元种族和文化国家的现实,因而不得不与"nationality"(中文有"国籍""民族属性"等含义)、"race"("种族""家系""血统")、"tribe"("部落""朋党""群类")、"ethnic group"("族群"),甚至"people"("人民""国民""民族")等混合使用。

---

① 《斯大林全集》第 11 卷,人民出版社 1955 年版,第 286 页。

(三)民族主义的不同作用

现实中,民族主义表达了强烈的、通常已经意识形态化了的族际情感。它有时作为一种思想状态,吸引族内个人忠诚和报效热情;它有时变成一种系统化的理论和政策,为实际的民族成长过程提供原则和观念;它有时充当一种运动的口号和象征,起着支持或分裂民族国家的巨大作用;它还可以视具体的条件和场合而有多种变形。人们争论的分歧在于,强烈的族际意识对国家有何影响。许多人给予民族主义以积极的评价,如20世纪50—60年代的民族解放运动。而冷战结束以来,民族分裂主义和各种离心倾向,引起了人们的担忧和批评。民族与国家关系至关重要:在单质的民族国家里,民族主义与爱国主义是一致的,忠于民族也即效忠国家,解放这个民族也就是让这个国家自立;而在某些多元的民族国家中,只有主体民族才会具备爱国主义意识,其他少数民族情感各异。有时,即便在主体民族框架内,也有可能出现"非国家化"的偏离倾向,假使在原有的国家效忠之外又形成了新的效忠对象的话,就无形中增加了"民族-国家"关系的复杂程度。宗教激进主义的兴起,令不少民族国家面临分裂的危险,比如一个人可能首先觉得自己是什叶派教徒,其次是穆斯林,最后才是某个阿拉伯国家的公民。同理,一位来自英伦三岛的绅士在不同时候可能会产生不同的感情:他在欧洲议会就欧美音像制品进出口争端进行慷慨激昂的发言时,觉得自己是一个欧洲人;当欧盟内部由于英国脱欧问题无法达成农产品贸易协议时,这位绅士意识到自己是一个英国人;在伦敦某个足球场观看爱丁堡城队同利物浦队的比赛时,他发现自己变成了"憎恨"英格兰人的苏格兰民族主义者。大大小小的民族情结,使国家不一定排在个人和族群忠诚链条的首位。国际政治的微妙复杂矛盾经常由此生出。

(四)国家利益还是民族利益?

人们常把民族利益(national interest)与国家利益(state interest)混用,

认为国家代表民族，国家利益体现了民族利益。这反映了单质民族构成的国家常见的思维习惯。事实上，民族与国家有时是重合的，而在更多的场合是有差别的。民族利益的概念难以界定。比如，在一个国家中，由谁来规定什么是民族利益？是政府、议会，还是以公民投票的方式决定？当一个政府(以和平方式或暴力手段)发生变更时，比如在1994年发生冲突、骚乱和残杀事件的海地或卢旺达，民族利益也发生改变了吗？一个国家内由哪些集团评说谁是这个国家的敌人和朋友？当存在有关民族利益和民族政策的一系列不协调甚至对立态度时，哪种看法代表民族利益？一个国家是否真有一种由这个国家的地理、自然资源、人口、历史和文化联系以及其他因素决定的民族利益？虽然有各国官方的答案，但不妨碍我们进行学理的思索。

显然，当国家内部存在不止一个民族，而这些民族相互之间缺少共同语言时，是谈不上什么一般的"民族利益"的。即便在单质民族国家或多元而和谐的民族国家内，人们看待民族利益时，也很少从抽象定义出发，而更多依据现实需求。有时民族利益是以经济尺度划定的，即凡能提升国家经济实力的政策都被说成或视为"符合民族利益的"，例如，改善外贸收支状况、增强工业基础、确保石油或天然气通道的安全等。有时意识形态的标准又成为民族利益的决定因素，每个国家都以一种意识形态说明自己的政权及其政策的合法性。当苏联1968年出兵镇压"布拉格之春"时，苏联官方的说法是，唯此才能确保"社会主义大家庭"中各民族的最高利益不受损害。有时文化的现象也充当了界说民族利益的参考系，如之前在南斯拉夫地区发生的冲突中，语言的、宗教的和生活方式的差异被冲突各方都说得很重要，每一方都坚持认为保持自己文明的较高地位是民族利益的最高体现。无论是民族利益的客观标准(如经济实力、军事能力和综合国力)，还是主观标准(如道德、合法性或意识形态的内容)，很大程度上是由定义者的偏好决定的。

二、民族主义的表现形式

民族主义有多种表现形式,下面做简要介绍:

(一) 部族民族主义

部族民族主义(tribal nationalism,也可译作部落民族主义)或部族主义(tribalism)是一种主要发生在非洲的民族主义形态。它的含义现在经常被误解或泛化,被当成一种狭窄空间内形成的小群体的排外言行,甚至被认为是不惜牺牲他人利益和更大的整体利益的。其实,这一概念的原初内涵比较客观中性,主要指以部族地域为基础、有自己的宗教图腾或文化传承,强调对首领忠诚和为族群服务的意识形态。

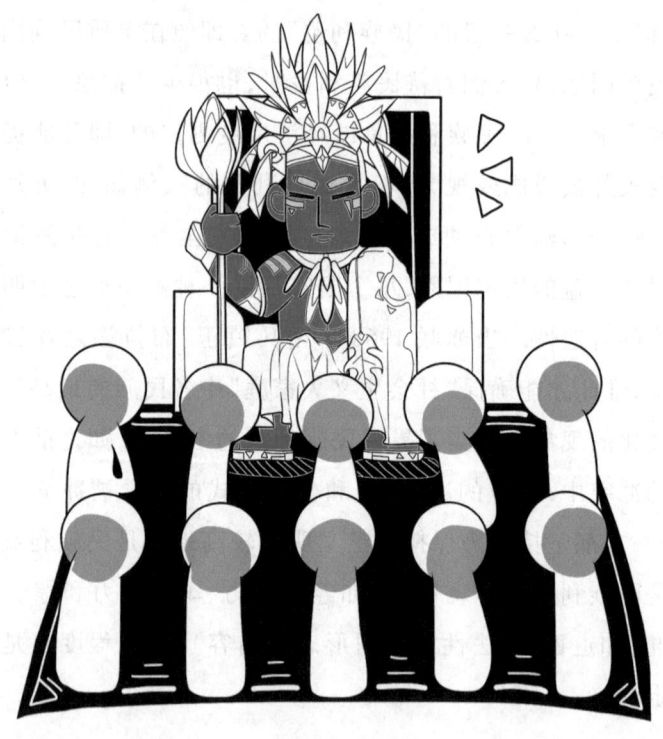

部族民族主义

像世界其他地区的人一样,非洲人也有自己的忠诚观念。在不同时候的不同场合,他们忠诚于自己的家庭、自己的村庄、自己的足球队和自己的国家,但任何一种忠诚都比不上他们对自己部族的忠诚度。部族(tribe)多半以种族和血缘为基础,但同样种族和血缘的人群内部又分出许多的部落、村社和大家族,一个部族常常就是一个部落、村社或大家庭。同一部族的人讲同一语言,有共同的历史和风俗,共享宗教图腾。任何一个主要的部族都有若干支系,支系下可能又有分支和氏族,盘根错节、相互影响。在非洲,存在几千个大大小小的部族。除个别国家外,几乎所有国家都存在许多个部族。与国家不同,部族建立在"族际"差异之上,它们可以是跨国界的;而且,与种族有别,部族概念一般具有明确无误的地域范围、无可争议的部族领袖等特征。

非洲大陆虽然整体上在独立之后取得了巨大进步,但这种进步并不平衡,也未能彻底摆脱旧历史的羁绊。多数国家现有的政治制度结构,是欧洲帝国主义在19世纪后期瓜分这个大陆的结果(不论其政制或边界)。有的部族被分割到多个国家,有的国家集中了许多原本差异甚大的部族,为日后的冲突埋下了祸根。殖民主义宗主国在绘制部族地图方面起了主宰作用。从前在对地图缺乏认识的情况下,非洲人只好任人分类和贴标签;逐渐地,挂在这些行政区域上的标签反馈到社会意识中去,变成了部落社会。因此,今天的非洲政治国家实际上是非洲自己的传统、殖民主义做法和现代西方文明加上部族制度的混合物。在很多地方起作用的,不是国家而是部族。部族主义的重要性并没有随着殖民主义的结束而减少,原因有多种:种族集团间很少通婚;交通和信息手段落后;家庭和氏族是非洲社会的基本组成要素;多数人的身份和部族不可分;现代意义上的主权国家,只有短期生效的历史;国家以现代政府而不是以部族方式做的事不够;政治立场主要是按部族利益表达的;对部族的忠诚度超过了对国家的忠诚度。宗主国"分而治之"的做法,即支持一些部族而排斥另一些,加深了几个世纪以来把非洲拉向不同方向的分裂。在民族独立以前,殖民主义者是共同的敌人；殖民主义者离开后，主要部族集团为了争夺领导权而兵戎相见。一些非洲领导人口头上对"部族主义"表示痛心，但很少有人能在行动上与之彻底决裂。一些国家的总统或总理表面上是国务活动家，事实上是主要部族的首领，部落酋长轮流担任国家最高职位。部族主义是决定对外宣战、资源和权力分配的主要因素之一。

与世界其他地方的民族主义相比，部族民族主义属于一种古老保守的、比较封闭的形式。正如非洲的一些地方尚未进入现代化进程一样，部族民族主义至今还没有产生与现代民族相适应的观念表达和政治代表。在一些封闭的部族内，很难感受到20世纪人类历史进步发展演化的气息与频率。判别现代国家所必需的各种尺度，如民主选举方式、干部科层系统、官员责任意识、财政制度、国防动员体制、对外交往守则等，要么不存在，要么不充分。在激烈竞争的当代国际政治舞台，部族民族主义常常受到忽略，而且越来越边缘化。不可否认，部族民族主义在存续本土文化传统、维系族群社区稳定、保持人类文明多样性等方面有它的价值，其面临的挑战在于如何在新的时代背景下，面对信息和技术难以阻挡的穿透力，适应年轻一代追求现代生活方式和交往机会的需要，提高发展水平和综合实力，不被强大的外部浪潮所吞没。

（二）种族民族主义

种族民族主义（ethnic nationalism）是一种以种族、血缘等生物学意义的指标定义民族问题的思想或运动；用最简明的话讲，它强调民族的身份自遗传而来，现在的传人应全力捍卫族群的纯洁性。

种族民族主义多以种族神话为依据，强调本民族无论在精神上、血统上、实践能力上均高于其他民族，在这种意识形态支配下实行种族歧视行为。20世纪前期在纳粹德国出现的"日耳曼血统论"和灭犹主义，是其臭名昭著的一种代表。

从地域分布看，种族民族主义更像是较发达却畸形的社会之矛盾冲突的产物,如南非的种族隔离制度、西欧一些地方的仇外及排外言行、俄罗斯的"日里诺夫斯基主义"、南斯拉夫地区发生的种族仇杀事件。

南非在废除旧制度之前有过的种族主义政策,是种族民族主义的突出体现。在南非,这种政策有一个专有名词,叫"apartheid"(种族隔离)。它是指在日常生活中,按照不同种族将人分割开来,使各种族的人不能同时使用公共空间或服务。作为世界上唯一把种族主义制度化的国家,那时的南非少数白人控制了高层位置和整个国家的管理,黑人的日常生活受到诸多歧视性法律的支配。例如,这些法律规定谁可以和谁恋爱、结婚、过性生活,规定其可以在什么地方就业、居住、饮食、旅行和上学之类。

种族隔离

近些年西欧和北欧地区的政局趋于右转,种族民族主义沉渣泛起。其主要原因是,这些国家的政府治理乏力,社会问题趋于严重,如经济不景气和人们大量失业、公众福利下降、治安状况恶化、恐怖行动增多等。持强硬态度的右翼政治保守势力借机抬头,相当一部分民众也把问题怪罪于不断增多的外来移民和难民。近年来发生在巴黎、伦敦和北欧的一些排外事件,提示了问题的严重性。

同一时期在俄罗斯,以政客日里诺夫斯基为代表的政治排外声音的出现,亦有类似的背景。日里诺夫斯基利用了苏联解体和俄罗斯相对地位下降在俄罗斯民众中产生的消极心理。他的准法西斯主义言论,显示出种族民族主义的色彩:强调铁腕人物的必要,防范"劣等民族"的渗透,树立强硬的对外形象等。

20世纪90年代前期的波黑战争,是第二次世界大战结束后整个欧洲发生的第一场种族主义性质的武装冲突。波黑是南斯拉夫联邦的共和国之一,这个多民族国家内部有很多各方面差异甚大的民族(如塞尔维亚族、克罗地亚族、斯洛文尼亚族和阿尔巴尼亚族等),各民族在历史上和现实中一直存在各种深刻矛盾。冷战的结束、巴尔干周边形势和南斯拉夫内部危机等因素合起来,成为压倒骆驼的最后一根稻草。最终世人见到这一地区出现几万人伤亡、大量集体强奸事件、数十万人流离失所、兄弟民族互相残杀的种族悲剧。

无论是南非的种族隔离制度和西欧国家的右翼民族主义,还是日里诺夫斯基的极端言论和南斯拉夫地区发生的恶劣行径,不约而同地受一种思想的支配,即种族有高下之分,优秀民族有限制"低劣民族"的责任,秩序和方案须由强者支配。这正是种族民族主义的要害所在。值得警惕的是,由于种族主义名声不佳,各种有此类思想和诉求的人很少自称"种族主义者",而是打着这样那样民族主义的旗号,故他们也经常被叫作"极端民族主义者"。

(三) 宗教民族主义

顾名思义,宗教民族主义(religious nationalism)是基于宗教信仰之上的民族主义,它一般依托于特定的宗教,有自己的教主(宗教传奇)、训条戒律和生活方式方面的要求,在教义基础上发展出社会目标。宗教民族主义很难界定。在某些地区,宗教民族主义已发展成为激进的宗教极端势力,构成对现有秩序的严重挑战;在有的地方,宗教被作为国教,产生了真正的神权国家。在多数国家,宗教信仰得到官方允许,但宗教不可以参与政治生活。宗教民族主义并无固定疆界及仪式,而是或有形或无形渗透进不同的场合,以不同方式被表达出来。

这方面,伊斯兰世界是受人关注的焦点。目前,全世界穆斯林人口已有10多亿,有几十个国家认同自己国家的伊斯兰属性;尽管并非所有国家都以伊斯兰教为国教,但宗教在这些国家政治和社会生活中的地位相当重要。在这里,宗教与国家有复杂的关系。某些势力要求"政治伊斯兰化",主要指国家体制要"伊斯兰化"。通常说的伊斯兰国家泛指大部分居民传统上以伊斯兰教为宗教信仰的国家,它并非一种严格的政治和法律概念,而只是表示一种同历史、现实相关联的事实,其内容主要有:居民的主体是穆斯林;国家元首由穆斯林担任;国家尊重信仰自由,保护、弘扬伊斯兰文化传统。但宗教激进主义者不同。他们仅把上述国家称为"伊斯兰国家",而把他们期待"重建"起来的神权政体称作"真正的、名副其实的伊斯兰国家"。这种伊斯兰国家的特征是:承认安拉的"绝对主权";承认先知的绝对权威;承认国家有限的主权及管理,但神职人员地位明显高于公务员和其他职业。它的世界观的特点是不满全球现状和反西方。宗教激进主义者弘扬的"真正的"伊斯兰文化的努力,引起各国官方的警惕,特别是西方世界的排斥。宗教激进主义近些年的抬头,也与美国在"9·11"事件后对伊斯兰世界实施的高压政策分不开。

从内部看宗教与世俗政权的关系,从外部讲伊斯兰文明与主宰当今世界的欧美价值的关系,始终是困扰伊斯兰世界的主要难题,是这一大片区域国家现代化转型不得不处理的重大挑战;在此过程中,宗教民族主义有了发挥作用的空间。

(四)文化民族主义

文化民族主义(cultural nationalism)的主要含义是以文化人、以文划族,突出文化对民族承续的重要性;它的另一层意思包含手段上的非暴力、非军事扩张。它不像种族民族主义易伤害其他民族,也不似宗教民族主义那样咄咄逼人。它表现出一种认为本族文化和历史传统有独特生命力及优点的态度。文化民族主义以同质的民族、单一的历史文化发展线索、民族和国家外延重合为重要条件。

日本被一些文化民族主义者作为范本。第二次世界大战后的日本，表面上民族主义成为禁忌，世界各国对战前建立在狭隘民族主义之上的日本军国主义持有强烈的批判态度，新的宪法和政制改革也使日本以和平民主意识立国。日本人自己虽然也有"经济大国""生活大国"的说法，但很少显露第二次世界大战前那种狂热的情绪。可以说，日本经济的世界化以及国际经济中"物、人、信息"的交流，抑制了传统的民族主义。那么，日本人是否失去了文化民族主义呢？是否许多日本人内心深处不再以居高临下的姿态看待其他民族呢？答案并不是肯定的。例如，在战后的日本，天皇虽不再是政治权力的中心，但仍是日本国的象征。天皇制深层地塑造了日本人的文化心理。日本人的生活和行为方式虽相当西化，但其心中还是把"万世一系"的血统作为从神话时代延续至今的优秀品格。日本人一直试图在"混合文化"的外表下，保留"纯粹的"日本文化。天皇的存在就是这种文化的渊源。从昭和到平成直至令和，天皇的去世与再生的象征性仪式向人们显示的就是这种"看不见"的传统。作为一种"记忆的政治"，它是日本人文化民族主义最深的东西。日本人（不论官员或一般平民）对待第二次世界大战中日本给亚洲其他国家造成的伤害所表现出的迟缓感觉和勉强认罪态度，从一个侧面折射出日本式文化民族主义的消极性。

上面对文化民族主义的批评，不应局限于日本。在世界许多其他地方，如东北亚、东南亚、西欧、北美，文化民族主义常以"爱国主义"、热爱本土文化的形态出现，因而很受本国官方和大众传媒的推崇赞美。低姿态的文化民族主义多有精致优美的文化宣传方式，强硬派的文化民族主义更倚重政治外交手段推广自己。与种族民族主义看上去的自大傲慢有所不同，文化民族主义者通常不排斥国际交流合作，不会讲出直接伤人的蠢话。不过，它与全球化时代一个民族应有的文化自豪精神之最大区别在于，后者把不同文化的交流互鉴、相互学习吸收视为不可或缺的前提，对文化沙文主义之类糟粕有强烈的警觉和抵制[①]，而文化民族主义并不必然具备这种

---

① 费孝通先生的十六字箴言正是此处所说的新时代民族文化自豪精神的最好诠释。

属性,也不会公开做出这方面的承诺。从其作用观察,文化民族主义可能促进国家的社会动员和民族团结,亦有可能为排外思潮和沙文主义开辟通道。

(五) 其他形态

除上面几种主要类型外,学术界还探讨了"美利坚民族主义""流浪民族主义""公民民族主义""国家民族主义"等概念。它们从类型学看不太典型,划分标准亦不统一,但作为学习内容,有了解的必要。

1. 美利坚民族主义(American nationalism)

美国人经常把自己的民族称作"美利坚民族",自认为这种民族是世界上最好的民族。在此意义上,美利坚民族主义与其他民族主义有相似之处。而其独特之处在于:来自多种族背景的大量移民,是美国成为超级大国的原因之一;经过不断修正完善的联邦宪法和法律制度,拒绝承认任何一种宗教、族群及文化背景的特权;它既是"大熔炉"也是"沙拉盘"——在培育出美利坚民族的观念和绝大多数美国人对之忠诚的同时,保留了不同外来文化的根基及其差异摩擦。它也无法完全避免自身"文明的冲突",随着不同族群人数的改变和外部压力的增大,"我们是谁?"这一问题成了这个民族整体意识的困扰。由此产生的美利坚民族主义,有着"一体多元"的特征,有法理层面平等与事实层面不平等的张力,有国家民族大的向心力与各族群矛盾的复合构造。

2. 流浪民族主义(vagrant nationalism)/流散民族主义(diaspora nationalism)

对世界上一些流浪民族的命运以及在此基础上产生的民族意识,近年也有不少人在研究。总体而言,类似库尔德人、吉卜赛人、巴勒斯坦人这样的流散民族,拥有很大的人口数量(从几百万到几千万)、存在于广泛的地域(很多不仅跨国界而且跨大洲)、有着悲惨的历史和现实遭遇,与居住或流散之地的主权国家政府有着复杂的利害关系(比如库尔德人居住的一些区域储存有丰富的石油资源,占据了军事战略的要津,经常成为域外大国博弈的棋子),在不少地方引发了政治冲突和外交摩擦。虽然这些边缘族群很难在联合国等正式的国际机构中获得政治合法性,但它们有着自己的生活方式、诗歌艺术、传播渠道,有类似民族主义的情感通过各种方式顽强地表现出来,如"罗姆哲学"或"吉卜赛文化"。

3. 公民民族主义(civil nationalism)

这是一种与种族民族主义相对立的思想意识,认为民族(国家)应由公民主动参与,产生"全民意志"后取得政治合法性。公民民族主义承续了政治学里自由主义、理性主义的传统,把近代欧美代议制民主理想化、普遍化,把具有法人意识和公民地位的个体的人作为民族建构和国家政治发展的基石。一般认为这种思想最早受法国启蒙思想家、文学家卢梭和德国自由主义哲学家康德的启示,他们的著述(如《社会契约论》《永久和平论》《纯粹理性批判》)奠定了近代西欧资本主义兴起阶段进步思想理念的根基。公民民族主义与同样在近现代出现的"世界公民论""世界主义"学说和全球化思想等,存在内在的联系。

4. 国家民族主义(state nationalism)

这是一种国家主义思想,既反对分离主义,也不赞同公民主义;它重视国家本位和国家至上性,认为民族是由忠诚和效力于国家的人组成的共同体。在这里,国家才是至上的、第一位的,须无条件服从,至于民族由哪些族群构成、来自何方、有什么传承,并不是国家民族主义优先考虑的事项。第二次世界大战之前法西斯统治的意大利,被当成这方面的标本,一如墨索里尼的口号:"国家即是一切,国家拥有一切,一切为了国家。"法国大革命时期的雅各宾政权,佛朗哥时期的西班牙,土耳其的凯末尔主义,是学术界公认的国家民族主义形态。关于这一概念,比较有争议的是一些分离主义势力对所在国政府贴上的标签,例如巴斯克分离主义者和科西嘉独立运动,分别指责西班牙和法国政府奉行国家民族主义。

还有一些说法,诸如浪漫民族主义、语言民族主义等,是民族主义分类系统内更小众、更枝节的流派。他们与种族民族主义、文化民族主义类型等有千丝万缕的联系,本章就不讨论了。重要的是读者需明白,民族主义的定义极其宽泛,定义的尺度有大有小,他们从不同侧面体现出民族主义表现的复杂性和不稳定性。

民族主义谱系

三、现代化进程中的民族主义

民族主义很容易受到各种指责,包括恰当的批评和不恰当的误读。这里,向读者推荐一种看法,以认清民族主义的意义、局限及前途。

依照现代化理论,各种民族主义都能在近代以来的变革进程中找到对应的位置,审视和重新发现自我:

- 处于现代化进程的上升期,发现自身的特质、生成了国家意识,是上升状态的民族意识。

- 处于现代化进程中,但由各种原因导致落败和边缘化,表达弱势民族对主宰民族的抗争。
- 处在现代化尾期,表现对美好时光行将结束的依恋与担忧,有文化保守和排他倾向。

所有民族都不得不回答"我是谁?""我怎样?""我为什么这样?"等问题。总体来看,民族主义表达了大时代变动背景下对本民族命运的不同思考。

客观而言,所有民族都会经历下述阶段:

第一阶段是发现世界和发现自我的阶段,这是民族生成的时期。在没有接触外界以前,是根本谈不上民族意识的。必须在与异邦、异族、异地、异国接触后,才有"我是谁""从哪来"的疑问。哥伦布航行美洲大陆以后,欧洲民族具备了区别于其他地区的"欧洲"观念。

第二阶段是"国家"消灭"民族"的阶段,穿上国家"外衣"的民族压制还没有来得及披上这件"外衣"的民族,后者有些属于弱小的邻邦,有些是国内的"非主体民族"。

第三阶段是"重新发现的阶段":在令人喘不过气来的快速变动之后,伴随着不同思考和发现,有得意者与失意者。这是一种再启蒙。经历了大的格局变动(如两次世界大战、美苏冷战、后两极时代),各民族重新思考自己的命运,民族主义重新复活。

最后是自然消亡阶段,这是一个漫长的、很难看到头的历史时期。经济全球化是主要推力,市场经济整合规范着各国的机制,减少了边界的作用,统一着人们的生活和工作方式,削弱了民族国家的传统主权,发展出超国家的力量和观念。

上述整个过程伴随着民族的重新发现,混杂了欢悦、痛苦或茫然,有了各种"主义"。

归根到底,民族主义在现代化进程中是向前发展的。对于某些弱小民族来说,这个过程的"霸道"特征是很清楚的:无论你愿意不愿意、知情不知情,都将被裹挟进入现代化浪潮,而且总是生存在大国、强国的某些干涉举动下。不难证明,民族主义是一柄双刃剑,关键看它在什么场合出现和怎样发挥作用。民族主义是一种认识和发现自我的意识,是一种在群居的各部分中发现同异的政治符号,是一种使"我"有别于"你"的文化标识。人类社会舞台上的这种符号或标签,会随时代场景的变化而不停变换。

当尚未挣脱帝国主义和殖民主义枷锁时,同一个国家内的不同民族或分布于不同国家的同一个民族,必须同仇敌忾、抑制内耗,争取独立和尽早解放。这时的民族主义往往是团结人民、打击敌人的有力武器。而一旦实现国家自立、得到国际承认,就会立即出现两个截然不同的发展方向:对于当权者和当权的民族,要紧的是抑制异族情绪和分离意识;对于其他民族来说,或许又要开始新一轮的抗争。

民族主义是历史现象,认识它要用历史的观点。

思考题

1. 如何给民族主义下定义?
2. 怎样认识民族主义的不同作用?
3. 如何理解现代化进程中的民族主义?

推荐阅读

1. 〔美〕小 G. 宾厄姆·鲍威尔等:《当代比较政治学:世界视野(第十版)》,杨红伟等译,上海人民出版社 2017 年版。
2. 〔美〕本尼迪克特·安德森:《想象的共同体:民族主义的起源与散布(增订本)》,吴叡人译,上海人民出版社 2016 年版。
3. 〔美〕鲁思·本尼迪克特:《菊与刀:日本文化模式论》,何道宽译,北京大学出版社 2013 年版。

国际法

第五章

本章要点

1. 国际法是规范各国及国际行为体的通用准则的总体,是当代国际政治日益重要的组成部分。
2. 近代以来国际法体系一直在演化拓展,塑造合乎人类进步和国际发展总趋势的交往形态。
3. 理解国际政治中"王道"与"霸道"的关系,是理解国际法所面临各种难题的关键所在。

"国际法"一词传入中国已有110多年。① 国际法是国际政治积极面的主要象征,是测量国际关系进步的重要标尺。学生们应该把了解国际法特别是它如何演化的知识,当成这门课学习的重要内容之一。本章介绍国际法的基本知识,尤其是它不断演化的过程及其在当代国际政治发展中起到的作用。

国际法是国际社会的一架天平

---

① 据日本学者称,箕作麟祥于1873年首先发明"国际法"这一词语,1881年东京大学正式采用了这个词语。1908年,中国人尹献章将日本学者有贺长雄所著《战时国际公法》译成中文,将"国际公法"的名称传入中国。"后来,由于'国际公法'一词的'公'字实无必要,'国际公法'才逐渐为'国际法'所代替了。"参见王铁崖:《国际法引论》,北京大学出版社1998年版,第17页。

一、国际法的演化与进步

(一) 国际法的起源及定义

现在国际社会公认的国际法,是古代和中世纪前半叶不曾有过的。它主要是欧洲自中世纪后期逐渐形成的,最早对其进行系统化表述的是荷兰法学家格劳秀斯于1625年出版的《战争与和平法》一书。格劳秀斯也因此被认定为国际法的"鼻祖"。顾名思义,所谓国际法(international law),指适用于主权国家之间,以及其他具有国际人格的实体之间的法律规则的总体。国际法又称国际公法,以区别于国际私法,后者针对的是不同国家内部民法和商法的适用性的。国际法与国内法截然不同,国内法是一个国家内部的法律,用于规范其管辖范围内的个人及其他法律实体的行为。国际法主要是规定各国关系的规则,但国家并不是国际法的唯一主体。国际组织以及一定条件下的个人,也可以是国际法所要求的权利和义务的主体。这里讲的主体是指有能力享有国际法权利和承担国际法义务、有能力进行国际关系活动的实体。国际法的来源(构成要件)主要有三个:一是条约,即各国政府或具备国际法主体资格的实体签署的各种条约、协定、公约等;二是国际习惯法,如普遍认可的国家实践、区域性的惯常做法等;三是各国承认的一般法律原则,作为对条约和习惯法的补充。

国际法的基本原则是人们熟知的那些国际约定和惯例,如互相尊重主权、领土完整,互不侵犯,互不干涉内政,平等互利,和平共处,和平解决国际争端,禁止以武力相威胁或使用武力,尊重民族自决权,主权国家应履行国际义务等。在基本原则下,又衍生出一系列国际法细则和重要规定,如尊重国家主权(各国一律平等、互不干涉),国际承认(承认一个实体作为国际法主体的存在,包括其首脑为该国代表签约的权利),共同同意(国际协定须经签约方共同认可,承诺履行相应的权利义务),国家主权平等(不论国家大小,只要是得到承认的实体,所有国家在原则上是平等的),信实(解释和执行协定时须公正合理,符合常识,恪守信义),国际责任(杜绝国际不法行为,对侵权行为实施赔偿等),自卫(国际习惯法允许国际法主体对其他主体的不法行为采取必要的自卫措施,应当依照《联合国宪章》和有关决议进行),公海自由(包括各国船只的航行自由,不允许任何国际法主体占用公海的任何部分,对公海包括上空和海床的利用须合理兼顾他国利益,海盗行为和贩卖奴隶行为是对公海的非法利用)等。

中国等国倡导和平共处五项原则

联合国是国际法在当代最主要的依托、最重要的体现和来源。联合国诞生之前,各国间的条约、国际习惯法和一般法则,在不同程度上是国际法的构成要素;而从 1945 年联合国诞生以来的 70 多年间,《联合国宪章》和各项重大决议(包括联合国专门委员会的专门决议),则成为战后国际法最权威、最主要的来源。其原因很明了:首先,联合国作为当今国际社会最大、最具代表性的政府间国际组织,拥有 190 多个会员国;其次,得到广泛公认的《联合国宪章》是国际法在国际法律文书方面系统而具体的体现;最后,《联合国宪章》和各项决议,也成为各种国际组织普遍援引的权威范本,成为各国解决国际争端最重要的法理依据。更重要的是,《联合国宪章》对前述长期沿用、得到公认的原则做了确认和重申,并且对一些关键条款依据战后新的形势做了精准的解读(比如有关"侵略"的定义,"互不侵犯"的含义,"自卫战争"和"民族自决权"的内涵,"不干涉内政"概念的解释,联合国安理会何时合法使用武力等)。为了消除以往经常存在的各国对国际法理解不同、解释不一,有时甚至公法私用的问题,联合国成立伊始便建立了国际法委员会,作为联合国大会的下属机构,负责编纂既往国际法和发展新的国际法,从而为国际法体系的完整准确、公正权威和与时俱进,创造了全新的条件。

总之,国际法具有不可缺少的价值,对于规范国际政治和各国对外关系发挥着关键作用。它为国际社会的所有成员规定了一整套处理对外关系的行为规则,为各国规定了国际法上的权利和义务;尽管与国内的强制方式有所不同,但它有独特而重要的约束力。国际实践证明,国际法有不可替代的效力,作为国家间的法律得到了绝大多数国家的认可与遵从。尤其是,第二次世界大战结束以来的大半个世纪,随着时代的进步,国际法越来越成为引导各国制定国内法律、实现更好进步的方向坐标。

(二)国际法进步的历史线索

20世纪中期之前的国际法主要启迪于近代欧洲资产阶级革命,它在倡导一些进步精神和原则的同时,存有重大缺陷。一方面,它在西方主权国家内部推崇独立、自由和平等价值;另一方面,它无视殖民地半殖民地国家的权利,实施不平等条约和制度安排。中国的情况很有代表性,体现了广大发展中国家在第二次世界大战前在国际法体系中的不利位置:1840年鸦片战争之后,中国与外国签署的各种条约多半具有屈辱和失败者的特征。这些不平等条约和制度的范围非常广泛,给予西方强权许多特殊权利,包括:领事裁判权制度(如租界区内的"混合法院"),条约规定的固定的低关税,通商口岸的外国租界,租界地("伪装的领土割让"),使馆区内的外国卫队,铁路沿线的外国驻军,沿海口岸和长江的炮艇和军舰,某些铁路沿线和租界内的外国警察,外国人管理的海关、邮政和监狱,沿海内河航行水域的特权,免除直接税,偿付赔款,借款和借款担保,铁路、采矿和电信让与权,发行钞票权,外国教徒在中国各地居住、取得不动产和传教的权利,设立不受中国方面监督的教育机构,以及单方面的最惠国条款等。

旧时的国际法,在立法者(西方国家)那里是平等通用的规则,对于殖民地和被奴役国家却是枷锁。1917年十月革命之后,列宁领导的苏维埃政权制定和倡导了新的国际法思想,公布了许多有深远意义的法令和决议,对传统西方列强主宰的国际法体系产生了强烈的冲击。苏俄提出要实现"不割地、不赔款的和平"的主张,反对列强对弱小国家的兼并,主张废除不平等条约,反对民族压迫、倡导各民族的平等权利和自决原则,反对侵略战争等,开辟了国际关系的新纪元。在这种冲击面前,西方国家内部出现了调整的动向,美国威尔逊总统宣布的"十四点和平纲领"反映出这种改革动向,它包括了以公开方式订立和约,公海航行自由,撤除经济堡垒,裁减军队,调整殖民地并重视有关居民的利益,成立国际联盟等积极内容。两次世界大战间的某些国际法,如《巴黎非战公约》关于禁毒、交通、电信、卫生和禁止奴隶贸易等人道主义方面事项的说明,以及在国际法编纂方面的专门设置和努力,虽然没有阻止大战的爆发,也不可能改变西方列强的行为模式,但其中包括的积极内容为战后国际法的发展奠定了基础。

第二次世界大战的结束,是国际法一个全新时期的开始。除禁止战争和限制武力使用方面的各种公约外,还出现了各种人道主义法,形成了各种公约和附加议定书,对于核武器、生物和化学武器做出禁止使用说明,丰富了有关战争法和武装冲突法的国际法内容;联合国的建立、《联合国宪章》的颁布,更是加快国际社会组织化、使国际法地位得到提升的里程碑。

其中来自发展中世界新独立国家的政治独立和经济发展,尤其引人注目。新独立国家并不否定原有的国际法原则、规则和制度,只是要求改革和更新。1954年的和平共处五项原则和1955年的万隆会议十项原则,体现着《联合国宪章》的宗旨和原则,并和1970年联合国大会在新独立国家推动下制定的七项原则一起,构成了现代国际法的基本原则。在新独立国家的要求下,一些旧的国际法原则、规则和制度被废止了。殖民统治被推翻了,殖民主义制度逐步消失了,战后成立的托管制度实际上也不存在了。新的国际经济法内容涉及关贸总协定的签订,世界银行、国际货币基金组织、世界贸易组织和其他促进经济发展的国际组织的建立,海洋法、货币金融法、投资法、贸易法、经济援助法、技术转让和国际税法的出现等。国际经济法的出现预示着国际秩序朝更加公正合理的方向演变。

20世纪后期,在持续加速的全球化进程的推动下,国家间政治朝着世界政治和多元民主主义的方向演化,新制定的相关国际法律越来越多。在国际政治层面,它们首先是对各国和国际社会行为的一种规范化引导,指明了人类和国际社会发展的方向;尤其是对于主权之不断更新的定义,对于新时期各国国际责任的说明,对于侵略、威胁、战争宣言的禁止,对于人民自决、和平共处、尊重人权与自由的要求,对于促进国际社会正义、以合作方式谋求发展的规定,对于尚未挖掘或正在开发的"高边疆"(如外太空和深海洋底)的法律探讨和界定,具有单个民族国家无法企及的眼界和无法达到的合法性效力,是全球范围内判别是非与道义的基础(比任何意识形态都更加有力和持久)。同时,这些法律也是对国际社会的"强者"——国家——可能的专制和不人道施加的限制,是对"被支配者"一方即公民个人权利和社会本位的保护与弘扬,如《残疾人权利公约》《联合国反腐败公约》《渥太华禁雷公约》《公民权利和政治权利国际公约》、保护妇女和儿童的各种法律法规以及各种反歧视规定等。

地雷的危害

一种新的趋势是,国际上新制定的很多法律,以联合国及其各主要下属机构的决议为代表,其定位正在逐渐从维护强者地位向保护弱者权利的方向转变,从国家中心向社会中心的方向转变,从仅仅看重国家的自主身份向同时强调国家的责任的方向转变。以人为本、以社会为基,是这一进步的实质所在。再深入考察还可以发现,在最发达的某些区域(如北欧),这种以人为本的观念已扩展到了地区治理上:各国在保持文化多样性和核心决策权的同时,必须尊重"地区社会"各个成员和邻邦的意愿,做出共同约定(如不开战、不违法、国内法律不与欧盟最高宪章相抵触等)和自我约束,以保证地区共同体的政治、经济、安全、社会、外交乃至生态等各个领域的法律制定和执行不违背这种精神。尽管在实际操作层面仍然存在许多消极现象,存在传统强权政治和狭隘民族主义的干扰,但这类区域性的国际法进展无疑对全球政治有启发作用。

二、国际法对国家的约束

(一) 对武力使用的限制

国与国之间应当和平相处的观念,并非自古有之。它的实现经历了漫长的过程。稍微留意人类的整个历史就不难发现,战争曾是国家之间最常见的一种互动方式,而和平相处的局面往往非常短暂和脆弱。不论是在中国的春秋战国时期,或是古希腊和古罗马时期,还是近代以欧美为中心的国际体系阶段,战争方式和武力的使用(包括武力威胁)从来都是当权者最便捷有力的对外政策工具,是典型的"国家形体语言"。反过来,消解暴力魔咒,也一直是哲学法学思想的中心议题之一。从古代中国的智慧者到近代西方的有识之士,都从来没有放弃过对永久和平实现方式的探究。在国际法意义上,格劳秀斯的《战争与和平法》一书,代表着这一类思想努力的杰出成就。他作品里体现的国际法精神并非简单谴责武力的使用,而是试图发现在什么时候、如何做、通过什么人来使战争能够合法地进行。它的最大意义在于,指出了人类由自然状态向契约状态过渡的必要性,提出了契约缔结的共同体(国家)相互交往的规则,以及对权利的认同等观念。这时的进步法学思想开始探讨如何改变国家的习惯和被普遍认同的传统法则(自然法)朝着实在的法律体系(所谓"万国法",law of nations)过渡的可能性。康德、格劳秀斯等先驱意识到,有可能创立一种调整各国之间关系的法律体系,使国际社会朝着限制战争和暴力的方向迈进。

人类在20世纪取得的进步,特别是第二次世界大战之后获得的进展,是使逐渐使用契约方式约束战争手段的国际法理落到实处。正如王铁崖先生指出的那样:"第二次世界大战后的国际法的重要特征之一是从废弃战争到禁止武力的使用。依据《国际联盟盟约》,主权国家从事战争的权利受了限制,这是'对战争的部分禁止';到了《非战公约》,战争作为国家政策工具被废弃了,这是'对战争的全部禁止'。无论是部分的或是全部的禁止战争,都没有涉及武力的使用。第二次世界大战后对战犯的纽伦堡和东京审判表明对从事侵略战争的态度。但是,更为重要的是《联合国宪章》关于禁止武力的使用和威胁。从禁止战争进而禁止武力,这是战争和武力在国际法上的地位的根本改变,虽然在事实上武力使用甚至战争,都未能完全消除。"①他认为,如果说两次世界大战之间的国际法主要是"共处的国际法",那么第二次世界大战之后的国际法则朝着"合作的国际法"方向迈开了步伐。② 西方国际法学者路易斯·亨金也有一个重要论断:"在各国的关系中,文明的进展可以认为是从武力到外交,从外交到法律的运动……是国际事务中一个重要力量;各国在它们的关系中的每一个方面都依赖它,引用它,遵从它,并受它的影响。"③

反对战争、追求和平

(二) 重新定义国家责任

重新定义国家的责任(以及权利),把对个人的保护纳入其中,是国际

---

① 王铁崖:《国际法引论》,北京大学出版社 1998 年版,第 297 页。
② 同上书,第 297—298 页。
③ 同上书,第 3 页。

法在20世纪后期出现的另外一大动向。传统的主权观念,从近代国家产生直至当代,始终是国际法和国际关系的核心范畴之一。它强调了国家的至上性和自主性,为民族国家体系的奠定与发展提供了基石。然而,时代的进步,特别是全球化进程带来的各种变革,使法理意义上的主权显得比较单薄和保守,无法充分解释实际生活。经典意义上的国际法只适用于国家间关系,并且以各国政府自己的理解和操作加以执行,主权国家被视为国际人格者;而个人尤其是公民个体,理论上仅仅是国家内部法律适用的对象,或者只是在极小范围(譬如说国家元首、外交代表等享有国际刑事豁免权的国家公务人员)内被国际法所关照和认定,普通的社会公众、平民百姓并没有得到国际法律的保护。而且,与近代国际体系的一般状态相适应,国际法学者通常只探讨与国家身份、地位、尊严和利益相关的内容,如国家的被承认和托管方式、领土划界及管辖权、国家间组织的建立与解散、国际争端的解决、军备的裁减与限制、战争及战俘的性质、战败国的处置和战犯审判,以及由此产生的各种争端法、裁军法、战争法和中立法等。[①] 深入观察,传统意义上的国际法过分看重国家的权利,而关于个人权利的解释相当狭窄。它固然有一定的道理,有帮助国家不受国际裁决和干预的一面,但它同时不利于新的国际人道主义介入实践,无法诠释复杂多样的现实。

现在,人们从更加复杂多变的现实出发,提出了更新和充实传统主权观念的各种思路。在维护核心主权的前提下,把主权看成包含多个层次的、更加灵活和丰富的形态,某些外围的、边缘的主权可能随着时代变化而让渡、调整、受约束;"主权"与"人权"不是对立和割裂的关系,而被视为进步时代的社会相互依赖、相辅相成的对应范畴;超越狭隘法理的主权本身不再是一个恒久不变的范畴,而是可以随着主权的承载体(国家)之内政外交的进步性或落后性而增强或削弱的东西。这种变化后的主权观与过去

[①] 当代最有名的国际法著作之一《奥本海国际法》,通篇是对国家的国际行为的界定,是顺应二战后的形势特点,帮助新的国家进入国际体系,维护国际和平与法律秩序的一部大典。参见〔德〕奥本海:《奥本海国际法》(上、下卷),岑德彰译,上海社会科学院出版社2017年版。

的定义相比,最大的区别是国家与社会的关系被重新界说,个体的、能动的"人"(公民)被看重和大写,成为主权观的中心内容和重心所在。在新的定义下,一个国家之所以拥有主权权利,不光是因为它在联合国和各种国际制度内占有名义上的席位,也(更)由于它能够尊重和维护本国公民在国内的基本权利(生存的权利、不受威胁和恐吓的权利、参与决定的权利等),在国际上尊重和维护得到公认的一般准则(和平稳定、合作发展、相互尊重等),简言之是实施"良治"。国家的权利与国家的责任是等重的、不可剥离的。1994年的卢旺达惨案发生后,国际社会受到了很大的震动与提醒,即主权原则必须以对人民负责及地区稳定为前提,屠杀本国百姓的当权者是不配享有不受干涉的权利的。冷战结束以来的许多国际干预实践和国际法判例,都在循着这条思路前行,规划、引导着各国的议事日程和司法进展。

2001年,加拿大的一个重要研究机构——干预和国家主权国际委员会(International Commission on Intervention and State Sovereignty),提出了"保护的责任"(The Responsibility to Protect)理论[1],作为一种新的国家责任和国际干预思路,构成联合国改革问题高级别名人小组报告和联合国秘书长报告的重要基础。这份后来被广泛援引的文件强调,国家主权不仅意味着国家在国际上的被承认、地位和权利,它更意味着责任,即国家负有保护本国人民的主要责任;一旦因内战、叛乱、镇压而使国家陷于瘫痪,政府不愿或无力制止混乱,从而使人民遭受严重伤害时,国际不干预原则就应当服从于国际社会不得不履行的保护责任。"保护的责任"理论重视主权概念中固有的义务,看重《联合国宪章》赋予宣传维护国际和平与安全的责任,引用各种关于人权和保护人类的宣言、公约和条约及国际人道主义法律,注意并援引了各国、各地区和国际社会正在发展的有效做法。这种理论提出了"预防责任""干预责任"和"重建责任"等思想,越来越成

---

[1] ICISS, *The Responsibility To Protect: Research, Bibliography, Background-Supplementary Volume to the Report of the International Commission on Intervention and State Sovereignty*, December 2001, published by the International Development Research Center, Canada.

第五章　国际法

为今天国际关系中讨论问题和处理危机时的理论与范畴依据。虽然这种理论有时被少数西方国家所滥用和歪曲，但不可否认的是，与传统的主权理论仅仅看重国家的国际权利和好处不同，"保护的责任"理论揭示了国家在当今世界生存与发展之道的另一面，即作为一个对内和对外负责任国家的重要性。

维和部队出征

（三）把"人"字大写

与上述动向一致，更加看重和保护个体的人，是战后国际法又一大趋势。第二次世界大战结束以来，人权的理论和实践都有重大发展。1948年《世界人权宣言》第一次将人权分成两大类：一类是公民权利和政治权利，另一类是经济、社会和文化权利。前一类权利是在欧洲近代资产阶级革命和启蒙运动中最早提出的，后来逐步被国际社会所接受，20世纪后期扩展到国际法对国际关系的检视，包括的内容有生命权、自由权、人身安全、言论和见解自由、宗教自由、法律面前人人平等；后一类权利是随着世界范围内非殖民化运动的胜利和第三世界国家登上历史舞台而主要由新独立的亚非拉国家提出的,包括的内容有民族自决权、生存和发展权、平等参与国际事务和谈判的权利、对不合理不公正的国际政治经济秩序加以改造的权利等。

联合国大会通过的《给予殖民地国家和人民独立宣言》特别强调:"所有的人民都有自决权;依据这个权利,他们自由地决定他们的政治地位,自由地发展他们的经济、社会和文化。"同样由联合国大会通过的《发展权利宣言》确认:"发展权利是一项不可剥夺的人权,由于这种权利,每个人和所有各国人民均有权参与、促进并享受经济、社会、文化和政治发展","发展机会均等是国家和组成国家的个人一项特有权利"。国际法的这些新型文件涉及的范围极其广泛,深入国际社会和各国日常的方方面面,包含了公民权利和政治权利,经济、社会和文化权利,防止种族歧视和种族隔离的说明,惩治灭绝种族罪行,促进性别平等公约,保护易受害群体(如难民、儿童、残疾人、土著居民、未婚母亲)等。

冷战结束后,随着两极格局的瓦解和全球化进程的加速,国家作为国际关系主要行为体和权威者的形象受到侵蚀,而与国家(政府)相对立的公民、个人、社会、族群等单元的利益受到更多重视。如果说第二次世界大战结束至冷战终结这段时间里人权观念的扩展还主要是限于诉诸国家的理性和对国家提出新的要求,那么,人权观念新的动向则是直接给予个人更大的关注与保护,把个人放置在国际政治和国际法体系的核心。从法律本身发展的角度观察,国际人权法确实也是国际法领域发展最快的一个方面,与国际经济法同是新阶段国际法律体系的重要组成部分。1990年,联合国《人类发展报告》就指出,应该把人放在发展的中心位置。冷战结束后联合国的一个新动向是,建立专门的人权理事会,取代了原先的人权委员会,由经社理事会附属机构升格为大会附属机构,这在机制上加强了国际社会及其组织机构对人权的关注和作用。

国际立法和司法实践在加大了对人权的保护,特别是对受到国家政权机器迫害和排斥的族群、个体及其他易受害方(如难民、妇女、儿童、残疾人)的保护力度的同时,也增加了国际政治中判断是非的难度,尤其是对西方国家主导事态进程的法理公平性的判别难度。对智利前独裁者皮诺切特的追溯性司法判决,对利比里亚前总统泰勒的国际刑事审判,对南斯拉夫和卢旺达境内发生的严重违反国际人道主义法的行为所设置的国际法庭及审判结果等,都有这方面的特点。这些案例极富争议、非常复杂,既有社会进步含义,又有国际政治斗争内涵,不可简单化和以一概全,但显而易见的是,它们的数量和影响力均有增多趋势,得到联合国及相当多的西方国家和某些发展中国家的认可与支持,引导着新的国际法制定和司法执法过程。

重视人权成为新型国际政治的特征

三、国际法反映时代潮流

(一)促进科技进步和生态保护

全球化进程在法律领域的突出表现是,科技进步与生态保护的内容被越来越多地写入国际法,成为引导国际社会和各国实践的规范。海洋法是随着西方列强对先进航船的使用、对弱小国家的征服、列强内部海上冲突的加剧而逐渐形成的。这其中,技术的进步是一个重要的因素。在近代史上,领海范围(宽度)的确定是随着大炮射程的扩展而逐步变化调整的;关于海上私有财产的国际法发展也是随着海上交通工具的发达和海洋贸易的兴盛而提上议事日程的。在当代,科技迅猛发展,国际法也相应跟进,出现了许多新的内容与调整动向。当人类活动拓展到属于公共海域的深海洋底、极地和外太空时,既创造了发展的巨大机会,也带来了国际关系和法律的新题目、新属性。

比如,人类进入空间站的新时代,外空商业化利用日益增多,外空的武器试验不断增加,"空间垃圾"和"空间碎片"也相应大量产生,如报废的卫星和其他空间物体、运载火箭的遗弃物以及火箭爆炸或空间物体碰撞后产生的破碎物体等。如何从法律上界定空间站的地位,如何对其进行管辖、确定有关的损害赔偿责任问题、处理各种遗弃物和碎片等,都使国际法出现了新难题与空白点。外层空间与公海和国际海底区域、南极一样,属于"人类共有遗产"或"公共物",理论上是不受任何国家主权管辖的区域,在国际公共领域,作为公共产品由公共法律(国际法)治理。现行的外层空间法(简称外空法),便是以联合国五项外空条约(《外空条约》《营救协定》《责任公约》《登记公约》和《月球协定》)为核心,以联合国大会通过的五套原则(国家外空活动的主要原则、进行国际直接电视广播应遵循的原则、从外空遥感地球的原则、在外空使用核动力源的原则、国际空间合作原则)为补充,并辅之以有关国家的外层空间法,逐步形成并指导实践的。各国面临的挑战在于,这些现行国际法中有许多内容过于原则化,或者覆盖范围不周全,出现不少模糊解释,给国际社会和各国进一步的探索活动、商业活动及合作事业带来新的问题。如何平衡全人类和国际社会共同利益与个别国家利益之间的矛盾,如何平衡和平利用外空与外空军事化之间的矛盾,如何平衡国家外空利益与私人企业商业利益之间的矛盾,现有国际法对此缺乏说明,而客观形势的变化和技术的急剧进步给各国政府造成了日益增大的压力。

同样情形出现在国际环境法领域。从20世纪后期起,国际社会越来越重视生态环境保护问题,提出了一系列新的设想、概念和主张,在国际法尤其是国际环境法领域制定了许多法律。以遏制全球温室效应的《京都议定书》为例:近些年,已生效的《京都议定书》不仅促使发达国家实施日益严格和日益增多的环保措施,也给广大发展中国家乃至整个国际社会带来不断加大的环保压力。清洁发展机制、联合履行机制和排放贸易机制等《京都议定书》下属的新机制和条款,既对发达国家和经济转轨国家规定了温室气体减排指标,也使包括中国、印度和许多新兴国家在内的多数发展中国家感受到国际环境机制的"双刃剑效应"。如果说在第二次世界大战刚刚结束之时,世界各国尚未察觉科技进步的加速带来的国际法后果的话,那么在21世纪的今天,乃至未来的时段,这方面的机遇与问题将有增无减、更加凸显。这是国际法发展的新机遇,也预示着国际关系演进的新阶段。科学技术在延长"人类手臂"效能的同时,也提升了"人类心智";在扩展全球政治、经济、科技的高边疆的同时,也教育国际社会和各国掌握应对复杂挑战的思维和能力。

(二)促进国际社会组织化

全球化进程对国际社会本身的一个影响是,它增加了国际组织的数量,加强了这些组织及其规则在国际关系中的作用。国际法是其间最重要的纽带。

新增加的国际机制中包含了各式各样的国际组织:全球性的和区域性的,一般性的和专门性的,政府间的和非政府的,常设的和非常设的。它们给国际法提出了一系列的问题:主体、法律能力、缔结条约权、继承、责任、领土关系、特权与豁免和武装冲突中的作用等。国际组织借以成立的法律文件被称为宪章、规约、组织法、章程等,虽然都是国际条约,却各有特设的性质。因此,在国际法范畴下,出现了各种分门别类的法律条文,如国际组织法、国际机构规则解释、国际行政法等。从人类发展的长河看,国际社会组织化的推进,在过去半个多世纪取得了史无前例的巨大进展。

不管是在冲突预防、政治责任、人权保护或是科技进步、经济发展、贸易谈判等器物或技术层面,还是在规范细化、组织扩大、约束力等国际制度层面,人们都见到了人与人交往范围的扩大和相互作用程度的加深。用国际法学者饶戈平的话讲,这也是继20世纪20年代前后以国联成立为标志的"第一阶段"、第二次世界大战结束至冷战结束的"第二阶段"后的"第三阶段",是"国际社会组织化程度大幅度增强的阶段"。[①]

试以21世纪以来联合国推动的组织化进程为例:

- 联合国安理会在冷战结束后的法律效能得到显著提升,这一维护安全机制的改革也被加速提上日程,成为国际政治斗争和国际关系发展的新领域。
- 2005年设立的建设和平委员会在联合国帮助冲突国家开展战后重建领域的工作方面,起到了日益增强的作用。
- 在国际反恐领域,出台了《关于国际恐怖主义的全面公约草案》《制止危及海上航行安全非法行为公约》《制止危及大陆架固定平台安全非法行为议定书》《制止向恐怖主义提供资助的国际公约》。
- 在人权法领域,联合国大会通过了《残疾人权利公约》《保护所有人免遭强迫失踪国际公约》。
- 在环境法领域,确定了清洁发展机制、联合履行机制和排放贸易机制、国际减排指标,为全球气候环境制度订立新的规则;通过了《关于环境保护的南极条约议定书》,规定了在南极活动的船舶的装备等应符合特定要求、在南极活动的范围和各缔约国在应对环境突发事件时应履行的义务。
- 在外空法领域,针对现行外空法存在的缺陷、外空商业化利用引发的法律问题、空间环境保护问题、国际空间站和载人飞船提出的新

[①] 饶戈平主编:《全球化进程中的国际组织》,北京大学出版社2005年版,第2—3页。

的法律问题,已经出台部分和正在酝酿一系列新的法律。
- 在海洋法领域,针对国际海底矿产资源开发和公海渔业、鱼类种群的保护、国家管辖范围外海域生物多样性的保护、公平分配深海基因资源等,联合国有关机构和专门委员会也在制定各种规章、协定及《联合国海洋法公约》的补充事项。
- 在打击犯罪领域,有《联合国反腐败公约》《联合国禁止非法贩运麻醉药品和精神药物公约》《联合国打击跨国有组织犯罪公约》等国际公约。
- 联合国国际法委员会讨论的专题还有:国家责任、外交保护、条约保留、武装冲突对条约的影响、国际组织的责任、驱逐外国人、国家单方面行为、国际法不加禁止的行为所产生损害性后果的国际责任、引渡或起诉义务、共有自然资源等。

如果说国际社会仍然存在无政府状态的话,也是相对国内司法和执政的力度而言的,实际上全球化条件下的国际政治已大不同于从前。世界越来越像一个法律和规制密布的网络。

四、辩证地看待国际法的作用

进入21世纪以后,国际法的一个作用逐渐增强,那就是:它成为国际社会和多数国家批评少数强权国家滥用权势、破坏法制时援引的重要根据,成为判别是非、维护正义的一种国际手段。尽管国际法这方面的作用远不如人意,但它毕竟朝着正确的方向迈开了步子。我国著名国际法学者、已故的外交学院教授贺其治先生,曾专门考察了国际法院在争端解决中的角色,以此作为国际法上升着的作用的一个证明。他注意到,在冷战时期,有相当长的一段时间,国际法院处于无所作为甚至完全"停摆"的状态,但从20世纪80年代末开始进入"兴旺"阶段。国际法院的影响不再微不足道,它对世界秩序做出的贡献广泛而重要,而且它正在并将继续在和平解决争端中扮演建设性的角色。尤其是 1986 年海牙国际法院做出对尼加拉瓜关于军事和准军事行动案的判决加强了这一趋势:"在该判决中,法院认定美国违反了不使用武力、不干涉别国内政的习惯国际法规则以及尊重国家主权的国际法原则;美国应该立即停止违背其国际义务的行动。这种利用国际法院的势头,最终带来了 80 年代后期以来提交国际法院的案件数量迅速上升。"国际法院在解决领水问题、海域划界和捕鱼权海洋争端中发挥着显著作用。另外,国际法院在审理其他案件,诸如财产求偿、空难、政治庇护、环境保护、释放外交人员以及条约的解释和适用等方面,也起着不可替代的作用。"这些争端覆盖了几乎所有地理区域,包括亚洲、非洲、阿拉伯世界、欧洲、北美、拉美和大洋洲。因此,法院已真正具有了普遍性,表明全球各个地区的国家愿意接受国际法院的管辖。国家对国际法院的更多利用,意味着给予国际法院更多的信任,国际法院代表着国际社会整体的正义,而不总是一种明显对抗穷国利益的工具。"[①]

　　国际法的认定与超级大国的行为方式之间的差异,很能说明问题。典型事态是对美国"虐囚事件"的国际舆论和法律认定。众所周知,从阿富汗战争到伊拉克战争,从关塔那摩监狱到阿布格莱布监狱,美军以"反恐战争"为借口,为获取情报或惩罚对手,对抓获的外国战斗人员施用各种酷刑,严重侵害被俘人员的权利。从各种渠道泄露出的美国政府内部备忘录和法律建议等大量文件显示,美方审讯中使用的许多酷刑系经美国官方批准甚至最高层人士默许,同时美国当局企图为使用酷刑审讯手段寻找依据和辩护,竭力掩盖违反国际法的各种错误行径甚至罪行。比如,将"基地"组织战斗人员定义为"非法战斗人员",企图利用《关于战俘待遇之日内瓦公约》关于适用范围的模糊空间,拒绝让他们享有战俘地位;在"取得反恐斗争胜利和维护美国国家安全"的名义下,声称反恐的必要性以及自我防卫原则均可免除审讯人员的刑责,在"保护国家免受攻击"的理由下,可以

[①] 参见贺其治:《国际法院在争端解决中的角色》,中国国际法学会主办:《中国国际法年刊(2005)》,世界知识出版社 2007 年版,第 3—16 页。

"合理"使用酷刑;任意歪曲对"酷刑"定义的司法解释,声称按照美国国内法,如果审讯手段不是特别蓄意引起剧烈疼痛或痛苦,就不构成酷刑,审讯人员也不会被控犯有实施酷刑罪。"9·11"事件以来,包括国土安全部、中央情报局和联邦调查局在内的美国许多执法部门,一再滥用职权,或者利用"反恐战争"的名义随意扩大政府权限,比如扩大对本国和外国公民及机构的监听范围。虽然美国是《公民权利和政治权利国际公约》、《美洲人权公约》、"日内瓦四公约"、《禁止酷刑公约》和《世界人权宣言》的缔约国,在维护本国公民利益方面有比较完备的体制和做法,但美国近些年违反人权和公约精神的某些做法,一再受到国际舆论和多数国家的强烈谴责,使它在世界公众中的威望一落千丈。

由于各方面的原因,国际法制约霸道、强权和各种不合理的国家行为的作用是有限度的、不尽如人意的。例如,国际法院在仲裁时的一个特征是,尚没有任何严重的、有可能发生武装冲突或战争的争端被提交至国际法庭裁决,更难以对主要大国的违法行为做出判决和执行制裁;国际法及其法庭的角色与其说是强制性的,更确切地讲主要是道义合法性的标准和人心向背的反映。据统计,第二次世界大战结束之后,很多直接威胁和平的重大争端,如苏联和西方关于柏林地位的争端、阿拉伯世界和以色列的冲突、印巴边界冲突、伊拉克危机、科索沃危机和伊朗核危机等,理应提交至国际社会并经国际法庭裁决,但它们最终都未能得到国际司法正义的衡量。在判别国际法和国际关系的进步趋势时,谁也不会忽略与此相反的一种消极影响,即强权政治和霸权主义的消极影响。它们往往模糊人们的视野,混淆问题的性质,使是非曲直难以判断。霸权国家常常"挟天子以令诸侯",在公权力(如联合国)和国际法下,强行推进一己私利;一旦国际法和国际舆论不利于这种做法时,便以退出国际机制或以削减经费的方式相威胁。这种损公肥私、损人利己的行为,降低了某些国际法和国际规范的合法性及公信力,增加了国际制度和规范执行时的复杂性和其中合理成分落实的难度。

虐囚事件受到国际谴责

霸道与王道的关系是理解国际政治的难题,是学习国际法时需反复思索之处。

思考题

1. 国际法的演化过程说明了什么问题?
2. 国际法在国际政治里发挥了哪些作用?
3. 国际法如何折射"王道"和"霸道"?

推荐阅读

1. 王铁崖:《国际法引论》,北京大学出版社1998年版。
2. 饶戈平主编:《全球化进程中的国际组织》,北京大学出版社2005年版。
3. 江国青:《演变中的国际法问题》,法律出版社2002年版。

国际政治的理论

第六章

本章要点

1. 当今世界主流的国际政治理论是由欧美国家主导建立和推广起来的,其中的三场大辩论构成理论发展的主线。
2. 与其综合国力一致,美国长期是国际政治研究的中心和被仿效对象;欧洲作为另一大学术重镇,具有鲜明的特色与多元创新能力。
3. 非西方国家的国际政治理论和学术研究起步较晚,目前处在借鉴西方与自我发现并重的方兴未艾阶段,赶超发达国家依然任重道远。

国际政治的理论,是学习这门课程的工具性知识。然而,各种理论有大有小、有深有浅,不同的流派及方法未必适用于所有人。对于初涉专业学习的读者,试着了解本章内容就好,不必全部记住,更不要死抠定义。

一、国际政治学科的发展历程

国际政治的理论有不同体系、流派和发展脉络。现今比较系统和有影响力的理论,主要产生于美国和欧洲等西方发达国家。

纵观历史,一些大的文明体系曾经发展出独特的政治治理思想、交涉博弈学说和人文精神。例如,古希腊和古罗马都出现过伟大的政治哲学家,他们传给后世的智慧中就有关于政治、政治伦理和政治实体的论述,如赫拉克利特提出"正义就是斗争"的思想,柏拉图对"理想国"的设想,亚里士多德就城邦治理写出《政治学》等。在中国先秦时期,曾出现过著名的诸子百家,其中流传最广的有儒家、法家、道家、墨家、名家、兵家、医家等的精粹论述,它们不仅为中国文化的发展奠定了宽广深厚的基础,也为人类思想史贡献了不可磨灭的华章。不过,国际政治讲的是不同民族、不同文化、不同国家间的关系,而适合古希腊和古罗马城邦制或者中国古代族群内部的这些政治和哲学思维,尚未转化成适应于解释现今国际社会和各国关注的问题的学理和范式。

横向考察,全球不同大洲、不同地域,除开欧美主流外,存续至今的国际政治理论和外交学说,有不少具有自己的特色并产生了深远影响,比如拉美一批经济学家和政治理论家创造的"依附论"和"非均衡发展理论",

埃及思想家萨米尔·阿明关于"外围资本主义的社会形态"的分析,印度圣雄甘地的"非暴力不合作"理论,非洲精神领袖之一、南非前总统曼德拉的反种族歧视思想遗产,日本明治维新领军人物福泽谕吉的《脱亚论》和《劝学篇》等,中国近现代维新派思想家严复、谭嗣同、魏源、康有为、梁启超等人的作品,韩国当代著名学者李泳禧的代表作《转换时代的论理》等。这些学说从各自角度探析了国际政治的宏观格局及各自国家的应对之策,对大众启蒙和对外方针产生了一些影响,亦是国际政治理论体系多元丰富发展的不同源泉。但是,这些学说大部分是在本区域或国家内有限发散,而没有产生跨出国界的传播,遑论全球性、跨洲范围的生根。

冷静评估后必须承认,现在所通用的"国际政治理论",无论大的属性还是总体内容,基本是最近一百多年间由欧美资本主义发达地区(及其学界)主导催生、持续拉动的一门学问。从严格的学科建制上讲,世界上第一个被称为国际关系讲席教授的职位及相关课程是在 1919 年的英国建立的,而美国作为过去一个世纪的霸权国,设立了国际政治领域最多的研究基金、最多的大学课程和教材(及学术岗位),相应地提供了最有影响的学术范本、文献和政策成果。所以,解析欧美主导的国际政治实际概况的时候,读者有必要了解当今国际政治思想理论的主要脉络,也即西方国际政治学。

国际政治学(International Politics[①])属于"20 世纪的新兴学科"之一。与法学、经济学、历史学、社会学和政治学相比,国际政治学算是社会科学大家族的"小兄弟",很多人甚至把它说成是政治学的二级学科。它是在第一次世界大战结束后生成的,在两次世界大战之间得到了快速发展,第二次世界大战结束以来的大半个世纪有了全面拓展,成为全球公认的社会科学领域的一个分支。

下面,简要勾勒一下国际政治学科的发展历程,即几个大的阶段或者说时期:

---

① 这个术语首字母大写时表示一门学问,而小写时表示实际的国家间关系。

第一阶段是创立期，从第一次世界大战结束到第二次世界大战爆发的这段时间，在美国和英国等地，学者们探讨的主要内容是确立这门学科的研究对象、范围、方法等，出现了一大批被称为"国际政治""国际关系""国际研究"的专著和教材。这一时期的另外一个重要特征是，学术工作主要围绕如何避免战争、实现和平的主题展开，在争论探讨的过程中出现了两个大的流派或者学术立场，一个叫理想主义学派[继承了近代欧美的自由主义思想传统，也称"威尔逊学派"（以一战结束时提出"十四点"国际合作协调方案的美国总统威尔逊命名）]，一个叫现实主义学派（来自欧洲古典的权力政治学，主要代表人物是英国的爱德华·卡尔）。理想主义学派重视国际联盟、国际法等合作方式，现实主义学派强调依靠本国实力和运用势力均衡的博弈手段。后来，人们也把这两大学派之间的争论探索归结为国际政治理论成长史上的"第一次大辩论"。

第二阶段是全面发展、快速成长的战后期，从第二次世界大战结束到20世纪60年代末，主要依托美国的国际政治科学工作者和国际问题研究机构（大学、期刊、项目及研究基金等）。与美国战后的雄厚实力和全球需要相称，这一时期的国际政治理论获得巨大的推动力，各种课题、调研、著述如雨后春笋般地出现，美国一个国家的研究成果和流派观点就占据了全球这一学科领域的半壁江山，并且为它的盟友和国际社会培养了大量学科带头人并设置了分门别类的课程及教科书。以摩根索、基辛格、凯南、多伊奇、沃尔兹为代表的一众美国学者专家，成为这一学科门下各分支（权力均衡论、权力政治学、地理政治学、冷战学、结构现实主义、区域国别研究、新旧功能主义等）的奠基者。这一时期学术争鸣的最大特点是所谓的历史主义与科学主义的"第二次大辩论"：战后一度占据主导地位的现实主义各门派受到科学至上派的新生代的强烈冲击和挑战，后者更加重视科学所说的可操作、可重复实验展示、量化模拟预测等"硬核"，不屑于老派学者多半根据经验和个人感受进行研究的做法。与第一次大辩论相比，这次大辩论的参与方自我意识更加明确，但结果并没有赢家输家，客观上极大地刺激了学科建设的规范化及学派方法的细化。

第三阶段是多元化的深度拓展期,大体在20世纪70年代初到90年代末,美国虽然还处于中心地带且是其他国家仿效的对象,但一个新的积极迹象是,国际政治学科普及和成长的地理范围快速朝其他大陆如东亚新兴经济体、南美、非洲和阿拉伯世界扩展,学术呈现出更加多元、交叉激励的局面。形成这一局面的客观环境条件是:美国战后独霸世界的绝对实力有所衰减,欧洲、日本、澳大利亚、加拿大乃至韩国、新加坡的地位有所上升且外交表现活跃,特别是80年代后期到90年代初期冷战对抗形势的逐渐消解;主观方面的原因是:新的一超多强格局及国际协调合作氛围,导致各国、各地区产生自主发展及建设自身理论思想的强烈意识,加上各国经济社会成长顺畅、条件充裕,允许设置更多的国际政治院系和学科课程并招募更多的学生、学者——中国就是这方面典型的例子。从学科建设的角度衡量,这一阶段出现了所谓的"第三次大辩论",其实并非真有面对面的争辩,更无输赢之分,而是各派学者及不同理论间存在交叉互动、互相借鉴。国际政治理论的丰富化过程,很像一棵大树的树枝伸展:在前期科学派、历史派相互激励的粗大主干上,延伸出更多分支、枝杈、叶梢乃至藤蔓,其中对后世影响深远的有三支:(1)全球主义相互依存学派(属于自由主义理想主义一系)、英国学派、北欧哥本哈根学派倡导的和平学,它们与新现实主义(结构现实主义)的争论也是第三次大辩论最引人注目的部分;(2)批判理论、后实证主义和建构主义学派(属于重视方法论的流派),它们对传统实证主义的批评与受到的反批评是这场辩论另外的一个关键组成;(3)苏联解体后西方主流政治学和外交学衍生出的新自由主义、新现实主义各分支,它们在政策和传媒层面产生较大作用(如"民主和平论""历史终结论""文明冲突论""结构自由主义""进攻性和防守性现实主义"等),两大主义间的新形态互辩互构也被很多人认为是第三次大辩论的有机组成。看起来,这一时期的辩论比此前丰富得多,扩充深化了国际政治的外延与内涵,推进了国际政治研究的快速进步。

最后一个阶段是当下,自人类步入21世纪已持续20年。人们对这个阶段的状态有不同形容,如"沉寂期""沉闷期""茫然期"等,显示这个阶段相对停滞和缺少亮点的乏力状态。其表现之一是缺乏大的理论突破,尚未有重大理论创新。特别是在此前所谓"三大主流学派"(现实主义、自由主义和20世纪后期异军突起的建构主义)产生了广泛的影响也受到越来越多质疑的背景下,现在无论欧美还是世界其他地区,似乎很难见到有同等分量和冲击力的学派思想出现,很难见到在本体论和方法论上的重要跃升时刻(巴里·布赞和阿米塔夫·阿查亚倡议的"全球国际关系学"是一例外)。第二个表现是碎片化,年轻一代的诸多学者向不同高地发起冲击,有大量专门的、细微的、技术性的、功能性的探究,虽然有比过去更多的报刊和人数众多的庞大研究队伍,有结合不同工具、形成更多交叉点的尝试(比如"折衷主义"的各种作品,又比如温特等人结合量子时代新技术进步做出的社会科学努力),但是不同学派学者彼此间沟通很少,没有形成知识社会学意义上的共同话语和知识平台,缺乏评价各领域理论进步的学界共识。第三个表现是,虽然有更多来自跨国、跨文化、跨制度的微进展,特别是非西方新兴国家学界的大胆尝试,但其实验效果有待观察,它们能否带来长久的范式超越与更新尚不肯定。总体来看,全球范围内国际政治理论的"危机"和"突围",是现在国内外各种专业人士探讨现状与前景时使用的高频词。

纵观一个世纪的学术进展,可概括出国际政治理论当前的两个重大特征:一是积极面评价,专业研究事业从无到有、从小到大、由弱渐强,学科建设从空白地带进入枝繁叶茂的森林地带;二是消极面评估,国际政治学科也像社会科学其他学科(经济学、法学、社会学等)一样,呈现出周期性的困顿乏力、寻找新增长点却又裹足不前的状态,前期繁茂的森林地带显得没有新生能力。看上去,百年之际的国际政治学既面临危机,也有危中之机——一方面理论创新的难度有所增加,另一方面也给了年轻一代学者和非欧美地区学界"弯道超车"的机会。

二、国际政治理论的"美国中心"

纵观国际政治研究的百年进程，人们不难发现，这里有个始终存在并且发挥巨大影响的"美国中心"。美国的威尔逊理想主义，造就了第一阶段的"理想主义"特征；摩根索、凯南和基辛格等人的研究，为其后阶段的西方国际政治学奠定了"权力政治学"的框架和基石，并且把国际政治学与外交政策结合到了前所未有的紧密程度；多伊奇、卡普兰和沃尔兹等人的"行为主义的现实主义"研究（以"信息现实主义""系统现实主义""结构现实主义"或"新现实主义"等形式出现），使国际关系的分析几百年来头一次具有了"科学"的形态；以基欧汉、奈等人为代表的一大批美国学者的工作，使全球主义学说从罗马俱乐部的生态分析层面，推进到国际政治层面并构成后者最重要的组成部分。虽然其他旁系多少起着制约作用，但美国人在国际政治研究领域中的主导地位直到 20 世纪 80 年代中期仍没有受到任何撼动；现在它的地位虽比巅峰状态有所下降，但仍然处在其他国家难以望其项背的高度。

20 世纪前期诞生国际政治学以后，美国始终拥有范围广大、实力雄厚的研究机构（包括大学、研究所），出版比其他国家更多的国际事务报刊，美国政治家和舆论界对国际事务的兴趣似乎也比世界上任何其他地区的同行更浓厚。而且，一个不管人们是否愿意承认的事实是，很多重要的思想和见解，不论是否由美国人首创，总是经过"美国中心"的阐述和诠释，才形成了国际研究界公认的"一家之言"。比如，卡尔的现实主义理论种子是在美国生根发芽和茁壮成长的；"文明冲突论"其实很久以前便在世界不同角落有类似的说法，但经过哈佛大学的名教授亨廷顿的传播才"声名远扬"；甚至许多对美国中心论的批评者，如罗伯特·考克斯、罗伯特·沃克、吉米·乔治，也经常是通过美国巨大的且卓有成效的科学研究网络和印刷传媒网络，才使自己的批判理论广为人知的。不经过美国的传播（包括在美国发表文章、演讲或任教等多种形式),一个国际政治学家似乎很难成为真正有世界影响力的人物。此外,在非欧美的一些发达国家(如日本),在许多新兴的工业化国家和地区(如东亚和东南亚),在非西方的广大发展中世界,国际关系学术界对世界政治的理论认识往往受到美国中心的强大辐射和影响,出现了"美国化"(Americanization)倾向。

从理论学派成长的阶段性观察,美国人从第二次世界大战结束之后就再也没有离开引领风气、主宰话语的核心地带,大体可以划分出四个阶段:

第一阶段是从第二次世界大战结束到20世纪50年代中期,主要由摩根索、罗斯托、沃尔弗斯、凯南、早期的基辛格、奥斯古德和邦迪等人的作品,奠定了美国新的外交目标和新的国际研究的基石,或者说,廓清了政策和理论的边沿。这一时期的美国国际政治学给整个西方国际政治研究学术界带来一种全新的气象,一种直言不讳的"权力中心学"的研讨风格,一种目标专一、方法多样、理论与政策紧密结合、学术研究同世界进程息息相关的"美国气派"。

第二阶段是从20世纪50年代中期到60年代中期,其重点和标志是将核时代问题的研究,尤其是核战略的分析设计,变成美国国际政治学的中心内容。出现了一大批国际政治学者和战略分析家,他们的研究范围相当广泛:从战后技术的革新到热核武器的出现,从一般的势力均衡到核武器的均衡,从威慑的政治准备到威慑的心理因素,从大规模报复理论到灵活反应学说,从核理性到核裁军,从常规裁军谈判到削减战略武器谈判,从核门槛高低的设计到防止核扩散的一般规划,从两个超级大国之间的关系到两大阵营乃至全球范围内的国际关系等。从这时始,美国人的研究已经开始主导整个西方国际政治学界的研究旨趣、领域和方法,而且越来越显示出对"冷战政治"诠释的"高人一头"的姿态。

第三阶段是从20世纪60年代中后期到70年代,即所谓全球化研究、国际政治经济学研究和所谓相互依存理论研究等蓬勃发展的时期。这些研究与这一时期国际形势的特点联系在一起:美国从越南脱身;美元与黄金的汇率脱钩;世界石油市场的混乱及各国经济联系的加强;国际政治与国内政治的互动关系日益明显并得到承认。美国的"新自由主义"理论迅速崛起,并横扫各个领域——从政府政策到学术研究,从经济学到政治学,从国内事务到国际关系。

第四阶段是从20世纪八九十年代到现在,以温特的主流建构主义学说为代表,美国学者在各种后现代理论、批判理论、女权主义学说以及建构主义潮流的兴起过程中继续扮演主角。与前几个阶段略有不同,这一时期随着美国国际地位的相对下降,美国的国际学术领导地位亦有所下降,其他一些发达国家的学者开始加入创造范式、贡献思想、产生影响的行列中来。

"美国中心"现象基本上是第二次世界大战以后的事情。在西方世界,罗斯福的"新政"标志着第一个将政府的有效干预与经典的自由主义市场经济有机结合的资本主义生产方式及其社会关系的产生。这种新的生产方式及其社会关系,使权力政治获得新的外壳,成为一种建立在"后工业社会""无阶级冲突""信息时代"和"科学管理"等现代性之上的国家机器形态。并非偶然的是,美国的国际政治学无所顾忌地面对任何可能出现的挑战,恰似美国的政治家和外交家在国际事务中频繁表现出的那样。美国的国际权力政治学和外交政策学在引导西方世界与苏联及其势力范围较量的过程中得到充分发展,这一学派及其思想成为西方国际政治学在冷战时期的主流学派和基本内容。"冷战政治"是由美国人首先发展出来、全面进行阐述的;而冷战的最终结局,特别是苏联作为另一个超级大国和西方头号威胁的消失,更使以美国人为主要代表的新自由主义国际思潮得到激发和扩散。这是意识形态层面的相关性或者说连续性。

从体制和物质层面上讲,美国的国际政治学家之所以特别重视科学的作用,行为主义的各种观念与方法之所以最先和最充分地在美国得到推广运用,同样与美国的当代科学兴盛及它在经济管理、社会协调、政治/国家权力运作的改良等方面的辐射是不可分离的。美国学者几乎在社会科学的所有重要领域都推行了与国家发展进程联系在一起的科学化、信息化、计量化的尝试,并且取得了重要的成功经验和理论结论,最明显的事例是在经济学、社会学、军事学、政治学以及国际政治学领域建立"硬科学"的努力及成效。

从历史上看,任何强国的演化都有其兴衰过程,任何事物也都有其相对性或者局限性。美国也不例外。上文说美国人至今仍然占据着国际政治学的中心地位,并不意味着这种地位永远不会动摇。以下几个因素可能会推动西方国际政治学"多中心化过程",尽管毫无疑问这是一个相当长的过程:其一,也是最重要的一个因素是,美国社会自身稳固性的降低。美国是全世界最大的移民国家和多民族多种族"熔炉"(melting pot)。美国的力量和优势很大程度上在于它能够吸收世界各民族和文化的长处,包括人才的聚集和贡献;美国的国际政治观的明快有力体现出美国人的自信,这种自信不仅仅来自国家的整体实力,更在于美国人对自己制度的信心,对国内问题的无忧,或者说对解决问题的把握程度。然而,美国熔炉的功效能否在未来延续,是一件连美国人自己也越来越没有把握的事情。其二,美国式"科学主义"在后工业时代也逐渐暴露出其具有局限性的一面。从国际政治研究者的角度观察,美国的国际政治学既有尊重科学精神、强调科学方法、建立科学规范等优点,也存在忽略人文学科的人性特点、忽略社会现象的某些不可测量性、忽略所谓的"模糊性"等问题。其三,其他西方世界的多元化发展。20世纪80年代中期以来,美国以外的西方发达国家的某些国际关系研究者,在自己的工作中表现出一种有别于"美国化"研究的趋势,这在一定程度上削弱了"美国中心"。

三、欧洲国际问题研究的多样性

欧洲,尤其是比较发达的西欧、北欧,是继美国之后国际政治学的第二大重镇。

通常说的"欧洲"是一个复杂的政治地理概念。它主要包括大西洋欧洲（以英国为中心）、大陆欧洲（以德国为核心）、北欧五国、中东欧（曾是苏联卫星地带、现在是北约和欧盟的积极加入者）以及从法国、西班牙、葡萄牙到巴尔干直至土耳其的南部欧洲（也可看成是法国有重要影响的地中海欧洲）。俄罗斯的欧洲部分面积很大，但不被纳入"欧洲"范畴，其独特的宗教文化、意识形态及政治制度被当成"异端"。

欧洲在传统上不同于美国的一个重要特点是它允许各种对立的思潮并存，如左翼的思潮、激进色彩的立场或国家中心主义的流派。大陆欧洲、地中海欧洲甚至北欧和大西洋欧洲都为马克思主义保留了一席之地。从早年的爱德华·卡尔到后来的法兰克福学派、后现代主义派系、欧洲建构主义，无不对这位资本主义掘墓人保持了尊敬。

大陆欧洲尤其是马克思的故乡德国，既是左派思想根基特别深厚的地区，是"批判理论"的主要源头，也是曾经的纳粹德国和法西斯主义生成并肆虐过的区域。不能不提的是，第二次世界大战留下了那一时代特有的大国均势与扩张论、尼采哲学中的权力意志思想、慕尼黑学派臭名昭著的地缘政治理论印记。希特勒的排犹暴行导致大批优秀的犹太技术和学术精英被迫出走，事实上为新大陆——美国第二次世界大战后的崛起输送了宝贵人才。在后来的西方国际政治学光谱中，来自这一区域的政治地理学、日常生活批判学说和各种反专制国家的思想，都是不可轻视的一类色系。

在以法国、意大利为中心的地中海欧洲，学者们一向比较关注移民现象和第三世界的社会动向，重视使用社会学和人类学的工具，解释区域性问题和整体世界。历史社会学、人类社会学、宗教意识形态分析、中心-边缘关系学说，从未远离争论的焦点。身处最早拓展资本主义生产方式的地带，这些地方的研究者对差异性的文化、文明、宗教、意识和民族情绪有着更深的感悟，从共产党思想家葛兰西、左派学术大家布罗代尔到中右性质的国际关系史泰斗雷蒙·阿隆，都在自己的作品中表达了对欧洲历史遗产的认同，其中所夹杂的微妙情感，在强大却年轻、简单的"美国后辈"那里很难见到。

中东欧地区在20世纪前期至80年代受苏联影响巨大乃至最终受控于斯大林主义体制，这一地区的国际学术交流和政治哲学以"两个阵营"划分为基础，被迫倒向东面的强大邻居，走的是完全不同于西方的路线。冷战结束和苏联解体之后，国际关系学的学术形态在大多数中东欧国家重新占上风，其多元主义色彩十分明显：有马克思主义思想的，有狭隘民族主义和激进民粹主义的，有从美国和大西洋欧洲的主流学派引进的，相对而言这一区域多受毗邻的德国、法国思潮影响。

大西洋欧洲是20世纪崛起的"美国中心"的源头，是联系大陆欧洲与北美的重要纽带。单从时间上讲，欧洲人比美国人更有历史感：大学体系里第一个国际关系讲席教授是一战后在威尔士亚伯大学设立的，牛津大学和伦敦政治经济学院其后不久设置的类似席位，长期是北美同行效法的榜样。"英国学派"也是国际政治学体系内唯一以民族国家命名的理论流派，其倡导的"国际社会"议题是国际政治学界的一个重要参照系。

总之，"欧洲"是一个属性多元、根系繁杂、历史悠久的概念，对欧洲国际问题研究很难做单一定义。欧洲学者在看待美国人的霸权时，并非像其他地区那样单纯模仿或径直排斥，而是持俯视态度并有各种微词。不仅在形式和时间先后上存在优越感，欧洲人在学术研究内涵和实质方面同样认为自有胜出美国人之处。一位英国教授这样说道："如果不考虑当代的后现代方法以及多次方法论之争，人们很容易把国际关系学的思想发展史划分为三种不同的传统。在欧洲伟大政治思想家的名字当中，我们可以把霍布斯、格劳秀斯和康德看作是这三大方法的代表人物。第二次世界大战以后，马丁·怀特把他们称为现实主义者、理性主义者和革命主义者。最近，又出现了相似的分类，即包括现实主义者、多元主义者或赞成世界社会方法的人、结构主义者，并且特别承认了马克思主义传统。这种全面的概念性框架作为一个指南被证明是很有意义的，但这当中几乎没有北美国际关系学的功劳。"①当代国际关系学界建构主义的主要代表、美国人温特,也用欧洲近代思想家冠名他所说的"三大文化",即"霍布斯文化""洛克文化"和"康德文化",这足见欧洲思想的地位。美国人尽管对欧洲的硬实力颇有微词,但对其软实力还是有所服膺的。

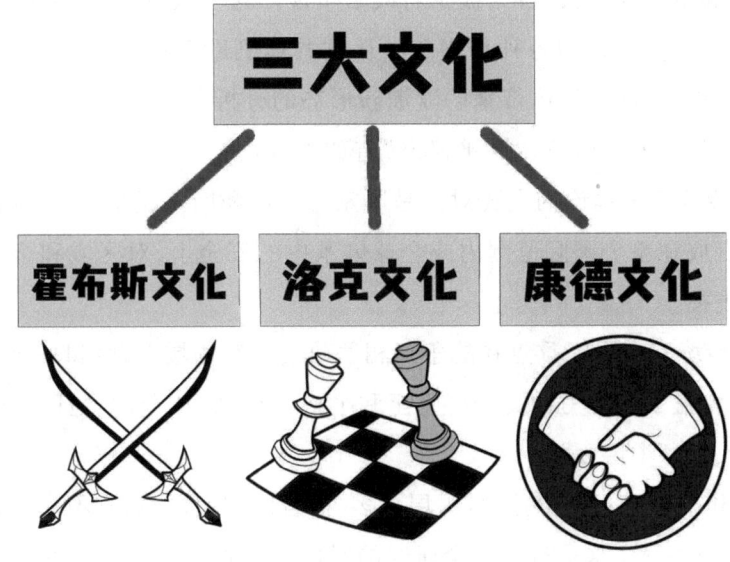

温特命名的"三大文化"

为什么欧洲在国际政治学研究中始终有一席之地?让我们用一个具体事例加以解释。

国际和平与安全研究一直是国际政治理论的金矿之一,它主要分美国和欧洲两大脉:美国的安全研究更多的是博弈战略研究,欧洲的安全研究侧重和平研究,两者的外延和内涵都有不同。

表面上看,"和平研究"是一个笼统的称谓,人员也不太固定(例如,巴里·布赞教授被很多人看成是英国学派新一代的领军人物)。和平研究项目常受到经费、场所等客观条件的约束,这一学派下各家的观点和视角也

---

① A.J.R.格鲁姆:《国际关系学:从不仅仅是一门美国的社会科学》,秦治来译,《欧洲研究》2006年第3期。

不尽相同,可细分出"和平与安全研究""和平与正义研究""和平与世界秩序研究""和平与全球问题研究""和平与冲突研究""和平与冲突解决研究"等。与美国人的安全研究多半与决策过程紧密相连有所不同,在欧洲,从事和平研究的主体基本上是大学里的教授和专业工作者,他们埋头著述和教书,偶尔参与社会运动,极少与政治牵涉。这一派成形于20世纪90年代,集合了前辈学者的各种努力——从欧共体到欧盟的研讨,对赫尔辛基进程的反思,对苏联解体带来的欧洲新形势的分析等。

对比传统安全研究,"和平研究"有如下特点[①]:

- 传统安全理论的主要对象是国家行为体和国家联盟,而和平研究一般把焦点放在整个国际范围内或全球体系中的安全上,对区域和全球的安全尤其重视。

- 传统安全研究重点在战争与相关政治外交领域上,而和平研究光谱相当宽,涵盖了从暴力冲突分析直至和平抗议行动,从全球、地区、国家、集团到个人的各个层面。

- 和平研究不仅覆盖面广、层次多,而且时间范围宽,它不仅包括了近代民族国家体系(这是传统安全研究的时段),还追溯至更悠久的过去并前瞻更长远的未来。

- 传统安全研究主要是在社会科学领域展开,尤其是政治学和博弈论,而和平研究者应用了整个社会科学、人文学科乃至自然科学的工具。

- 传统安全研究注重应用性、对策性,和平研究带有强烈的反思与批判色彩,经常被称为"批评性安全研究"。

- 在和平研究者那里,研究话题极其广泛(包括一些新的术语),如积极的和平与消极的和平、一体化与反一体化、平等与正义、自由与人权、研究偏好与价值中立、历史背景与话语体系、和平的教育与和平的基础、环境意识与宗教角色、美国中心和非美国的趋向等,这一切在安全范畴下不断

---

① 关于和平研究,可参见 Marc A. Genest, ed., *Conflict and Cooperation: Evolving Theories of International Relations*, Cengage Learning, 2003, pp. 545-580。

构造出新的话题。

- 和平研究重视研究各种"关系"(relationship),努力寻求在不同利益和要求之间建立平衡,它反对传统安全理论孤立地对待特定的安全命题,反对简化地处理复杂世界的多元化冲突。这也使它具有建构主义和批判主义色彩。

总体上讲,和平研究试图超越传统的安全研究,它设置的目标更加广阔、长远,不仅要建设积极的永久安全,而且力图改变人们看待自身和世界的态度,争取更多的人权和社会正义。这与美国人征服并主宰世界的(安全博弈)策论特点大不一样。

四、大西洋两岸的派系差异

上述介绍提示了欧美两大派系的差异线索,也值得我们做总体的对照。

欧洲是两次世界大战的主要肇始地和受灾地,欧洲人对战争悲剧的记忆可以说刻骨铭心,他们对战争有着与美国人大相径庭的解说与结论。在美国,人们记住的是正义之师对法西斯主义的英勇胜利,是美国出兵之前蔓延西欧许多地方的绥靖主义;而在欧洲的多数地方,民众和政治家更多记取的是战争对人类造成的惨痛伤害,是这种悲剧绝不能重演的警惕。正因如此,战后的美国和欧洲实际遵循了不同的方向发展:美国挟两次大战胜利者的雄风,继续建造强大的军事和经济机器,随时准备遏制挑战者。美国人心灵深处记住的是战争带来的巨大好处(外交的、道义的、政治的乃至经济的),是打遍天下敌手的霸气与思维惯性。欧洲人自从第二次世界大战结束便摒弃了靠军事强国富民的发展思路,开始探寻非军事化的解决方案。追踪这两种轨迹,就不难理解,为什么欧美主要国家对伊拉克战争会产生那么大的分歧,为什么它们在解决中东和平问题和世界其他地区热点问题上采取了不同的立场,以及为什么美国研究者更热衷于科学主义和实力政治,而欧洲学术界比较注重探索战场较量以外的保全路径。

由于历史和现实的各种原因,美国人倾向于用黑白对立、泾渭分明的逻辑判断复杂的国际关系,而欧洲国家更愿意用"中庸之道"处理在他们看来不可能简单处理的现实矛盾。在新大陆,人们分析当代国际政治时多半分出了"好"与"坏"、"安宁"与"混乱"的两极,对"和平、民主、自由"的国家与"无赖、流氓、失败"的国家采取的对策截然不同;在此基础上自然衍生出"文明冲突论""大分裂论""邪恶轴心说""进攻性现实主义"等极具美国特色的政治学说和术语。而在欧洲,人们探讨全球化时代的国际关系时,越来越多使用"国际社会"的概念,强调一种含有多元复杂构造的东西、以某种折中和妥协的手法应对的东西,比如有限的主权与扩大的人权相结合的思想、有限的国际干预与社会重建学说、联合国的积极作用与地区主义的配合等。

在欧洲思想界、文化界,存在一种普遍的看法,即新大陆的美国像是一个肌肉发达却头脑简单、手持高科技武器和使用蛮力的后生,而欧洲更欣赏自身的历史和文化积淀,懂得从中寻求艺术和技巧的方式,将它们运用到社会生活的实践(包括国际关系的复杂现实)中。从20世纪50年代起,当欧洲国家从战争废墟中站立起来,欧洲人便开始了探索有自身特点和符合国情、洲情的道路:从欧洲主要国家的煤钢联营,到欧洲经济共同体在不同领域的推进,直至全方位的欧洲联盟的最终形成,均朝着欧洲国际社会(所谓"欧罗巴合众国")的方向步步迈进。与这种实践相适应,欧洲思想界的理论探索也有清晰的影子:功能主义(不论是旧的或新的类型)、社会连带主义(solidarism)等映射着欧洲联盟成长经历的思想足迹。功能主义学说关键的一点在于所谓的"外溢"现象,即某一阶段,或某一领域,或某一目标的进展,将促进推动一体化的精英采取更多的措施、建立更好的制度,促进新阶段、新领域、新目标的实现;欧盟一体化的深化和扩大,比世界上任何其他地区更有力地验证了"外溢"的存在。社会连带主义的要点是:共同体内的国家风雨同舟、荣辱共当,努力用外交途径将潜在的共同价值和利益变成现实。①

---

① 〔英〕詹姆斯·马亚尔:《世界政治》,胡雨谭译,江苏人民出版社2004年版,第4、17—28页。

与美国人不同,在欧洲人眼里,主权国家不是国际关系中仅有的活动者,而是多样行为体中的一员,因而理解国际政治必须考虑多种因素的互动。虽然说国际关系的主角依然是国家行为体,必须首先顾及本国民众的利益和国家的国际地位,但同时必须看到国际公共机构和组织的作用,看到有组织的非政府组织和跨国公司的巨大能量,看到国际社会各个阶级以及传统上不被重视的其他成分的存在及功能。在欧洲国家的外交关注点里,国家安全、战争与和平这类事务越来越不占有传统的分量,更谈不上唯一的焦点;相反,它们把更大的精力和外交目标放在防止温室气体效应、提高国民福利、保障人的安全、防止难民和移民浪潮等内容上。传统安全理论意义上的"高阶政治"与"低阶政治"在欧洲国家那里被重新设置。在欧洲的视角中,与传统式的"零和"博弈关系不同,当代及未来的国际关系可以从根本上被看成是一个"双赢"或"多赢"的合作过程,至少可以看作是朝着这种方向迈进的过程。彼此合作而非生死竞争的考虑,指导着新型国际关系模式的设计与实现。欧洲人的这种思想不仅影响了其对国际问题研究的理论学术角度,也多少决定了欧盟及欧洲国家对待重大国际事务的立场,如对待中东问题、阿以问题、伊朗核问题、俄乌冲突问题、对域外大国(如美国、中国)的方针等。

国际政治理论的百年历程,伴随着国家间关系的风云变幻。掌握国际政治学的发展规律,对于了解国际政治实践的昨天、今天和明天十分必要。

思考题

1. 为什么说国际政治理论是相对"年轻"的学问?
2. 美国与欧洲两大主干的国际政治研究存在什么差异?
3. 为何非西方世界的理论崛起方兴未艾、任重道远?

推荐阅读

1. 〔美〕肯尼思·华尔兹:《国际政治理论》,信强译,上海人民出版社2017年版。

2. 〔意〕马里奥·泰洛:《国际关系理论:欧洲视角》,潘忠岐、简军波、张晓通等译,上海人民出版社2011年版。

3. 〔英〕巴里·布赞、理查德·利特尔:《世界历史中的国际体系——国际关系研究的再构建》,刘德斌主译,世界知识出版社2015年版。

第二部分 新的议题

当代国际政治千变万化，很多议题超越了传统的认知。因此，读者不仅要掌握基础知识，而且要善于面对新的议题，懂得其中变化的大致规律。

这里说的"新的议题"，学界尚未达成共识。本书选取了四类：一是新近出现的问题，或者根源虽然久远但现在生发出新形态的问题，比如国际恐怖主义现象；二是影响广泛、涉及全球各国及民众的问题，比如生态政治现象；三是传统教材很少涉及但有助于拓宽读者视野的问题，比如个人和非政府组织在国际关系中是如何发挥作用的；四是争议大、不容易看清、反映未来动向的议题，比如科技因素在国际关系中的存在方式、全球政治的走向等。

以保守的心态看，这些议题可有可无、可重可轻，远不如基础知识重要和不可或缺。特别是，解读新的议题有一定的风险和难度，毕竟理论尚未成形、学界对其缺乏共识。这也是在一般中学教材里不讲这些议题，且在绝大多数高等院校的课堂对之鲜有探讨的原因。

然而，综合考虑之后，笔者决定采用现在的形式，即用近一半的篇幅向读者呈现新的议题，把新的思考和潜在的知识增长点放入书中。首先，这是对灵活开放和不断进取的学习精神的一种鼓励，相信成长进步的中国年轻读者更乐意探究未知的领域。其次，它遵循了客观规律，即社会历史演进的规律总是在新旧更替之中，因而研究和教学应与时俱进。众所周知，第一次世界大战前恐怖主义问题很少被提上议事日程，而一个世纪之后的今天它已被公认为全球性挑战；再如，世纪之交非西方大国的崛起，代表着既往国际政治难以容纳的特质。

本书开头指出，传统的国际政治朝着新的全球政治的转换，是当代世界变迁的大趋势。这一转换过程包含了以往人们不熟悉的诸多样式，其中有些可能在惊涛骇浪中被淘汰，有些会由弱到强、从小变大。本书这次再版在设计目录和章节时，对它们做了仔细的筛选，其中最重要的尺度是看其是否体现国家作为单一主体的政治关系朝着多种行为体互动的政治关系演化。在笔者看来，这些新的议题成为下一代人的基础知识是大概率的事情，现在的学习也算是一种"未雨绸缪"吧！

国际恐怖主义

第七章

本章要点

1. 国际恐怖主义是日趋严重的国际公害,也是全球性挑战中富有争议的一种。
2. 对恐怖主义的定义五花八门,出自不同角度,有着大相径庭的解释与初衷。
3. 国际恐怖主义的迅速滋生和难以遏止,与现存国际体系的缺陷密不可分。

环顾后冷战时代的世界,国际恐怖主义确已成为世界各国面临的一个公害。在"9·11"事件发生之前,没有人能想象出恐怖主义有如此大的破坏力。新型恐怖主义手段更加多样隐秘,危害更加广泛且严重,防范起来更加困难。在全球化、信息化、各国相互依存的现时代,恐怖主义的形态和特点都有变化。问题的复杂性促使人们从不同角度寻找解决问题的答案。本章内容不可能面面俱到,只是欲为读者多开几扇了解国际恐怖主义的窗口。

一、国际恐怖主义的定义

恐怖主义首先是一种恐怖行为,它是通过暴力、破坏、恐吓等手段,危害公共安全、侵犯人身财产、制造社会恐慌的行为,多半会给无辜的平民百姓带来伤害。

恐怖主义是政治化的恐怖行为。它通常带有政治和意识形态(或宗教)方面的目标,一般是由反政府的行为体和组织策动、实施或遥控的,有意通过恐怖行动或以暴力相威胁,特别是残忍袭击非战斗人员(平民百姓),制造大范围的社会恐慌与秩序动荡。

多数研究者认为,恐怖主义的载体是非国家行为体,尤其是刻意与政府、军队和官方机构作对的反政府组织和团体。从全球地理层面观察,这些政治性组织和团体分布非常广泛,形态多种多样,包括极端右翼或激进左翼的政党、宗教团体、民族分裂势力、革命分子以及个别情况下政府内部的阴谋势力。这些政治势力的一个共同点是,为了争取更多关注和威胁效果,不惜肆意对平民百姓和各种无辜者施加恐怖行为。

英语中的"恐怖"(terror)一词,来自拉丁语动词"*terrere*",即"使惧怕"的意思。最早它用于形容古罗马城面临外部进攻时的紧急状态和民众的恐慌心理。18世纪末法国大革命时期雅各宾派援引此例实施的恐怖统治,被认为是近代以来恐怖主义的先河。雅各宾时代的恐怖行径虽然由当权者施行,但其核心内容是对无辜群众的滥杀并以此向大众及媒体发出警示。后世对恐怖主义的解释多半沿袭了这一核心内容。

国际恐怖主义,顾名思义,就是在国际范围内策划和实施的恐怖活动,具备国际性的政治目标,企图造成国际性的影响,其背后有分工明确、组织化、政治意识强烈的机构及头目。当然,国际恐怖主义的范围有大有小,有的溢出国界、主要发生在周边区域,如南亚和西非的某些恐怖行为;有的跨过洲际范围,成为影响国际社会的事件,如中东一带的恐怖行径。凡提及"主义",总代表一套独特的教条、信念、体系或理论。例如,今天人们提到国际恐怖主义,容易联想到"基地"组织及其精神领袖本·拉登,包括震惊全球的"9·11"事件,以及拉登对美国及西方势力的打击。

上述定义很简单,但实际情况很复杂。

与恐怖主义活动的五花八门相对应,现在全球各地的学者、专家对恐怖主义的界定有上百种之多,分歧非常严重:

有的定义强调恐怖主义是弱者对强者的特殊反抗手段,或是非国家行为体对抗国家暴力机器的特殊行为。这一定义看上去符合多数情况,但它排除了国家恐怖主义。照这种认识,国家可以胡作非为而不被视为恐怖主义(比如美国在越南战争期间用汽油弹进行轰炸,或者某些国家的特工在第三国用炸弹袭击敌对国的政治家和外交人员,或者假设未来战争中某国使用国际法明令禁止的生化武器等大规模杀伤性武器)。况且,历史上还有"红色恐怖""白色恐怖"等说法,它们经常与一些政权的胡作非为有关。

有的定义认为,恐怖主义是秘而不宣的战争方式,超越常规形式,没有规律可循。这种看法的缺点是,它没有确定恐怖主义的性质,仅从外表勾勒了恐怖主义的特点,殊不知这些特点可能为其他非恐怖主义形式所共有,比如未来的军事行动可能是"定点清除",是以"灰色方式"或某些"不对称样式"出现的。

有的定义把重点放在恐怖主义的政治目标上,指出它往往有特殊的政治目的并以制造大范围的恐慌为特征。但仔细想想:从古至今,有哪一种大规模的暴力方式没有政治目标呢?否则就不会有克劳塞维茨"战争是政治的继续"的论断了。

有的定义强调了恐怖主义造成的恐慌后果。然而,制造恐慌亦不是恐怖主义所独有,比如国家的镇压方式容易带来大范围的社会恐惧心理,但它不能等同于恐怖主义。

有的定义强调恐怖主义非人性、残忍的一面,即它多半借助攻击平民百姓达到目的。这也是一个含糊不清的定义,它既没有讲明谁是攻击的发动者,也没有告诉我们,对军事设施的不宣而战如"9·11"事件里的恐怖分子对五角大楼的袭击算不算恐怖主义,以及国家战争机器对他国民用设施的打击和对无辜百姓的伤害算不算恐怖主义。

定义之难

以上种种都证明了给恐怖主义下定义之难。各种说法各有其重点,也都存在局限性。联合国曾经在20世纪七八十年代尝试建立一套可被广泛认可、全方位涵盖的定义,由于会员国对民族解放和民族自决所引起的冲突及使用的暴力合法性有严重分歧,最终不了了之。现在的国际社会尽管多数成员都赞同反恐,但对于哪些行为属于恐怖主义、采用什么手段制止、各方如何合作,始终无法达成一致。迄今为止,各国政府和国际社会只能对下述口径达成大体共识:企图引起公众恐慌的犯罪行为,不管是个人还是团体为追求政治目的而从事这些行为都是不可接受的,不管其背后的性质是政治、意识形态、哲学、种族、宗教等都不能使之合法化。

可以继续发问:为什么这些年来国际上反恐的力度越来越大,其结果却是"越反越恐"?未来国际恐怖主义会逐渐消失,还是更加猖獗?一些看上去很年轻的恐怖分子,为什么甘愿以自己的性命为代价,制造骇人听闻的公众血案?他们到底想要达到什么目的,在什么情况下才会罢休?为什么各国政府采取了那些多的防范措施及打击行动,却不能制止恐怖袭击的发生?那些制造恐怖事件的人真是"游击战士"或"抗暴烈士"吗?为什么会存在着大相径庭的判断,譬如说曾在巴勒斯坦加沙地带执政的哈马斯被以色列和西方一些国家列入恐怖组织黑名单,而巴勒斯坦有很多人认为以色列在制造国家恐怖主义?国际恐怖主义能用现有的军事和外交手段加以抑制吗,还是说,世界某些地区的贫困化与日益增大的南北差距才是恐怖主义的"温床"?国际恐怖主义的滋生与蔓延同当今世界某些地域的政治文化及宗教信仰有关系吗?"非传统安全威胁"的分析,对于解释国际恐怖主义的新动向是否足够?

这些疑问让我们不得不越过简单的定义,从不同角度对恐怖主义做更加深入的探究。

二、国际恐怖主义的主要特征

(一) 国际恐怖主义的三大特征

就全球范围考察,国际恐怖主义多半具有三个特征:

首先,国际恐怖主义者制造的事态的血腥场面和惊骇程度超出社会公众对一般流血事件尤其是战场伤亡的心理预期,也超越了各种法律(不论是国际法还是多数国家的内部法律)允许的限度,非常残忍。军事冲突是指国家军队之间的正面对抗,交战双方以使另一方接受己方要求为目标,通常不伤害平民和已缴械官兵。各种国际法对此均有明确规定。战争造成的死伤虽然触目惊心,各国政府和公众对其却有某种预期,军人对自己可能在战场牺牲更是有心理准备。而恐怖分子尽可能造成超出常人所预期的伤害,为此他们不惜使用一切能够想到的手段,包括非法的、卑劣的、受到法律和公约禁止的方式,如故意杀害无辜平民或虐待战俘,投毒或毁坏关键的民用生活设施,用儿童妇女充当"人弹"或"诱饵"等。他们袭击造成的伤害,是受害者本人及其家属毫无思想准备的和完全不能接受的。在这里,"恐怖"一词体现着恐怖主义者最直接的表征,折射着这类极端分子对各国法律准绳和公众道义尺度的无视。

其次,国际恐怖主义的突出特点是其组织形态具有极度的隐秘性,袭击方式带有强烈的突发性和不可预测性。像世人从电视画面和文字资料里见到的那样,恐怖主义者往往来无影、去无踪,他们可能藏身于普通的工作岗位和老百姓中间,可能藏匿在社会日常结构中完全不起眼的某个角落里。恐怖分子一旦出手,总让受害者始料未及,令强力部门猝不及防。越是势力大的国际恐怖主义组织,越是善于利用当代社会的各种信息技术藏匿自己,其隐蔽能力、反侦察手段也越强。

最后,国际恐怖组织通常有经过深思熟虑制定的政治目标,会把这种政治诉求公之于众。这也是恐怖组织与单个的、孤立的反社会恐怖行为的主要区别。众所周知,本·拉登曾宣称,只有当美国大兵和西方占领者从伊斯兰土地上撤出后,"基地"组织才不会再发动类似"9·11"事件的袭击,美国公众和美国的国土才会是安全的;车臣叛匪头目通过媒体一再宣称,俄联邦同意车臣分离之日,便是令俄罗斯公众胆寒的袭击事件终止之时。这些政治目标被深深灌输到其组织成员的头脑里。国际恐怖主义组织实质上是一种极端政治势力。

"超过法理的残忍""极度的隐秘"和"明确的政治目标",是绝大多数恐怖主义的特征。

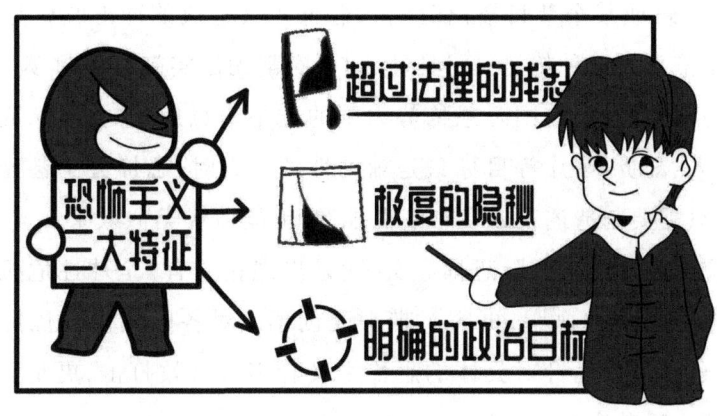

恐怖主义的三大特征

(二)信息化时代催生的新形态

"恐怖主义"这一概念源于18世纪末的法国大革命。然而,恐怖主义成为全球性挑战,是最近几十年的事情。

20世纪后期,信息化时代加快到来,人们见到了固定电话、电脑、电视、手机的普及,网络和大数据的扩展,信息流量的爆炸,以及其他各种传播媒介的革命性变化,感受到全球化时代各个国家、各个民族、各种文化和宗教信仰的迅速拉近和强力碰撞。国际恐怖分子正是在这样的背景下制造了无数震惊世界的血腥事件。没有信息化时代的到来,国际恐怖事件就不会对人们造成如此强烈的视觉冲击。回想第二次世界大战之前,西方列强军队拥有的信息装备,无非是固定电话、电报机、报话机和无线电发报机等,掌管和使用这些装置的只是少数高级军官和技术人员,信息量相当有限而且信息传递速度很慢。那时,若某个恐怖分子实施自杀性爆炸,造成的惊骇影响不会超过一个村庄或街区。今天的情形截然不同。通过观看电视、浏览手机和电脑上的网络信息,恐怖袭击造成的可怕画面被迅速传递到整个国家、周边地区、全球社会,哪怕恐怖行动成本很低、直接伤亡不大,其效果也可能被急剧放大百倍乃至千万倍,引发公众的焦虑、股市的震荡、军队的调动甚至政权的更迭。愈是在发达地区,愈是在关键时刻(如上下班或某个节目播出时刻),恐怖主义造成的冲击波愈是强烈。

对于信息的这种传播,任何国家和政府都无法实施彻底封锁。与旧式恐怖行为不一样,现在国际恐怖势力要的正是信息传递的效果,而具体的自杀、杀人、劫货、爆炸等目标只是辅助性的。有时,恐怖分子甚至不必真的动手,只需要制造谣言或发布电视录像,也能造成类似效果。放开眼界,这种效应并不止限于国际恐怖主义,而是出现在所有"全球性危机"中,只不过恐怖袭击更加血腥,更容易带来受创感。对各国政府和国际社会而言,困难还不仅仅是针对具体的恐怖主义者实行有效打击,更是防止正常的工作和生活秩序被它挟持。

之所以把现在的国际恐怖主义称作"新型恐怖主义",很大程度上就是因为信息化时代的这种特殊性使它与过去的封闭时代完全不同,某个反社会独狼制造的孤立事态并不能与其相提并论。国际恐怖主义的毒瘤借助信息通道加速扩散开来。

(三) 制造心理恐慌

与一些人想象的完全不同,国际恐怖组织的头目多半并非偏执症、孤独症等心理疾病患者。事实上,国际恐怖主义的行动策划颇有水准,组织者往往是视野开阔、知识丰富、思维活跃的高智商人士,如受人尊敬的医生、工程师、教授、牧师或教官等。也正因为如此,在莫斯科大剧院和地铁、别斯兰地方中学、伊拉克的"巴扎"(市场)、阿富汗的某个政府大楼或清真寺的"人弹"攻击或定时炸弹等恐怖事件背后,总有人计算好像钟表一样精准的时刻,其有武器拆卸和爆炸专家一样的技能,有不亚于五角大楼情报官掌握的高价值信息,还有对各国政府官僚机构的了然于胸。

更可怕的是,国际恐怖组织和基地的那些头目都可列入"心理分析师"的范畴。他们洞察人性的弱点和官僚制度的缺陷,尤其懂得人类心灵深处

第七章　国际恐怖主义

的脆弱和痛苦之源。他们知道如何使外表上强大的军队束手无策、什么时候能使虚张声势的政府官员哑口无言,知道如何让男人不断哭泣、让女人变得残忍、让小孩子甘当盾牌、让大众媒体的渲染有助于制造不安定的氛围。总之,国际恐怖主义分子不光是讨价还价的能手,还是心理分析的专家,是政府某些无能处和"短板"的无形掌控者。当专业人士追踪分析每日发生在阿富汗、伊拉克、巴勒斯坦等地的难民营和村庄里的"洗脑流程"时,不难发现:在我们平日接受和了解到的世界之外,还存在另外一种政治态度和选择的世界、一个全然不同的心理分析和逻辑体系、一个让习惯于主导秩序和氛围的正常人大感震惊的安排与气氛。

对这样一些东西,只有通过深刻的心理分析,才有可能逐渐懂得它们、洞察其内在的逻辑。悲剧恰恰在于,多数国家、机构、民众只是用也只能用普通思维看待它们。这是国际社会及多数国家与国际恐怖势力作战时的一种不对称之处:后者了解前者的运行规则和问题所在,善于对社会大众和政府部门进行心理和逻辑分析,因而能实施有效的攻击且进退自如;而前者没法理解细察处于"阴暗角落"的那些恐怖主义者究竟如何想、为什么这样做,因而找不到对付后者的有效办法。

恐怖主义制造心理恐慌

(四) 恐怖主义者不是"烈士"或简单的"冷血动物"

很多人以为,恐怖主义者是与常人大相径庭的"冷血动物",他们杀人不眨眼,或自杀无惧色,让见者甚至闻者惊悚胆寒。这种评价之所以获得广泛的认同,是基于一个众所周知的现实,即国际恐怖主义者袭击的很多目标既不是战场上的军队,也不是官方的设施,而是手无寸铁的平民百姓,是无辜的受害群众,甚至是弱势的妇女儿童。与此相反,国际上有另一种非主流见解,认为所谓的"国际恐怖主义者"的帽子,完全是强大的敌对势力及其御用媒体给扣上的。持这种见解的人士提出,被国际主流媒体特别是霸权一方蛮横指责的这些对象,实际上是争取正义的游击战士(如用各种非常规手段驱逐占领者、争取重返家园的巴勒斯坦"吉哈德旅"或"哈马斯组织"),或是甘愿自我牺牲、献身伊斯兰"圣战"事业的烈士(如伊拉克和阿富汗经常发生的那些自杀性爆炸的制造者)。

显然,这两种极端的评价都有失公允,均没有揭示出全部真相,也没有察觉事物的本质。"冷血动物"的说法当然有一定的道理,因为其站在受害者一方,表达了对无辜死伤者的同情。然而,多数公众持有的这种看法忽略了施暴者一方的复杂心理,缺乏对后者心灵深处爱恨情仇的深究。在2010年3月莫斯科地铁自杀性爆炸事件后不久,俄罗斯有关部门公布了这次爆炸事件的人弹——17岁的达吉斯坦少女詹纳特·阿卜杜拉赫马诺娃的身世及照片。调查人员在这个年轻漂亮的"黑寡妇"死后身上残留的一张纸片上,看到了"天堂见"的字样,那可能是她写给自己已被俄特种部队击毙的丈夫、反政府武装小头目马戈梅多夫的情书。小残片上究竟包含多少情与仇,大概只有阿卜杜拉赫马诺娃本人知晓;但人们可以肯定,这个少女也有属于自己的爱情和梦想,只不过当代俄罗斯的政治现状使她走上了迷途,被引导至与整个社会对抗的不归路。

而那些滥用"烈士"称呼的说法看上去大义凛然,似乎是在为受压迫者张目,其实大谬而无道。真正追求正义、英勇抗击强敌的游击战士,在当代国际关系里一直史不绝书,如中国抗日战争年代的武工队,20世纪60年代活跃在热带丛林、顽强抵抗法国军队和美国大兵的越南民兵,他们从来不用滥杀无辜者的方式玷污旗帜和作践自己,而且始终对此有严格的纪律约束和明确的说明。看上去都是在反抗强大的国家机器和压迫者,游击战士与恐怖分子有天壤之别。

三、国家恐怖主义问题

(一) 有没有国家恐怖主义现象?

讨论国际恐怖主义的定义时,最富争论的是:是否存在国家恐怖主义?在主流媒体、多数专家、国际社会大部分成员那里,说到恐怖主义,首先想到的是蒙面枪手、隐蔽的敌人、自杀性袭击者,是违反法律的、对抗政府的卑劣行为,是少数极端人士面对比自己强大千百倍的国家机器和社会多数成员时使用的凶恶挑衅;简言之,恐怖主义是各国政府的死对头,同国家形象地位及作用是完全不挂钩的。不能不承认,这种最先由某些西方大国强力推介的看法,传播甚广、深入人心,成了很多人那里唯一的恶魔形象。

然而,世界是由多种对立的利益与需求构成的,"恐怖主义"的定义绝非只有一种,某些声音虽然比较弱,但同样值得关注。例如,一些处于弱势地位的国际政治行为体,以及为它们辩护的专家学者,反复提醒世界注意,国家机器同样可以施暴,政府同样可以不顾法律的束缚和道德的规范,滥杀无辜,毁坏民用设施。在巴勒斯坦等热点地区,这类看法有广泛的民意基础。那里的人们经常指责说,以色列军队和警察实施的"定点清除"行动,经常造成平民居住区的大面积伤亡;尤其在政府公开宣扬的"以牙还牙、以暴易暴"的方针助推下,以色列强力部门不惜使用某些被国际公约明令禁止的武器及手法,对巴勒斯坦袭击者实行各种形式的恫吓、暗杀。

世人还见到,在越南战争期间,为封锁"胡志明小道"等越共物资运输线,美国军队大量使用被国际公约禁止的汽油燃气弹,不仅摧毁了成片的森林、稻田和农舍,还致使众多越南老百姓的身心严重受创。20 世纪三四十年代的德国希特勒政权也曾无视国际公约,用残忍手段大量残杀在奥斯威辛集中营里的犹太人,造成了国家恐怖主义局面。

"国家恐怖主义"的概念不仅在现实中有迹可查,在理论上也是成立的。国际恐怖主义的光谱不能完全排除国家恐怖主义,哪怕后者只占总量的一小部分。鉴定什么是国家恐怖主义,什么不能算国家恐怖主义,必须具体问题具体分析,切忌笼而统之。国家恐怖主义可以是某个国家在特定时间、针对特定目标的一种违法方式,但不能因此就把这个国家界定为恐怖主义国家。前者是后者的必要但非充分条件。"恐怖主义国家"仅仅适用于下述情形:恐怖主义成为全面贯彻的国家指导方针,恐怖主义被最高决策层认为合理且合法,恐怖主义被经常和大量使用,恐怖主义得不到舆论谴责和法律追究。据此衡量,希特勒时期的德国和波尔布特时期的柬埔寨比较接近"恐怖主义国家"的概念;一些美国士兵在越南战争、伊拉克战争和阿富汗战争期间对平民的杀戮,里根政府时期美军对伊朗民航客机的摧毁,以色列军队对巴勒斯坦极端分子的某些清剿方式,可以被称为"国家恐怖主义行径"。

德国纳粹集中营

国际社会应当既抵制反政府的恐怖主义者的野蛮袭击,也反对国家层面输出的非法暴力;既不能纵容默许国家恐怖主义行径,也须辨别它与恐怖主义国家的不同。这是进行专业学习应该掌握的知识。

(二)国际政治的结构性缺陷

不少媒体提示说,恐怖主义是国际社会机体长出的毒瘤。这句话说对了一半,但它没有说明,为什么恐怖主义会不断生长出来。实际上,国际恐怖主义这种反人类的罪行的产生并非偶然,它是现有国际关系和权力构造的一种扭曲表达,折射出国际政治秩序的一些深层次、结构性的矛盾。

不难注意到,国际恐怖势力和团伙活跃的那些地点,多半是社会经济长期停滞不前、外部打压与内部动荡交织在一块、各种矛盾累积甚久而且没有解决希望的国家和地区。经济落后与持续的贫困化、年轻人缺乏教育和就业机会、社会组织和管理方面混乱无序,是诱发野蛮气息和好斗风格的沃土。但是,这些现象仅仅是滋生和培养恐怖主义分子的必要条件,绝非充分条件。在世界上一些与世隔绝、自给自足的非洲丛林社会,缺乏信息的流动与对外部的了解,人民生活和文化水平低下,部落长者安排各种事务,众人不觉困苦、悠然自得。在那里,甚至没有太多的抱怨与需求,更不会有恐怖活动和自杀意识。

研究证明,只有当信息大量流动、周边和国际上的消息会快速传递到本国,人们不仅实际贫穷落后而且感受到这种状态的根源时,或当各种努力收效甚微,外部的救助微弱、缓慢,政府执政者腐败、无能,受压迫者普遍有一种无助无望、"破罐子破摔"的心态时,恐怖主义念头才开始滋长,杀人或自尽方式才成为恐怖分子黑暗中的选择。因此,在缺乏国际关注、受到打压严重的贫困地区,较有可能出现恐怖袭击;矛盾的激化导致激进势力的产生,在绝望者中产生恐怖分子的比例较高。

从另一个角度观察,国家恐怖主义政策在某些时候、某些场合的实施,还与霸权国家对外政策的强硬立场有关,与它们对国际决议和国际法的蔑视有关。霸权背后的势力时而隐蔽时而公开地宣扬种族仇恨学说,推进强硬的单边主义报复方针。强大而危险的西方好斗势力,与某些"圣战"组织、"基地"和塔利班之流形成对立的两极,彼此仇恨又相互刺激,为消灭对方无所不用其极,形成对多数国家的双重威胁。它们之间以牙还牙、以暴易暴,酿成恶性循环的态势。

就当代国际权力构造而言,其主要缺陷是,很多事情明明不公正、不合理,联合国和国际社会却束手无策。在少数强权的压力及诱导下,国际谴责和制裁的焦点对准蒙面枪手或自杀性袭击这类"懦弱、卑鄙"的恐怖主义活动及背后的策划者,却从未制裁甚至很少讨论如何制裁实施国家恐怖主义的国家。即使在个别情况下国际社会对此有所谴责,也未与实质制裁挂钩,结果多半不了了之。这种不公正的局面加深了处于不利境地的势力的幻灭感,为仇恨性宣传提供了把柄,把更多的无助无望者推向制造恐怖活动的行列。

(三)国际恐怖主义的高发区域

冷战结束之前,尤其是20世纪60年代至90年代这段时间,国际恐怖主义事件主要发生在西欧、中东和拉美三大区域,占全球恐怖主义事件的四分之三以上。著名的恐怖组织有意大利的"红色旅"、法国的"直接行动"组织、"爱尔兰共和军"、西班牙的"埃塔"等。东亚国家当时发生的恐怖活动不多,恐怖组织有日本的"赤军"、东南亚一些伊斯兰极端势力和分离组织。

冷战结束以来,国际恐怖主义势力的分布有了很大变动。欧洲本土的国际恐怖主义势力大为减少,主要是一些针对外来移民和难民的活动,以及后者的反制性恐怖行为。恐怖主义势力的打击目标也发生了变化:以往恐怖主义者针对的多半是政府目标,如外交、军事和首脑人物,现在扩展到商业、平民和公共设施。

新的热点集群和恐怖活动的高发地带有新的特点:

其一,民族分裂主义倾向抬头,助长了分离主义式的恐怖活动。这一倾向主要表现在原苏东地区,最近的一二十年间,那里出现了几十个新国家,分离的过程伴随着狭隘的民族情绪和痛苦的决裂措施,引发了不同民族和教派间的猜疑与敌意。在这一地区,具有分离主义色彩的国际恐怖主义势力最为活跃,如在俄罗斯联邦内部的车臣、印古什、达吉斯坦等地的反叛武装。

其二,"伊斯兰弧带"成为全球主要高危地带,激进势力逐渐坐大。当苏联解体、两极对峙局面终结后,以美国为代表的西方强权自恃放眼天下无敌手,尤其在"9·11"事件之后,美军及其西方盟友在伊拉克、阿富汗展开大规模军事行动,在中东、中亚和一些阿拉伯国家高举反恐旗帜,安插亲美势力,兴建军事基地,强力推广美式民主。其后果是使原本矛盾重重的伊斯兰世界更加动荡撕裂,"文明冲突论"由少数西方谋士的预言变为现实。巴以冲突、伊拉克战争和阿富汗战争等,成了新一代国际恐怖主义滋生的温床。源起利比亚等地的恐怖势力,有向西非、东非和整个撒哈拉以南非洲大陆蔓延的危险势头。

其三,南亚某些地区由于历史积怨爆发,成为继原苏东地区、伊斯兰弧带之后的另一热点群。那里一直是人口密集、资源争夺剧烈、种姓教派对立、边界冲突不断的地区。冷战掩盖了这些复杂的问题及其影响。两极格局结束之后,受到压抑的问题再一次爆发,加上阿富汗塔利班的坐大,印度和巴基斯坦新一轮军备竞赛等因素的刺激,这一区域的极端势力日益活跃。这里面既有反叛武装对政府军及政府官员的伏击,也有边界地区对方村民的野蛮骚扰,还有孟买恐怖袭击,以及印度教教徒和伊斯兰教教徒战场外展开的厮杀等。

四、国际恐怖主义的综合治理

近年来的国际反恐进程,有两点值得反思的教训。

第一,面对国际恐怖主义的威胁,军事不能成为唯一的手段。军事武力的使用须慎而又慎,弄不好会带来大量无辜平民伤亡,产生更多的恐怖分子和恐怖事件。"9·11"事件以后的美国和以色列,就有这方面的深刻教训。军事力量在国际反恐斗争中的局限性暴露无遗。

第二,反对国际恐怖主义是综合性的较量,其中包括反恐者自身的体制、机制及各方面关系的改进。军事手段只能治标,想要治本,必须依靠合格的对外战略、智慧勇气和政治意愿。这里面既有对国际权力、道义和走势的充分认知,也有对自己和对手长短优劣的正确评估,还必须加上"外交优先于军事""经济辅佐反恐""谈判有失才有得"等策略。

例如,就上面提到的美国、以色列的反恐斗争来说,系统完备的治本之策应当涉及:对联合国及国际社会的游说和对主要大国的协调,静悄悄的军事斗争准备与积极有效的外交谈判双管齐下,争取目标国民众的人心和孤立极端势力的广泛持续努力,投资民生工程、经济建设项目和教育文化事业,促进妇女儿童地位的改善,大胆和富有创造性的妥协与退让方案,主动将反恐程序、手段、机制对接国际法和国际惯例的尝试,对往届政府反恐方针的失误之处的道歉和纠正,以及在各种国际和多边场合倡导比较合理、公正的议案以缓和紧张局势的努力等。

只有当恐怖主义的仇恨与蛊惑宣传失效,民众不认可自杀性攻击和各种爆炸式袭击的合理合法性,社会舆论总体上倾向于和谈与合作的解决办法时,持久的和平才会到来,恐怖主义才会从公众的视野中消失。自然,与军事打击的速效不同,综合治理的过程比较缓慢、复杂,成效有时很难测量,还会牵扯到对自身的反思和纠错,因而可能遭受政治上的反对意见,影响选民选票的偏好,被恐怖主义极端势力视为软弱和有机可乘的表现。假如对这一切没有充分的思想准备,反恐进程就会自觉不自觉地回归老路,标本兼治也成了一句空话。

从客观角度观察,在现有的国际秩序和力量格局下,期待美国等西方强国从根本上调整自己的心态、在政策上做出大的改变,是不太现实的;冷战结束以来这些年西方列强对伊斯兰世界的打压,已造成积重难返的后果,所谓"冰冻三尺,非一日之寒"。包括国际恐怖主义袭击在内的各种问题,仍会在相当长一段时期内困扰国际社会。

第七章　国际恐怖主义

单靠武力无法根治恐怖主义

总结起来,就国际恐怖主义这一特殊议题而言,以下几点有强调的必要性:

● 安全是综合的。随着时代的进步与情况的变化,安全早已超出军事的范畴,变成一种综合性的事务,即所谓的"综合安全";它涉及诸如社会经济、政治法律、文化宗教、生态环境、信息技术、战略资源等各个领域面临的重大挑战。维护安全也不再只是军人的责任,而成了一种需要广泛参与和科学统筹的使命。如果说传统安全(如守卫疆土、防止外敌入侵)主要是在战场上决定胜负的话,那么非传统安全(涉及军事斗争领域之外的各种新威胁)更多的是没有硝烟的较量。国际恐怖主义现象既是传统安全问题,也是非传统安全的挑战。这种思想提醒各国政治家和军队注意,反恐进程不可孤军冒进,更不能"单打一";消除国际恐怖主义的威胁,除了军队、警察、安全部门等的作用外,须有其他部门的重视和社会公众的参与。

● 安全是共生的。在复杂多变、险象环生的国际环境下,不同的安全导向产生大相径庭的后果。比较有利的安全目标及安全状态不应是孤立的、绝对的、零和式的,而应是相互的、相对的和共享式的。追求自身安全利益,也要设身处地替他人着想,保持对各方安全利益的理解与平衡。这一见解启迪世人:不能仅从恐怖主义受害者的角度考虑问题,还要从恐怖主义施暴者一方找出病因。防范及改善的努力应当是双向的、同步推进的。

- 安全是建构的。与旧时的安全理念与强权政治逻辑不同,新的安全观强调把安全视为一个动态发展的、不断培育的过程;也就是说,安全状态不是给定的,而是可以调整变化的,既可能变得更好,也可能变得较糟,主要取决于施动者的主观愿望和实际行动。恐怖主义不是天生的、给定的,而是后天的、人为培养的。增强还是化解敌意,可以有截然不同的政治意愿和实际努力。

- 安全是可变的。理论逻辑和经验现实都表明,安全的内涵与边界是可变的,在特定的时间、空间和条件下会发生各式改变。就国际恐怖主义来讲,它既是传统安全问题,涉及军队和武装力量的使用,也是非传统安全问题,涉及媒体和社会心理的恰当掌控。观察各个国际恐怖主义案例就会发现,传统安全与非传统安全概念的界限有时是模糊的,它们是随时可能发生转换的。必须对这种转换过程给予更多重视和说明,拓展安全空间和安全思维的灵活性。

- 安全是一种"大政治"。决定安全与否的关键因素不是军事家或外交官,而是政治决策层对安全形势的评估及认知、处理安全问题时的政治意愿和动机,以及解决问题的智慧与能力。安全状态的实现在这里主要不是武器技术、威慑方式、战略原则等器物层面的问题,而是复杂的政治决策过程,包含国际政治和国内平衡之双重博弈。安全是政治的延续。只有朝着这个方向思考和努力,才有希望根治国际恐怖主义。

认知国际恐怖主义现象,需要避免被单一定义及其思维定式所束缚。只有从政治经济、文化历史、国际关系的多重角度去理解,才能恰当把握这一复杂问题。

思考题

1. 国际恐怖主义为什么难以定义？哪些说法尤其值得商榷？
2. 当今世界哪些区域是国际恐怖主义的高发地带？原因何在？
3. 消除恐怖主义应当如何着手？现有办法存在什么缺失？

推荐阅读

1. 王逸舟等:《恐怖主义溯源(修订版)》,社会科学文献出版社2010年版。
2. 中国现代国际关系研究所、反恐怖研究中心编著:《国际恐怖主义与反恐怖斗争》,时事出版社2001年版。
3. 詹姆斯·莫利特:《国际恐怖主义》,载美国陆军军事学院编:《军事战略》,军事科学院外国军事研究部译,军事科学出版社1986年版。

个人与国际政治

第八章

本章要点

1. 国际政治经常给人以机械刻板、没有人性的印象,事实上它充满了人的个性与情感。
2. 角色、个性、代际差别、非理性、缔造历史的小人物,是本章学习应当掌握的主题词。
3. 说到底,国际关系也是人的关系,理解人性的方方面面是理解国际政治的要诀之一。

个人在国际政治里究竟发挥什么作用、如何发挥作用、受到什么环境和条件的制约？这一直是有争议的话题，传统教科书多半不设专门篇幅对此进行探讨。我们鼓励读者认识新知，哪怕进入不够明朗的探索通道。本章从"政治人物的共性与差异""决策者的代际差别""人的理性与非理性""小人物与大历史"等多个角度，观察个人在国际政治里的存在及作用。

一、国际政治的另一面

在大多数时候，国际政治看上去是这样的：

首先，它是由国家利益决定的、不以个人的意志为转移的，而国家利益是由那些先天的因素构成的——从内部看，包括国家幅员大小、人口多少、资源丰富程度、经济发展水平、所处的地理位置、周边邻国的友善和敌对状况乃至整体国家实力的强弱之类；从外部看，包括国际联盟的紧密性质、国际体系的对抗与合作特征、时代与外部环境的特殊阶段特性、主要国家和国际组织的协商统筹能力等。因此，国际政治是结构性的一种关系，国家的外交由各种客观的、先验性的因素决定，是不因作为个体的人的情绪或偏好而变化的特殊构造。

其次，国际政治具体是由各国政府和那些大人物来谈判、博弈和定夺的，因为只有这些机构和精英掌握宏观层面的信息和数据，只有他们懂得本国人民需要什么、本国拥有哪些手段或者优势及短板，也只有他们熟悉对外交往的各种秘籍绝技，知道其他国家的类似算计。大体上，决策精英在国际政治里的行为是相同的或类似的，比方说都会遵循"自助"原理，都

第八章　个人与国际政治

要顾及大国、强国的权力,都必须依照现实主义和理性原则行事。形势毕竟比人强,人心总得追随大势,这里面容不得政治家和外交家个人有太大的作为空间,遑论改变国际大事的走向。好的精英政治在此的含义是,始终不违反国际斗争恩怨相交循环往复的历史规律。

再次,更进一步讲,在大众传媒的一般画面里,是见不到小人物和普通民众的,是看不出个人的情感、心态、性格的差异及其产生的后果的。通常电视、广播、报纸的标题只呈现影响大局的要事和主持各种会议及仪式的首脑和官员,至少也是非常富有的企业家或者教授。国际政治和外交场合更是如此,一次主场峰会可能被连续报道数周、数月之久,一项有关中东和平、阿以关系的联合国协定可能会对全球各地的油价和股市造成强烈而持续的冲击波,一轮中美贸易协定的谈判结果可能会给亚太地区和世界经济带来全方位的影响。久而久之,国际政治给人的印象是,它不是某个人的事情,更不是普通百姓可以参与的。

最后,归纳起来,国际政治仿佛是上帝精心设计和安排的,服从着"铁一般的逻辑"。

但是,稍微留意就会发现,现实的国际政治还有另外一面:

首先,它既由国家利益和国际关系的基本构造所决定,也在一定程度上取决于人的表现,取决于个体的人之个性化的存在,取决于活生生的个人所特有的偏好追求、活动能力甚至感情因素。国际关系也是人的关系,而人的关系受极其多样复杂的条件所决定,比如大到谈判的氛围和领导人的个人关系好坏与否、各国决策者彼此博弈时对自身与他者较量的评估准确程度,小到谈判者的个人应变能力、外交人员的见识高低、国务活动家的身体状况、国际组织内部的"走廊政治"和大大小小圈子内拿不上台面的秘密,甚至(有时消极糟糕到)取决于某些贿赂的方式及数额。原理往往是枯燥乏味的,而生活总是精彩纷呈的——这话放在国际政治的场合丝毫不为过。

其次,那些看似气宇轩昂的国际知名活动家,并非如人们想象的那样出色或者按照位置角色所要求的那样行事,很多关键时刻他们的所作所为远不是理性至上、国家利益使然。深究下去就会看到,政治人物也与常人一样有着七情六欲,有自己的长处和弱点,貌似"理性选择"的背后包含了太多非理性的考量;反过来,政治人物的很多非理性行为放到平时的生活逻辑里衡量,不过是一个人在面对复杂性、不确定性时的正常反应。说到底,大使、将军和政治家也是人,只不过比别人拥有更多的信息、助手和资源,处于决策链条的某些重要环节,承担一般人不会有的责任和压力;他们也会犯错误,也有非理性的时刻,也会处于像正常的你我一样面对困境时不知所措的状态。从这个意义上讲,人类的历史、世界的进程,有时也有偶然性。

最后,认真研判后就不难发现,在国际政治里,"小人物"从来没有缺席,他们以不同于大人物的、极富个性化和差异化的方式,同样在创造历史、推进世界进程,已经或正在改变很多外交事态或战争及和平议题。联合国秘书长、中国国家主席、美国总统当然是国际政治舞台上的主角,普通人、边缘族群在世界某个角落也在上演各自的剧情桥段,所有角色加在一起才能演出完整的剧目。各式各样的人最终构成"多种力的平行四边形之合力",也就是说每个人都有自己的作用,都对世界历史进程发挥了或大或小的影响。

实际上,人性的方方面面,包括领导人的个性和一般人的心理,对各国外交的塑造及国际政治的形成,均有着不可忽视的重要作用。国际关系看上去混沌不清、充满偶然性和不确定性的表象,很大程度上是由政治家、外交家的个性决定的;大众的情绪和传媒的介入,也使实际的过程及真实的利益容易被扭曲。人类政治关系的历史绝非被先验式地决定,更无法简单地从机械力学的角度加以评说。我们面对的是一个基于人的全部特性之上的、丰富多彩的世界。归根结底,国内政治也好,国际政治也罢,都与个体的人有关,与人的情绪和背景有关,与芸芸众生的需求及作为有关。

上述两面各有道理。对于专业学生来说,"另一面"值得注意。

二、政治人物的共性与差异

(一) 角色与个性

人的个性在什么环境和背景下会影响决策或发挥更大的作用？比较研究发现，在经济、社会越发达的国家，角色的设置越规范，制度因素的作用也越明显；在相对不发达的国家，制度约束比较软，个性容易彰显出来。

在这里，"角色"通常指的是政治系统对个人的定位，也即"职务"对个人的要求或个人处于特定职位后应当履行的义务，如合法的地位、宪法赋予的权利、职业训练养成的习惯和行为方式。举例说，在世界上多数发达国家，对常备军和军人的一条成文或不成文的戒律是，军队一般情况下只履行国防即防范外敌的使命（某些灾难性的国内情况除外，如面临大地震、水灾和社会失控的局面），军人在服役期间不参政、不干政。所以，尽管美国第二次世界大战时的著名将领麦克阿瑟位高权重，但当他与杜鲁门总统发生矛盾时，仍然免不了被革职的下场。

角色的作用在于，使人们对某个个人的行为有合理的预期，从而减少不确定的损失。仍以军队为例：一个海军将领，不管其性格和观念有何独特之处，他都会维护海军这个整体的利益，保证它在军事预算、装备购置、人才培养等方面获得他认为合理的（潜意识里是"尽量多的"）利益；而一个陆军高级指挥官，哪怕是那个海军将领的亲兄弟，也一定会强调陆军的重要性和不可或缺性，并以各种理由为自己的军种争取相应的资源和地位。假若上述情况倒过来，海军将领替陆军说话，或者陆军指挥官为海军争取预算，那么他（们）一定会被认为是不正常的，个人晋升的前景也到头了。角色的定位有助于特定岗位或职务受到专业调度和使用，也避免受到政治上司随意介入或公众在不知情时对其的干扰。

角色一般是由角色承担者所在的组织，特别是国家的政治制度决定的。较发达的国家的组织化和制度化程度较高,因此对个人担当的角色有比较明确的定位和说明,各种角色之间的分工也相对比较合理,个人在履行职责时须遵守角色应当遵守的规则,否则有可能落得失去职位的下场。发达国家的领导人很难在选举轮换的制度下长久保持特定的政治权力,政绩和口碑也将在下台后黯然失色。通常很少见到发达国家的政客长久被神化、公众对之深信不疑的情景。大众媒体的无孔不入和强力监督,也是政治角色不易脱轨的一个原因。

在不太发达的国家,社会组织多半是新建的,规模不大,也谈不上完备,缺乏结构严密的政府机构和组织程序,也缺少对个人担任公职时应当怎样做的系统说明。在这种社会中,尤其在比较封闭的国家,领导者个人的态度及好恶变得比较重要,一方面是因为当权者很少受到舆论监督和利益团体的约束,另一方面是由于欠发达社会的领导人罩有特殊光环(如传奇斗争经历)。非洲一些部落社会里的酋长或一些发展中国家的军队领导人,在本部落或本国的权柄和威严,经常超出工业化国家的同类精英。像乌干达前统治者阿明或伊拉克的萨达姆,在其国内都被很多人说成是具有非同凡响的魅力、胆量和人格的领导人。尤其是在长期执政、缺乏实质转换的条件下,政治精英特别是最高领袖的绝对权威不断被强化,有关个人的神话逐渐深植、固化。

在较发达的国家,制度化程度较高,各种规范与建制较健全,个人对制度赋予的角色义务之履行较准确,不同人的个性所起的相对作用比较有限,社会、民族和国家所承担的领袖可能之失误的冲击较小。例如,尼克松行为的失范或克林顿私生活的问题,并没有造成美国社会和经济的剧烈震荡。在这里,重心是制度,是角色和程序,是制度化和程序化的个人。与此对照,在欠发达社会,领导者个人魅力的光环较耀眼,他的所作所为产生的效果较大,实际上他的背后包含着很大的脆弱性和不稳定性,整个社会、民族和国家的命运系于一人之身。

角色与个性和个人行为不可分割,但从分类学的角度看,它们之间的差别很大。角色更多取决于职位的规则和惯例,而个性多半与本人的经历和成长环境有关。

先说角色。任何一项决策都是个人与机构相互影响、相互制约的结果。从社会过程来解释,一个国家的外交决策过程是各方讨价还价的结果。纵向地观察这类决策存在许多层次,从中央部委的干部到地方城市的市长及各级下属;横向看则存在许多相互制约的部门与单位,它们都有各自的当家人和规矩,都有各自站得住脚的理由与局部利益,很少有一家说了算、旁人不能发表意见或想法的情形。每个层次上的个人都以理性的方式行事,选择自己认为最有利的结果作为目标。最终的决策只能是多方博弈的结果,是恩格斯所说的平行四边形的合力。

从机械过程来说,决策者把过去的决定、通常做法、政府角色当成一种确定的参照物,这就是"标准操作程序"。通常情况下,各部门、各单位对过去的行为都有可供查找的档案记录,对哪些事能做、哪些事不能做有自己的规定和说明。按照"帕森斯定律",官僚机构越大,这些规定就越多、越复杂,而且决策者容易倾向于保守和自我服务,不愿意也很少有创新,其减少世界的复杂性和不确定性的办法就是墨守成规,任何情况下都"按既定方针办"。"角色取决于功能"这句话是就一般情况而言的,它可能是指一个很有个性的人在同一个岗位上没有施展才能的机会,也可能意味着同一个人在不同的岗位上由于角色的规定性能够发挥完全不同的作用。角色受职务的情况所决定,存在于东西方的各种体制下。

再看个性。研究证明,决策者表现出的事业追求或者权力欲望越强(虽然两者之间大相径庭),他们的政府在对外政策方面就越具有创新性。决策者个人的认知能力(从不同角度观察分析事物的能力)越复杂、越强大,他的政府就越具有合作性,谈判解决问题的潜力就越大。反过来讲,如果决策者的知识面十分狭窄又顽固不化,尤其对世界上的变化及看法蒙昧无知并拒绝学习,那么,他就更有可能仅仅凭借自己习惯的东西或者简单粗暴的做法,去解决一些本来需要复杂的思考和灵活的方式处理的矛盾,从而造成更大的麻烦和灾难。决策者的个性特点,如愿意承担巨大风险的倾向,对模棱两可和不确定性的容忍态度,智力水平和创造精神,自尊心和支配力,顺从性或权力欲望,事业心和对私人交往的需要等,会从不同侧面和领域影响他决策的方式和取舍的态度。

制度与决策者

政治心理学教会我们,在制度规章或角色定位看上去十分机械的逻辑后面,总有人的身影、声音或心理显现。生活告诉我们:少年得志、一帆风顺的人,往往对人生比较乐观,对前景有更高的预期;从小吃苦、出身低下的人,多半谨言慎行,遇到问题时对困难的一面有更多的思想准备。通过对很多政治家的研究也可以发现,他们平生第一次独立取得的成功——不管旁人看来成功程度如何,比如中学时竞选学生会干部,或者小学一次运动会的成绩——就像某种一旦被启动便加速运转的动力机,给他日后的努力及雄心以极大的鼓励推动,给他的从政风格打上印记,譬如说将决定这个人对日后工作的态度是主动的还是被动的,平时是乐于挑战还是厌恶麻烦,影响到他与人共事、合作和处理问题的方式。

领导人的决策并不都是"结构决定论"提示的那样,而是多少掺杂了人性、心理甚至生理因素,个性又植根于他们的早年经历或心灵影像。按道理说,思维、心理或行为异常的人,是不大可能占据领导职位,尤其是最高层的职位的,特别是在比较发达的国家。但是,从历史经验看,在异常剧烈、突发的社会和政治动乱期间,不能排除个性异常的人占据高位甚至掌握整个政权的情况出现,因为这时通常的领导人按通常的程序已无法应对异常的麻烦与问题。最典型的事例是,在20世纪二三十年代德国通货膨胀严重、失业率猛增、旧政府用传统手段不能解决社会问题之时,希特勒凭借蛊惑人心的宣传和异于常规的措施,获得了民众的信任,赢得了大选的胜利。其实,在许多国家发生危机时,都发生过类似的情况,只不过没有像"希特勒现象"那么典型,或者结果那么糟糕罢了。

《病夫治国》一书指出,丘吉尔在一战时是何等的审慎周密,注意到某些英国元帅因患有病症,其精神和身体情况严重"影响了他们的生活和荣誉,也直接影响了国家安全";然而后来他却看不到自己的衰弱,晚年出了许多"状况"。该书在分析了当代多位有头等重要性的世界政治领袖的病理和心理之后指出:这些人"对创造世界历史做出了贡献,但他们也几乎都在其生命的某个艰难时刻使国家走上一条危险的道路,某些人甚至将国家拖进可怕的灾难之中"①。如果不是这些人物的特殊成就与失误,如果他们特殊的身体状况不是那样,人们所知晓的许多历史事件可能会是另外一种样子。

(二) 政治人格的复杂性

一般从政治社会理论判别,完全仰仗某一个人的政治体制多代表旧时的治理方式,而制度化程度较高的政治较有现代气息,进化的趋向及逻辑是清楚的。不过,在理解这一定理时,不应当把它绝对化。

---

① 〔法〕皮埃尔·阿考斯、〔瑞士〕皮埃尔·朗契尼克:《病夫治国(续集)》,何逸之译,新华出版社1992年版,第5页。

即便在发达国家,领导人因个性、价值观、人格、政治风格、智力和阅历的不同,也会有不同的处事风格。个人的思考与努力,有时能超越角色、程度和制度施加的限制。一些具有特别强大支配力和灵活手腕的政治家,甚至使自己凌驾于议会制度和其他制衡手段之上,形成所谓的"民主体制下的独裁"。20世纪30年代以来的历届美国总统中,少数属于比较"自我中心"式的人物,他们有强烈的个性,敢于创新或进行政治冒险,会打破惯例的约束,有一些出人意料的"大手笔"。这方面,可以列举罗斯福"新政"、尼克松访华打开两国关系的大门等事例。多数总统属于循规蹈矩的类型,比如处于罗斯福巨大成就影响下的杜鲁门,或者在尼克松辞职的情况下仓促继任的福特。

对角色的理解和执行与个人的才智和努力是分不开的。再严格的程序和制度,也不可能不给个人留有发挥的余地,因此特别有创造力或以自我为中心的人总能想他人所不敢想、为他人所不敢为。基辛格在评价他心目中的伟人、势力均衡思想的最早倡导者和实践家、19世纪中期的德国"铁血宰相"俾斯麦时指出:俾斯麦掌权期间,各种的难题都靠其高明灵活的外交手腕得以解决;然而,他做出的复杂安排注定失败。"铁血宰相无法将其政策制度化,使德国被迫落入左右为难的外交困境中,到最后唯有靠武器竞赛,继而发动战争来获得解脱。""俾斯麦为德国设计的体制,正包含了他个人的种种癖性。在他的继任者当中,没有一个人拥有这种技巧,更别提有胆量这么做了。结果德国民主制度培养出来的国家主义,逐渐变得好战排外;同时,不能担负责任的民主成为无效的体制。"①

反过来,即使在不发达国家,在制度化程度不太高或角色定位比较模糊的地方,领导人的个性也完全可能被淹没在官僚主义文牍大海里,或者受制于利益集团的偏好,有限的政治制度化与软弱的个性杂合在一起,令有创造力、有个性的改革派政治人物感到沮丧。平庸在这里不仅是说领导

---

① 〔美〕亨利·基辛格:《大外交》,顾淑馨、林添贵译,海南出版社1998年版,第114—115页。

者个人的不作为、低效能,也是指国家无章可循、无法可依。制度建设的不完备、科层分化的不充分和角色诠释的不到位,加上政治文化的不鼓励和政治精英的小集团私利作祟,使有棱角的领导者最终被各种"钝器"磨平。除非一场改变传统的激进运动到来,或者政治高层内部换代时出现异动,否则这种局面会一直延续下去。

(三) 理论意义

通过考察世界各国的不同情况,我们发现,角色规定比较严格、科层分化与组织相对完善的那些地方,通常是比较发达的国家,政治人物的社会动员能力比较有限,使用资源解决重大危机和国际事件时受到的法律限制比较多,权力制衡现象明显。这种政体的优势是公民个体权利和社会自主性得到不受政治权威侵蚀的更多保障,经济上的产权、物权都有宪法和司法过程的严格保证。澳大利亚政府在2020年年初前后应对严重山火肆虐方面的迟缓与失职,是发达国家面对重大国家危机时暴露的治理赤字的典型事例,是政治人物难有强势作用的一种体现;而撇开上述特殊事态不论,这个国家平时是国际公认的一个比较开放和宜居的地方,是公民权和国家声誉得到较充分保障的发达社会。

反过来,另外一类国家,即那些政治强人当权、内部缺乏权力制衡的威权主义体制国家,如土耳其、俄罗斯,角色和制度的规定要么比较不明确,要么属于软约束,这些地方的社会动员能力反而更加强大,资源调动更加快捷,解决短期重大挑战(比如应对外敌和对外宣战)的效率可能更高。但从中长期进程评估,这类政体鼓励社会自主和公民创新的偏好较弱,宪法规定的一些政治自由和公民个人权利容易流于形式。

所以,做出高下或优劣评价的关键在于,评价者的重点何在,目标偏好是什么,哪些追求被赋予了更大的价值,以及怎样使用资源、如何呈现排列组合的顺序。国际政治理论家的工作,正是根据不同的兴趣和喜好,借助手中的工具与信息,对看上去完全相同的样本,得出大相径庭的结论。建议读者在解读角色与个性在不同国家、不同区域的作用差异时,注意情况的复杂性,避免大而化之、笼而统之,尽量理解即使是专家权威也无法发现"唯一的真理"。

三、决策者的代际差别

代际差别是观察和评估各国"大人物"的政策及个性差异的另一扇窗口。

以外交家为例。虽然说过去和现在各国所派大使都是国家元首的正式代表,但不同时代大使的使命和特点很不一样。

中世纪欧洲的大使(也叫"圣使")基本上是一个传话人,他只是背诵君主要求他说的话。其外交生活的全部构成,似乎就是典礼仪式、宫廷盛会、庆祝剪彩和各种招待会等奢华活动。大使更多的是代表一种礼仪、一种象征。可以说,最早的外交家从事的是一种奢华的、小规模的、没有个性的事务。在旧式的国际政治里,外交事务从一开始便是少数权势者的专利,外交圈子完全是高贵身份者的排他性俱乐部。从信息获取到决策过程,不仅普通百姓不可望不可即,连非外交领域的专业人士和政治家也难有作为。

到了近代,在18—19世纪列强争锋的欧洲和"势力均衡"的创造者中,外交家成为真正的国务活动家和战略师。众所周知,面对神圣罗马帝国的崩溃和教皇权势的式微,欧洲的少数大国及其政治人物开展了争夺势力范围的角逐。例如,法国的路易十四、德国的威廉一世、俄罗斯的沙皇亚历山大一世、奥地利首相梅特涅,尤其是拿破仑三世和"铁血宰相"俾斯麦等,推行了强权外交,缔造了强势的欧洲,创造了各自的外交理念。外交成为少数强权者和所谓智慧人物的"小圈子内的交易",国家间事务绝不是什么可以公开谈论和探讨的东西,而是那种真正属于在密室策划、"穿梭访问"的结果。外交更像是一门复杂艺术。

第八章　个人与国际政治

20 世纪,尤其是第二次世界大战结束以后的外交与国际关系,又有了重大变化。现在的外交从程序上看更加细密与科层化,从涉及领域上讲更加广泛与多元;外交不像从前那样是一种纯粹个人的密室谋划,而是更加程序化的事务;外交人员更加专业化,外交官是年轻人追求的显赫职业。现在的外交过程出现了民主化趋势。外交事务也从少数人的专利,变成了信息化时代更多普通人关注和多种行为体加入的事务。经济全球化也影响了外交的功能。对于很多国家的外交官来说,以往各种礼宾活动和保障国家领导人的会面,是他们最重要的使命,而现在招商引资、服务国内经济建设成为其主要的工作。

无数事例证明,外交也有它的"年轮",这种"年轮"直接受制于人的代际差别。代际差别制约着人的个性,在一定程度上,它也使国际政治产生了"代沟"。人与人是不同的,不仅不同年龄的人之间有个性与观念上的区别,就是同龄人之间也存在差别,这种差别有时会形成人们通常讲的"代沟"。在外交事务与国际关系上,"代沟"可能预示着新的转型与重大变化,反映着不同时代的特点与趋势。一般而言,20 世纪的外交家与旧式的外交家(如 18 世纪、19 世纪的那些大人物),有着多种微妙的、程度不等的区别:前者更多受程序、角色与庞大官僚制度的制约,后者多半以国务活动家的身份施展个人才华,"将在外,君命有所不受";前者更多受到信息时代公众、舆论或利益集团的更大影响(以选票语言和院外游说方式表现出来),而后者属于君主专制时代的大权在握者,不太受各种利益团体的羁绊。

这里涉及对"一代人"的界定。所谓"一代人",在个性与心理特点上至少有这样一些共性:

首先,他们代表着一种政治上的共生代,这种共生代虽与年龄有关,但和自然年龄并不完全重合。列宁与斯大林的交接属于同代人的更替,而斯大林与赫鲁晓夫之间的更迭则是两代人之间的更替;叶利钦属于与他年龄相仿的那一代苏联政治领袖中的"叛逆者",同时可以算作普京等新一代俄罗斯政治家行列中的"老兵"。

其次,他们的历史经历,包括幼年和青少年时期的阅历,以及政治上、业务上成功或失败的经历,对于其个性、心理的形成至关重要。所谓"代内群体症状",是指他们阅历上的共性,即他们政治上或业务上的成功与受挫的雷同,也(相应地)指他们的世界观、价值观和政策观上的相似。这是一个综合社会学、心理学、政治学及意识形态发生学等多门学科才能评估的现象。

最后,一代人与另一代人之间的分歧,主要体现在社会骨干之间的差异上,是社会精英制度演进中的里程碑,是整个政治制度与国际背景变化中的参照系。因此,考察一代人与另一代人之间的连续性与非连续性,解读异同出现的方式及其根源,不仅对于了解作为精英的这些人的思想与政策十分必要,而且对于了解精英赖以存在的制度背景和文化背景是很有助益的。每一代人背后都有一大串相互联系又相互制约的制度性、结构性、政策性的因素在起作用,都可以发现不同的社会风气、不同的政治体制和不同的经济背景,当然还有不同的外部环境与条件。

代际传承

研究发现,发展中国家政治上的进展主要是以制度化程度来衡量的,而制度化程度的具体衡量标准之一是政治组织领导层的换代速度。亨廷顿提出:"只要创建组织的第一代领袖还在掌权,只要最初遵循程序的那些人还在循规蹈矩,该组织的适应性就值得怀疑。一个组织越是能够不时地克服和平接班的问题,领导层越是能够不断更新,其制度化的程度就越高。"[1]一个组织的领导层可能换人不换代。同一代领导人内部相互取代(例如为了克服接班危机时就这么做),能在制度的适应性上有所作为,但这比起前后两代领导人的更替,即一班人被另一班具有明显不同的组织经验的人所取代,意义就不怎么明显。

值得注意的是,组织制度与组织者个人适应变革的能力也有差别。一般地讲,组织制度常常是为了履行某些具体职能而创建的。当组织面临变化的环境时,它若想生存和发展,继续充当导航的角色,就必须减弱它对最初职责的承诺。当组织趋于成熟时,它会不拘泥于现有的一切。个人情况刚好相反。一个人在从幼年到青年的成长过程中,通常对特定的职责不做肯定的承诺。当一个人越来越感到自己负有履行某些特定职责的义务时,就会发现,要改变这些职责和忘却自己业已掌握的对付环境变化的手段,放弃某些其已习惯和喜欢的既得利益,也越来越困难。

代际与年轮的学说能帮助我们加深对政治内幕和决策者个性形成的了解。

四、人的理性与非理性

人们常说:"现在的国际格局变得越来越不稳定和难以捉摸。"苏联解体、冷战结束、"9·11"事件、全球金融危机等,这些影响世界历史的重大事件发生前几乎毫无征兆和预警。其实,何止是现在,过去、将来对国际政治

---

[1] 〔美〕塞缪尔·P. 亨廷顿:《变化社会中的政治秩序》,王冠华、刘为等译,生活·读书·新知三联书店1989年版,第13—14页。

都没有也不会有自然科学一般的精准预测。究其原因,还是人性在"作祟",是由人组成的政治和社会生活的本质在起作用。人的世界与物理世界和一般生物界毕竟有别。国际政治有它自己的系统,国际政治也可以表现为所谓的"单元-结构",但国际政治归根到底是由人来进行的,人的本性和情绪都可能潜移默化地影响国际政治的事态和进程。无论把物理学和国际政治学做怎样的类比,后者所研究的对象的丰富多样性都是再好的自然科学家和系统论也无法概括的。

以牛顿的思维方式为代表的现代物理的世界确实是某种"理性之体现",但人的世界就不那么简单了。人可以"理性地"改造自然,却未必能够同样理性地对待自己,包括理性地预测个人的命运和处理相互间的关系。正如世人所知,爱因斯坦对人的科技成就与人类弱点的复杂关系,始终存有一种悲观主义的观点。这位发明了广义相对论、极具智慧和良知的学者,在经历了人类历史上特别悲惨的时期,即法西斯主义、排犹主义和两次世界大战之后,到晚年时感觉到,所谓人的理性,在特定的时候和环境下,也可能是最不理性的,因为人类用科学思想和方法创造出来的原子弹及其他手段,可以从根本上毁灭人类自身和整个地球。爱因斯坦指的当然是人的理性之异化,但不能否认的是,看上去不断演进的人类理性,确实含有深层次的内在矛盾。人作为一种物种,似乎变得越来越聪明和有创造性,但与此同时人性的复杂性,包括情感个性、善恶动机和非理性等,却往往不受人自己的控制,会造成有时积极而有时非常消极的结果。

尤其在国际政治里,个人的存在看上去似乎不重要,但实际上国家的行为完全是由那些有复杂情感和理智的人所决定的。在分析国际政治时,必须把国家行为作为人的行为的结果加以考虑。在国际政治里,个人的行为出于不同的原因表现出高度的不可预见性。这种不可预见性,或者说历史上意外事件的发生(偶然性),其根源在于个人的能动性和非理性,在于国际政治生活中千千万万个人所扮演的角色之千差万别。可以说,没有这种奇异性和差异性,就没有复杂性与偶然性,国际政治也就不会存在。

知道了这些,我们就能明白历史进程同样包含人的有意识的努力,具体的事态中包含着人的理性和计算,许多事情的发生恰如人所预料的那样,规律存在于相当多的事态和进程中。我们之所以重视历史偶然性的一面,是因为这种偶然性也是历史的重要部分。

国际政治的"偶然性"

很多看似"非理性"的时刻,其实有它内在的合理性。英国政治学家格雷厄姆·沃拉斯曾经仔细分析过他所说的"政治中的非理性推理"现象。他发现,"人总是按照对本身利益的明智见解行事"的假设,是与一般人的政治和经济思维习惯紧密交织在一起的。这个假设又可以分成两个独立的假定:第一,人总是按照对达到一个预定目的的最佳手段的推理行事的;第二,一切推理都是同一类型,由同一"论证"过程产生的。然而,事实和分析都有力地证明,这两个假设是有问题的。首先,人并不总是按照对目的和手段的推理而行事。在政治中,像在日常生活中一样,人往往在感情和本能的直接刺激下行事,其感情和兴趣可能与正式的口号和要求大相径庭,或者说,与政治家通过"理性分析和引导"得出的东西针锋相对。"政治冲动不仅是对手段和目的进行考虑后所做出的理智推理,而且是先于个人的思想和经验、尽管为思想和经验所修正的意向。只要留意一下诸如个人喜爱、恐惧、嘲笑、财产欲等冲动在政治中的作用,就可以明白了。"①

人们确实总在对他们的政治行为的结果做出判别,但这种判别很难说是一种传统意义上的"理性推理"。虽然心理学小册子上讲得似乎明明白白,但真的要去追究,却不是一件易事。人的头脑就像一把竖琴,所有的琴弦都一齐震动;因此,感情、冲动、推理尤其是被称为理性推理的那种特殊的推理,往往都是由单独一种心理体验的许多同时发生的、互相混合的方面而形成,它们是如此复杂地混合在一起,以致常常很难断定这一连串的意识状态是称为感情还是推理更为合适。即使当一个人的思想明显属于推理类型时,也不一定能够说清楚它的每个步骤到底是不是由一个明确的目的所控制,哪一步算本能、哪一步算推理。许多推理就像它们所伴随和改变的准本能冲动,是在人们不做有意识努力的时候发生的。

这方面的例子不胜枚举:比如,某个很有心计的人,会在冗长会议的最后阶段,趁大家难以集中精力之时倡议通过某项在通常考虑下很难通过的决议。政客在群众大会上以高谈阔论吸引听众也是一例,不论是否真的负责任或符合"理性考虑",激昂的言辞和许诺对现场听众总是特别有用。很多时候人的理性与非理性、形而上与形而下,只有相对的区别,这种区别更多的不是存在于现实中,而是存在于分析者的脑海里。所以,我们在判断问题时要留有一点余地,不要把任何个人的作用神秘化。

通常的看法是,社会的变迁或民族的兴衰乃至个人的遭遇,均由某种"历史命运"所决定,大人物扮演着主宰一切的角色。这种看法并非没有道理。问题是,当人们说起这种观点时,往往把自己排除在外,把责任推给历史,把重担托付给当权者,把政治看成某种既不可知又不可参与的东西。这是不恰当的。任何个体的人,大人物或小人物,政治家或老百姓,都在受历史支配并支配着历史,都在被历史创造并创造着历史。他们的区别仅

---

① 〔英〕格雷厄姆·沃拉斯:《政治中的人性》,朱曾汶译,商务印书馆2009年版,第4页。

仅在于扮演着不同的角色,站在不同的位置,产生不同的影响。有的时候,看上去"很理性"的政治人物,其言行可能受到非常偶然因素的驱动,而看上去"不理性"的大众言行,其广泛的存在和持续的影响可能具有真正的合理性。

五、小人物与大历史

最后,了解一下个人与国际政治关系的一个独特视角:小人物如何缔造大历史。

(一) 从《非凡小人物》[①]一书说起

享誉国际史学界的当代英国马克思主义理论大师霍布斯鲍姆,在一部名为《非凡小人物》的重要作品里,专门讨论了对国际关系产生深远影响、影响世界历史的"小人物"。他列举的这些人几乎都是默默无闻的小人物、普通人甚至是下层阶级,与那些地位显赫、手握大权、高居媒体新闻榜首、无人不知无人不晓的大人物形成了鲜明的对照;"除了他们的家人和街坊邻居以外,他们的名字不被人知晓,即使是在现代国家,那些登记出生、结婚、死亡的政府机关也没有他们的资料"[②]。小人物虽占了人类的绝大多数,却始终被有意无意地放置在边缘位置,历史学家和大众传媒的争辩从来不论及这类人群。

但恰恰是这些不起眼的小人物,创造了近现代宏观世界的重要线索与进程,留下了深刻的历史烙印。例如,中世纪意大利那些点燃革命思想火种的走街串巷且见多识广的鞋匠,17—18世纪前后英国出现的那些抗议资本家、反对采用新机器、激发劳工运动和工人阶级意识的女工,国际劳动节的事实缔造者、1886年5月1日在美国芝加哥举行大罢工的那些工

---

① 参见〔英〕艾瑞克·霍布斯鲍姆:《非凡小人物:反对、造反及爵士乐》,蔡宜刚译,社会科学文献出版社2015年版。
② 同上书,第3页。

人,近代欧洲史上抗议资本圈地运动、实施占领土地行动的那些农民,20世纪50—60年代英勇顽强抵抗法国殖民当局和美国大兵侵略的那些"越南胡志明游击队员",1968年春夏之际法国巴黎街头呼喊激进口号、宣扬性解放、反对帝国主义战争和殖民体系的那些年轻艺术家、作家、教师和学生,被称作创作"劳工语言"和"人民的摇摆乐"的那些欧美爵士乐乐手。

霍布斯鲍姆给了我们三个重要的启示:第一,国际政治的历史篇章绝非权贵人物的书写专利,它同样也包含着劳动人民和知识分子的创造;第二,中下阶层推动历史进步的那些贡献有着与权势阶级不同的特点——代表了受压迫者和弱势群体的心声,体现出对暴力、强权和资本的抗争,不断修正欠公正的政治经济和社会文化天平;第三,小人物虽有这样那样的局限,但不妨碍其获得应有的评价,他们不应缺位于国际政治的教科书。

(二)诺贝尔奖得主背后的争议

从诺贝尔奖授予后的影响考察,也能看出小人物对大世界、大历史的塑造与冲击。

众所周知,诺贝尔和平奖自20世纪初设立以来,一直是国际政治里最有影响力的奖项。在获奖者或机构中间,有一些是众望所归的政治家或国际组织,比如主持以色列和巴勒斯坦和平谈判的拉宾、佩雷斯和阿拉法特,新南非"国父"曼德拉,又如国际红十字会、联合国难民署和维持和平部队等。但是,也有不少充满争议甚至使国家间外交关系紧张的获奖者。其中多半是所在国政府对其极不满的人物,其获奖理由让这些国家深感尴尬甚至愤怒。例如,20世纪90年代因倡导在全球范围内禁止生产、销售和使用地雷而获奖的美国威廉姆斯女士,那一届获奖决定宣布后美国国防部大为震怒,时任美国总统克林顿拒绝对她表示祝贺;1958年苏联政府拒绝让苏联作家帕斯捷尔纳克接受诺贝尔文学奖及参加颁奖典礼,理由是获奖作品《日瓦戈医生》"抹黑了伟大的苏联祖国"。

再来看看亚洲地区的诺贝尔和平奖得主。这些获奖者中一部分属于政治家(如越南政治家黎德寿、日本政治家佐藤荣作、韩国政治家金大中、东帝汶第二任总统奥尔塔,以及上面提到的巴以和谈的几位重要代表等);也有相当一部分是曾经无足轻重的小人物(如因呼吁女性受教育权利而遭塔利班组织枪击的巴基斯坦女孩马拉拉、伊朗女性律师和人权活动者艾芭迪等),他们曾经或至今仍面临重重压力,开展活动时步履艰难。

这里介绍的重点在于强调小人物也可能推动宏观层面的变化,而且经常是以不同于政府立场和整体利益的方式显现出来的。一旦特殊事态火种点燃或诱发大的事态,世界政治、国际关系及外交进程就会出现波动反响,不管是积极的还是消极的,最终会留下历史印记。这种故事不绝于史书,只是传统的教材或官方新闻鲜有提及。

从长远和宽广的国际关系叙述,可以认为,"人"字正在逐渐放大,个人正在变成国际政治的主体部分之一,曾经长久蒙上神秘面纱的人性、情感、个体、心理之类的元素,正在进入教材和课堂。国际法和政治学必然充实这方面的解说,必须重新界定各种规范、法理的边界。国家依然是主要的、具有根基性质的主权体,但作为国家代表的政府不得不学会思考和应对新的现实。国际政治的诠释对象应当包含生动鲜活的人,而不是停留在国家间的博弈与合作上,不应仅限于抽象的定理或旧式的结构。

思考题

1. 为什么说国际关系也是人的关系?
2. 如何看待不同代际的领袖之差别?
3. 小人物能否改变国际政治的历史?

推荐阅读

1. 〔英〕格雷厄姆·沃拉斯:《政治中的人性》,朱曾汶译,商务印书馆2009年版。
2. 〔法〕皮埃尔·阿考斯、〔瑞士〕皮埃尔·朗契尼克:《病夫治国》,何逸之译,新华出版社1981年版;〔法〕皮埃尔·阿考斯、〔瑞士〕皮埃尔·朗契尼克:《病夫治国(续集)》,何逸之译,新华出版社1992年版。
3. 〔英〕艾瑞克·霍布斯鲍姆:《非凡小人物:反对、造反及爵士乐》,蔡宜刚译,社会科学文献出版社2015年版。

非政府组织

第九章

本章要点

1. 非政府组织是指非官方、非营利的社会组织或机构,冷战结束以后逐渐变得活跃,要学会从国际关系的视角理解此概念。
2. 非政府组织的形态和功能多样,作用和影响极其复杂,没有单一的衡量尺度。
3. 非政府组织是社会世界的组成部分,是国家政府和跨国公司之外的第三种国际力量。

一、问题的提出

本书为什么专辟一章讨论非政府组织（Non-Governmental Organizations, NGO）？

第一是基于它的重要性。从全球动向观察，最近几十年的一个显著现象是，继国家、跨国公司之后，各种非政府组织逐渐崛起，成为国际政治里的第三种大的力量。它几乎无处不在：任何国家、任何大陆都有它的活动轨迹，任何领域的重大实际问题都有它的声音。从1945年6月在美国旧金山签署的《联合国宪章》第71条最早使用这一概念算起，"非政府组织"成为国际议程组成部分的历史已经超过四分之三个世纪，成为与联合国这个最大最重要的政府间国际组织平行的一种存在。非政府组织的组织形态、追求目标、活动方式既不同于各国政府和官方机构，也有别于商业银行和跨国公司，但是总体上可以产生同样广泛而重大的后果，同样塑造了国际交往的内涵和国际发展的前景。

第二是由于它的复杂性。说它复杂，其一是由于非政府组织的构成极其多样，彼此间也经常出现摩擦，令人很难看清它的全貌，从而得出准确全面的结论。其二，它与联合国和各国政府的关系错综复杂，联合国对多数非政府组织持鼓励立场，各国政府则大相径庭。一些国家政府对它的支持与另一些国家官方机构对它的封杀形成鲜明对照。其三，它不如政府机构或跨国企业那样成形和可预期，一些非政府组织在不断调整自己的方式，也有自愿加入的成员不断退出。其四，学界对非政府组织的研究遵循着不同的方向，譬如政治学家更关注非政府组织给政府带来哪些挑战，社会学家则强调其在社会自组织过程中的意义。

第三是因为中国公众对非政府组织知之甚少。尽管我国的非政府组织在数量上可能位居全球前列，但对它的讨论、研究和管理、规划比不上发达国家的水平，甚至弱于某些发展中的大国（如印度）。很多国人把它看成一种不得已的存在，一种拾遗补阙的"边角料"，一种可能带来负面效应的组织。从国际范围考察,中国的非政府组织鲜有自己的声音,在国际政治中的影响力较弱。从学术研究的角度分析,对非政府组织的讨论亦有一定的敏感性,对它的分析追踪有很高的政治和学术能力要求。

多方考虑评估之后,本书还是决定把非政府组织问题纳入进来。国际非政府组织是世界范围内不断增强的第三种力量,中国正在崛起为全球范围的负责任大国。年轻一代的中国学生及读者理应掌握这方面的知识。

二、历史演进:联合国的赋权

关于国际范围内非政府组织的起源,没有统一的答案。最早产生影响的国际非政府组织,可能是 1863 年在日内瓦创建的红十字国际委员会。19 世纪中期到 20 世纪初期,西欧、北美诞生了世界范围内最早的政府间国际组织和非政府组织,作为现代西方文明的产物和国际交往方式,一批跨国性非政府组织、运动和思潮兴起,并逐步向世界其他地区扩展。这里面有国际奥林匹克运动、万国博览会、万国邮政联盟、国际劳工组织、国际妇女同盟等。它与近代西方资本主义的工业革命和对外扩张紧密联系。文化软实力跟随军事、经济方面的硬实力而增强。综合实力的扩张带来全方位的制度扩散。

第一次世界大战之后欧美地区出现了"国联",国际法的作用有所增强,各国间的贸易联系得到扩大,相伴出现了更多的国际非政府组织。第二次世界大战的结束和联合国的诞生,是非政府组织成长的一个大的加速器:国际组织、国际法、国际交往有了几何级数的增加,国际非政府组织迅速增长。1945 年通过的《联合国宪章》,明确授权联合国下属的"经济及社会理事会得采取适当办法,俾与各种非政府组织会商有关于本理事会职权范围内之事件"。1952 年联合国经社理事会的决议明确提出,"凡不是根据政府间协议建立的国际组织都可被看作非政府组织"。到 1968 年,在经社理事会通过的 1296 号决议中,规定了联合国同非政府组织关系的法律框架,允许非政府组织在联合国经社理事会及联合国体系的其他机构里获得咨商地位。经社理事会还下设有非政府组织委员会,负责审核接纳各种非政府组织的申请。

20世纪70年代至90年代,受到联合国认可的国际非政府组织获得了更多机会。根据经社理事会的要求,获得联合国咨商地位和观察员身份的国际非政府组织,应当通过经社理事会的注册和书面陈述等程序,应当使本组织的宗旨及活动符合《联合国宪章》及各项重大准则的要求,应当支持联合国及相关机构的工作,而且要有一定的代表性和国际性,内部运作采取民主决策机制,保持必要的透明度,包括使资金来源透明公开,定期报告本组织的活动,加强同类性质的组织与个人之间的对话合作等。联合国体系内的机构,有些设有专门处理与非政府组织有关事务的部门,如联合国教科文组织下设有国际非政府组织大会;有些与非政府组织保持密切的联系与合作,如联合国难民事务高级专员办事处与国际救援组织联盟或国际志愿服务协调委员会之间,联合国环境规划署与世界自然保护联盟之间,都有联系与合作。

很多重要的国际非政府组织,围绕联合国体系的一些重大议题和高级别会议,建立起了平行的非政府组织国际论坛及相应的活动,如1972斯德哥尔摩举办联合国人类环境会议期间的会边活动,与1992年里约热内卢举办联合国环境与发展会议同时举办的环球论坛,1995年北京举办世界妇女大会期间各种非政府组织的参与,最近十余年围绕哥本哈根世界气候大会和《巴黎协定》涌现出的国际非政府组织的倡议。经过半个多世纪的发展,联合国系统下的政府间组织与非政府组织,在重大全球性问题的应对方面,已形成难以分割的全球治理共生形态。据不完全统计,截至2018年9月,已有5000多个非政府组织在联合国经社理事会享有正式的咨商地位。

总之,国际非政府组织在第二次世界大战后获得长足发展,它的地位与性质得到联合国的认可与赋权。其性质和作用的合法性也由此获得:一是全球各个层面及地域的社会组织由旨趣相同的人们共同推动,具有志愿性和非营利性;二是提供各种服务,特别是发挥人道主义作用,充当国际危机的早期预警器,提供专门知识,帮助履行国际协议;三是监督政策执行,向联合国、国际社会和有关国家政府反映公民关心的问题,充当官方与企业之外的重要沟通渠道和缓解矛盾平台。无论各种国际非政府组织的使命、功能、资源、方式有何差别,所有这些组织均要与《联合国宪章》的基本精神保持一致,即维护国际和平与安全;发展国家间以尊重各国人民平等权利及自决原则为基础的友好关系;进行国际合作,以解决国际经济、社会、文化和人道主义性质的问题,促进对全人类的人权和基本自由的尊重。

三、不同的形态与特点

非政府组织有不同的形态,在它的基础上伴生出其他许多概念,如:

国际非政府组织(INGO),比如国际关怀组织(CARE International),这是一个成立于1945年,总部设在德国的国际人道主义救援机构。

国际宗教非政府组织(RINGO),这类组织多半从事特定教会社区的救济服务和信息传递工作。

环保非政府组织(ENGO),比如,成立于1961年的世界自然基金会(WWF),其总部设在瑞士,是一个致力于保护世界生物多样性及其生存环境的全球非政府组织。

由政府运行的非政府组织(GoNGO),主要分布在国际经济、文化教育、卫生保健、科学技术、人道主义救助等领域。它们中部分直接受邀参加联合国系统召开的会议,部分被允许在联合国召集国际会议的同一时间和同一地点举行同样议题的非政府组织国际论坛。

半自治非政府组织(QUANGO),比如国际标准化组织(ISO),它由100多个国家和地区的标准化团体共同组成。

不论是什么样的性质与功能,非政府组织都具备下述特征:第一,它必须有某种组织形态,处于政府机构与市场企业之间的位置,作为现代社会结构分化的产物,是社会自组织的方式。第二,它必须是非营利性质的组织,无营利或分红之类的活动,组织费用来自成员的会费或社会方向的志愿捐赠。第三,它必须是民间性的组织,是独立于政府体系之外的社会组织。这也意味着它不是自上而下的官僚机构,不具备排他式的垄断权力。第四,它必须具有志愿性,组织的成员并非受到外在强制力而加入,而是秉持志愿精神自愿参加。第五,它必须具有公益性,服务社会也依靠社会,吸纳社会资源并用于社会福祉。

非政府组织内涵丰富,体现出社会世界的多样性:

- 有的非政府组织是全球性的,如大赦国际、国际劳工组织,其组织网络覆盖各大洲,其成员的肤色、语言虽不同却保持了高度的信息沟通和相互间的团结,此处发生一件事情,马上能在彼处得到呼应,成员之间跨洋越海提供各种援助;有的非政府组织是地区性或次区域性的,如亚太旅游协会,主要注意力放在本区域内部的相关事务上。

- 有的非政府组织政治色彩十分浓厚,有明确的政治理念和纲领,如某些人权组织、保护少数弱势群体的组织;有的非政府组织则纯粹是专业人员和技术精英的俱乐部,每年仅以学术年会的方式聚首。

- 有的非政府组织人数众多、声势浩大,经常出现在国际政治画面的中心位置,如绿色和平组织及各种反核运动、保护妇女儿童的组织;有的仅仅表达少数人的偏好和追求,如保护稀有动植物的专门机构,或者为同性恋者和艾滋病人争取平等权利的组织。

- 有的非政府组织同联合国和各国政府保持着良好的合作关系,如一些体育组织、文艺组织;有的则与官方机构对立对抗,如分离主义组织、恐怖主义组织、政治反对派联盟等。

- 有的非政府组织财政来源丰富、组织网络遍布全球,比如,世界自然基金会和绿色和平组织,有自己的直升机、运输船、办公基地和下级网络;而有的非政府组织入不敷出,靠着不稳定的赞助和课题维持有限的活动。

非政府组织是非官方的、非营利的组织或机构,它们与政府部门和纯商业组织通常保持一定的距离,多半有自己的兴趣或专业,有相对独立的利益和主张,往往围绕特定的领域或问题结成团体。更重要的是,它们经常代表着社会部分人群或阶层的要求。不同的非政府组织,诉求差异巨大。就国际政治中的非政府组织而言,它们的出现和发展与全球化进程,尤其是全球性挑战的形成联系在一起。由于全球日益增长的经济相互依赖关系、技术工艺对社会生活的渗透、国界的传统作用的下降等,人们面临的许多问题(如环境污染、人口爆炸、毒品泛滥等)越来越严重并具有整体性,单一政府的控制和处理能力减弱,在这种情况下,以专门领域或问题为研究或处置对象的各种非政府组织,有了施展才能的空间。

不论组织大小、范围广狭,总起来看,各种非政府组织在世界政治中扮演了越来越活跃的角色。除了政府代表团之外,在会场内外见到越来越多非政府组织的不同面孔。一些国家的官方代表团里也有部分非政府组织成员。有些小国由于无力负担参加国际会议的费用,常常委托某些非政府组织的代表作为其临时代言人。有时,政府官员不得不在联合国的某些场合接受非政府组织的质疑;有时,国际组织的会议是由非政府组织成员主持的,他们对议题以及会议成果文件的掌握,影响了会议的方向。

这里也对中国的情况略做介绍。与很多发展中国家相似,中国的非政府组织起步较晚,近年呈现逐步发展的趋势。从中华人民共和国成立直到改革开放之前,由于政治上的原因,民间组织和社会自组织的活动是不受鼓励并受到较多限制的。改革开放后,随着中国与外部世界交往的增多,也因为自身社会的进步和多元化发展,对民间团体的管束逐渐放松。从20世纪90年代以来,随着一些重大国际会议、赛事和活动在中国的举办,以及国内面临的重大灾害防治和社会治理需求增多,各种社会组织逐渐涌现。众所周知,1995年世界妇女大会在北京举办就是一个大的契机,NGO的概念由那时起进入中国学界、媒体和公众的视野。2008年汶川地震后有大批志愿者和民间组织(包括海内外的很多非政府救援组织在内)奔赴救灾一线;同年北京奥运会的举办也加快了诸多民间团体和社会组织参与志愿服务、做出贡献的进程,故那一年也被很多国内外媒体称为中国的"NGO元年"。最近十余年随着中国国际化进程的加快,特别是国力提升,使各类新型的社会团体、社区组织、民办非企业单位、国际交往领域的智库和基金会等呈现出迅速扩张、全领域覆盖的局面。

汶川地震中的救援组织

中国的非政府组织有如下主要特点：一是各类社会组织，须经民政部注册备案、由各级政府的相关主管部门协调管理；二是主要活动集中在保护生态环境、扶贫救济开发及对残疾人的扶助、促进妇女儿童和老少边区的地位提升、扩大文化教育卫生和科研事业单位的国际交往以及建设中国特色新型智库等五大领域；三是名称通常叫作民间团体或社会组织，较少使用"非政府组织"的说法；四是对这类组织的管理、引导、法规建设等工作均处在初级阶段，仍存在很多不成熟、不完善之处；五是对国外非政府组织进入中国的审查比较严格，注册登记须通过政府有关部门的审核批准，而国内民间团体和社会组织进入国际社会的渠道有限，与国外同行的交流不多，因而中国在世界政治和外交舞台上这方面的声音较弱；六是从发展前景观察，联合国名下正式注册的各种国际非政府组织咨商地位的不断提高，也促使中国有关部门开始重视中国民间团体和社会组织申请联合国咨商地位的工作，海外华人华侨和留学生这方面的参与需求也在增强，特别是随着中国与世界关系的不断调整、中国人对人类命运共同体及本身责任的重视，中国非政府组织实现大发展的前景可期。

四、崛起中的第三种力量

非政府组织与各国政府之间存在着复杂的关系。在某些情况下,人们见到的是互相依赖和加强的关系:由于非政府组织的非营利性质,其资金来源仅仅依靠志愿者的捐助或企业及民间的赞助是不够的,这样是没有保障和不可持续的,因此很多时候该类组织不得不依赖政府和官方机构的经费支持;鉴于这些组织的广泛社会基础、联系网络和信誉,政府在开展工作时也需要它们的配合。而在另外一些场合,两者之间存在摩擦甚至对抗。一般说来,非政府组织与各国政府之间存在一种天然的竞争关系,都在争取大众,目标却不尽相同。

非政府组织由于群众基础广、运营成本低、渠道多、专业化强等优势,常能替政府完成许多后者难以做到的工作。比如,一些教育领域的非政府组织专门在缺少官方网络的偏僻地区传播科学知识,帮助落后地区的民众改善认知结构。一些医疗卫生领域的非政府组织专门在战火纷飞的前线从事救死扶伤的事业。一些动物保护方面的非政府组织通过其众多志愿者的努力,发现并保护了许多珍稀物种。在多数发达国家,居民社区内的许多工作(包括照料幼儿、保护环境甚至维护当地治安等),是由一些非政府组织的社会工作者(social worker)完成的。这类非政府组织的存在帮助政府改进了服务和管理,起到了拾遗补阙的作用。政府多半把它们视为某种伙伴或同盟。得到政府支持的非政府组织往往比较容易产生工作效果,利于自身的生存和扩展。从另一方面来看,政府对非政府组织的支持,弥补了某些治理空白,加强了自身执政的基础。

当然,人们也经常能听到非政府组织同政府发生冲突的事例。这种冲突是会自然出现的。非政府组织既不以全社会或国家民族的代言人自居,也不依从许多世俗惯例,有的非政府组织甚至天然站在政府的对立面或是政府的批评人。而政府通常代表——至少它声称代表——社会多数成员的利益和要求,在国际外交上更以全民族利益为压倒一切的目标,它本能地要拒绝少数成员或阶层的偏好,更不用说那些反对现行政策的批评或倡议了。一个是以全民族的要求和利益为合法性基础的民族国家(及其政府),一个是以某些阶层/集团或社会部分成员的要求和利益为存在根据的非政府组织,二者的覆盖面是不一样的。从全球范围观察,二者发生冲突的情景,多出现在比较敏感的高阶政治领域,如国家安全、民族宗教事务、政治体制改革等。近几年反全球化运动的崛起,成为国际关系中一个引人注目的现象。全球化过程实际上也是诸多非政府组织存在的推动力。从反对国际货币基金组织和世界银行等国际金融机构"追随美国的政策",到抗议各国政府对经济资源的过度开发给地球环境造成的破坏,直至批评跨国公司剥削劳工的行为——这些行为反映出反全球化组织保护少数和弱势团体的追求,也使它们站到政府和主流派的对立面。

绿色和平组织阻止日本捕鲸船猎杀鲸

通常,只要非政府组织的活动不逾越政府事先设立的警戒线,各国政府往往对非政府组织采取息事宁人的态度;一旦非政府组织"越轨",甚至直接向政治当局提出挑战,它们在现有环境中立命安身的权利便丧失殆尽。在这些领域,政府和非政府组织的确存在此消彼长、相互制约的关系。在今天的国际舞台上,经常上演着这种既相互依赖又充满矛盾的活报剧,构成了新时期多元化国际政治的特征之一。从各国情况看,大凡政府比较明智并能巧妙处理与各种非政府组织关系的地方,社会稳定性和政治合法性程度就相对较高,政府就比较有信心,国家代表民族对外发言的声音就比较有力;反之,社会存在长久的不安定感,经济发展和国家建设也会受到牵连,国家的对外形象打了折扣,主权、安全和国家利益均会受到损害。从国际社会的层面看,非政府组织的崛起与壮大,给国际格局增加了新的要素与约束力,强化了多极多元的色彩。

从发展前景看,多数国际非政府组织在未来的活动范围及其影响可能会进一步扩张。原因之一是联合国的鼓励。各种国际非政府组织参与联合国的程度日益加深,这不仅表现在各种由联合国主持的论坛和研讨活动中,更体现在联合国在世界各地影响巨大的维和行动里。在几乎所有的维和行动里,多数国际非政府组织都有拾遗补阙的作用,它们在蓝盔士兵用武器行使维和使命的同时,从事着大量医疗救护、难民安置、妇幼照顾、食品发放、技术援助、组织生产、信息传送等工作。国际非政府组织的国际网络、工作性质,还使它能提供一种被联合国和国际社会十分看重的所谓的"早期预警"功能。比如,在索马里和卢旺达,某些国际非政府组织有自己的活动领域和分支,它们早在联合国安理会开会研究制止屠杀现象之前已向世界传递了当地的许多情况,成为国际社会采取措施的重要依据。正因如此,近些年来安理会都与国际红十字会、"无国界医生"、国际救援组织联盟等国际非政府组织保持着密切接触,联合国秘书处也很重视此类组织,把它们提供的信息同当事国政府及反对派释放的信息进行对照参考,一起作为决策的基础。另一原因是冷战结束后出现的、未来一段时间还可能进一步增强的世界政治碎片化的趋势。目前国际上种族主义事件急剧上升、一些国家国内冲突大量外溢、国际干预不断增强、各国内部动荡不稳等现象,具有明显的跨国界、跨地区的特点。在电视等传媒的作用和人们的日常感知下,世界变得越来越小,也更加支离破碎,原有的维系手段日益失效。在这种情况下,各种超国家的、跨地区的非政府组织部分填补了各国政府的管理赤字和全球治理的灰色地带。

从社会学的意义上分析,非政府组织的崛起和扩展与全球化时代特有的社会原有构造碎片化密切相关。所谓"碎片化",指的是原有的国家边界、政府系统、家庭系统、政治团结、文化连续性、社会整体意识等,在全球化大潮侵蚀下,受到强烈冲击,不断破损或被削弱。当人们说地球变得越来越小,其实就是用比较形象的说法,表达了对这种碎片化过程加速的某种感受。与此同时,硬币的另一面出现了新的构造和参与者。跨国界犯罪超出单一国家的制裁范围,中央政府集权与地方自主性之间产生各种裂隙,离婚率的上升让代际差异更加突出,旧的意识形态失去了过去那种号召力,通俗艺术形式更受欢迎,多元共同体的不同族群开始寻根,诸如此类的动向对原有的组织结构造成震动,原有的管理方式开始失效。各种国际非政府组织开始出现,并渗透到全球生活的各个角落,像无形的大网出现新的节点,其扩展速度、活动频率、影响力与全球化进程成正比。

换个角度观察,有三个层次的动向不可忽视:

在宏观层次,由两极冷战结构朝多极化的后冷战结构过渡,激发多元的全球力量构造,给更多的力量和行为体表现自己的机会。这中间,既有旧式的主权国家的争夺,也有新的超国家的形式,还有一些次国家的形态,但它们都在争取自己在新的多元世界政治中的地位,竭力扩大自主性和影响力。在这种多元世界政治的缝隙中,经常孕育着国际非政府组织生成和发展的特殊气候及土壤。不仅联合国需要各种非政府组织,主权国家出于自身的利益考虑,也经常需要借用它们的声音和影响力。

在中观层次,比主权国家更小的"次群体组织"纷纷出现,它们产生于各国内部社会因素的变动中。这里面,有城市化的发展及利益集团的形成,有执政党与少数团体的斗争,有跨国公司能量巨大的活动,有传统社会运动(捍卫各种劳工权益的工会运动、不同目标的妇女儿童保护运动、生态环境保护运动、同性恋合法化运动)新目标的推动等。这些运动和组织与国家政府和超国家的政治形态(如联合国)不同,更加分散化和专业化。这是国际非政府组织扩展的社会基础。

在微观层次,个人作用逐渐提高。随着现代化的发展和教育事业的发展,特别是全球化的加速推进,各国、各地区之间经济的相互依存度有所提高,交通通信事业更加便利化,传统政治下顺从的个人越来越不"听话",成了精通法律、善于应用互联网和大数据、巧妙抗衡权威压制的社会个体。

微观层面的变动往往是宏观层面变革的前奏。个人作用的增强是国际非政府组织崛起的微观条件。

五、几种极端类型

在联合国认可确权的范围之外,在国际法没有给予合法性的情况下,还存在一些另类的国际非政府组织,其中有些是直接对抗各国政府及其国内法律体系的:

- 国际恐怖主义组织,例如分布在中东中亚、北非东非以及部分东南亚国家的"伊斯兰国"、"政治伊斯兰"运动、"基地"组织及其分支。它们中有些拥有自己雄厚的资金来源(比如石油生产、运输和销售领域的控制权,或一些反美势力及个人的赞助),有些公开在网上发布招募成员的视频和宣传片,有些以跨国跨洲的方式给其成员安排"洗脑"培训;尽管表面上它们高喊一些追求正义、平等、反侵略、反压迫的有蛊惑性和欺骗性的口号,却不时使用残忍暴力和威胁方式,伤害平民百姓、破坏公共设施、制造社会恐慌,受到联合国和国际社会的强烈谴责和坚决抵制,在不少国家被严厉禁止和通缉镇压。

- 活跃在西欧、独联体、南亚、东南亚和西亚一带的民族分离主义组织。这种类型的国际非政府组织更难辨别、不易应对,处于某种灰色地带:一是因为它们的社会基础和族群背景广泛复杂,一些地方的非主体民族遭受的压制和边缘化状况,给民族分离主义组织以可乘之机。二是相邻地区跨境民族的分布特点让某些分离主义组织跨境蔓延。三是域外大国的操控介入给这些地方的民众带来灾难并造成民众反感,分离主义组织趁势崛起。四是从联合国的角度讲,认定民族分离主义组织的性质并不容易,它牵扯到国家的安全利益和地区稳定,包含敏感的民族矛盾和历史恩怨。

- 打着宗教旗号的各类宗教激进组织。这类国际非政府组织与上述两类有一定的重叠,它的要害在于意识形态的排他性,即坚称自己一方的宗教教义是神圣无瑕、唯一正确的真知,而其他的宗教教义要么是邪教,要么充斥虚伪和偏见。它要求加入的成员宣誓忠于本教义和组织领袖,不惜以生命为代价捍卫教义的纯洁。这类激进组织在多数国家处于地下或半地下状态,受到官方的严格管束。联合国和正式的国际组织不给宗教性国际非政府组织认证的机会,更不可能赋权给传播极端教义和仇恨思想的组织。考虑到宗教问题的复杂性与敏感性,国际社会的官方机构也很少直接谴责这类国际非政府组织,小心翼翼地使自己的公信力不受到裂变和质疑的压力。

- 反对现政府的政治势力及其跨国组织。这类组织主要存在于拉美、亚洲、非洲的发展中国家。这一类型的国际非政府组织起源于国内政治斗争。批评现政府的政治反对派由于受到压制无法生存,转向外国的政治势力求援,乃至在国外建立流亡政府。出于各种考虑,西方一些大国尤其是美国的惯常做法是,在与当事国的政府保持外交关系和正常的贸易经济往来的同时,为政治反对派(所谓"民主反对派")提供庇护,包括护照、金钱、身份注册、设置办事处的便利条件,有时还提供武器和情报,在国际场合为其张目。近年的一个事例是,尽管埃尔多安政府强烈抗议,美国依然为土耳其的反对派领袖及其组织("居伦运动")提供了政治庇护。对于这类国际非政府组织,联合国及官方的国际组织一般不作支持或反对的表态。

对这些另类国际非政府组织及势力,需要分门别类评估和严肃对待。

总之,国际非政府组织作为一个复杂的、充满"麻烦"的事物,它能否与政府建立建设性的批评伙伴关系,是一个国家和社会成熟与否的象征。从各国,尤其是从比较发达的国家的历程观察,比较有弹性、有包容性的社会,会有比较多有特色的专业化的社会组织,会有更丰富融洽的行为主体互动画面。同理亦适用于国际社会:在比较和平、稳定与发展的阶段,国际非政府组织有更大的生存空间和更有特色的补空方式。伴随全球化的飞速进展,当代国际关系里正在悄然兴起政治世界和经济世界之外的第三种力量,即所谓的"社会世界"。它与传统的行为主体和行为方式一道,以不同的形态和思路参与现今的国际事务,影响着国家和非国家的各种行为体

第九章 非政府组织

对极端化的国际非政府组织说"不"

在新时期的互动轨迹。尽管无法与经久而强大的政治权力和经济角色相抗衡,社会世界仍是国际关系里不可忽略、有进步意涵的存在。传统国际关系的行为主体相对简单,基本上由彼此独立的民族国家和依附于这些主权国家的政府间组织构成。传统国际关系的活动规律及其性质同样容易推导,即通常人们简洁概括的对权力和财富的斗争。炮舰政策和黑奴贸易是传统国际关系中野蛮粗鄙的形态,当今的大国之间斗而不破的较量是这类国际关系理性精致的表现;虽有诸多差别,新旧较量方式没有跳出国家间政治的逻辑。国家、政府、"大人物"和国家利益结构是驱动这种国际关系变化的主要动因。这类国际政治的特点是由政治权力和市场金钱主宰,经常产生安全困境。

社会世界的兴起起到了拾遗补阙的作用,缓解了政治世界和经济世界的各种矛盾;它的独特构成和性质推动了新的国际要素的产生,加强了个同群体的声音,提示了旧格局下很难发现的问题,引发了国际共同体对不同方向的关注。社会世界代表了国际行为体的多样化和多元化,容纳了越来越多参与外交和国际事务的非国家级单元,他们可能与政府国家立场一致或相悖,从不同侧面和角度提出了自己的要求,修改着原先的议事日程,改变了国际关系的性质。社会世界推动着跨国界的理解与整合,创造出传统国家内部新的利益集团和社会层化要素,把原先压抑的冲突性成分加以缓解释放,其带来的社会连带效应,是政治界和经济界难以想象的。社会世界的声音充满争议,它的存在不是对原有安排的取代,而是揭示出复杂性、选择的可能性及大量的不确定性。它表达着第三种声音和力量,拷问各国和国际社会新时期处理难题的智慧与能力。它与政治世界、经济世界是当今国际关系和世界进程的三个维度。分析它、掌握它,就能更好地理解国际政治的立体结构。

思考题

1. 国际非政府组织为何在20世纪后期尤其是冷战结束后获得大的发展?
2. 各国政府与非政府组织之间存在什么样的复杂关系,有哪些典型事例?
3. 为何说一个国家应对非政府组织的方式代表着国家社会进步的水平?

推荐阅读

1. 〔美〕詹姆斯·N.罗西瑙主编:《没有政府的治理》,张胜军、刘小林等译,江西人民出版社2001年版。
2. 〔美〕玛格丽特·E.凯克、凯瑟琳·辛金克:《超越国界的活动家:国际政治中的倡议网络》,韩召颖、孙英丽译,北京大学出版社2005年版。
3. 〔英〕詹姆斯·马亚尔:《世界政治》,胡雨谭译,江苏人民出版社2004年版。

生态政治的勃兴

第十章

本章要点

1. 对生态政治问题,可从三个角度加以诠释,即人类可持续发展的理念、国家层面的应对、生态政治研究带来的启示。
2. 生态政治问题的大背景是全球生态环境受损、各国政府和民众面临的环保问题日益严峻、国际治理领域出现的多重赤字与压力。
3. 生态政治的勃兴既是对各国政府和公众的思想冲击,也是全球问题治理进程的变革机会,为研究者提供了学术理论的创新空间。

生态政治登上国际政治舞台的方式独特而强烈,影响了全球化最新进程的形态。丝毫不夸张地讲,被传统国际政治学视为"低阶政治议题"的生态政治问题,现在不仅排在各国政府和国际社会议事日程靠前的位置,而且正以其特有的挑战性不断改变世人的思维习惯。

生态政治(political ecology 或 ecological politics)首先代表了一种重视整个人类居住的地球可持续发展的理念。这种理念认为,政治的运作、政府的工作、政治人物的认知等因素,对于包括人类生存的自然环境、资源条件、生物多样性在内的整体地球生态,具有直接相关性和极端重要性。在国际政治话语下,这种理念重视地球村的概念,强调各国和国际社会应恰当处理利害分歧,共同采取对策,降低生态环境受到的损害。

生态政治也是一个逐渐由理念转化为政策的过程。这个意义上的生态政治,是各国官方保护生态的政策措施,是国际组织和民间团体的倡议和行动。这个层面包含了相互制约的多重因素,如各国政府不同主张及取向的博弈,各种国际行为体同各国政府围绕环保问题产生的矛盾和协调等。在此,生态政治的重点是围绕生态问题展开的竞争合作博弈。

对生态政治的研究催生了生态政治学。它是介于生态学和政治学之间的一门学问,同时借鉴了社会学、管理学、经济学、外交学等学科的知识,主要研究人类政治行为对地球生态系统的影响,分析社区族群、利益集团、国家和国际组织作为政治行为体在全球生态危机中的角色和责任。

下面,循着三位一体的界定,让我们从不同侧面探讨生态政治问题。

一、可持续发展的理念

> **小贴士**
>
> "公地悲剧":有一片公共牧场对所有牧民开放,每个牧民都想多养牛,因为多养一头牛就会增加一份收入,这对牧民个人有好处,但面积有限的草地因此被过度放牧,最终所有牛都因为没有草吃而饿死,所有牧民都陷入绝收困境。这就是经济学著名的"公地悲剧"理论,即每一个体在不被约束的前提下追求自身利益和使用公共资源,会耗尽公共资源并损害所有个体的利益。

(一)问题的提出

早期人们主要是从社会经济角度对可持续发展进行探讨,更多代表了经济学家和社会学家的兴趣,称为"可持续发展研究"。可持续发展是指既能满足当代人的需要,又不损害子孙后代满足其需要的能力的发展;它要求在考虑经济增长的同时,注重经济系统与环境系统的相互作用,力求实现一种比较协调、均衡、有连续性的发展。

这方面的讨论可以追溯到英国经济学家马尔萨斯在两个世纪以前写下的《人口原理》。他在书中做出预测,如果任人口自然发展,其会呈现几何级数式增长,而人类所需的食物的增长最多是算术级的,最后人类的结局当然十分悲惨。到20世纪50—60年代,欧美一些科学家和经济学家开始研究人类的生产活动、科学技术改进和资源消费方式之短期和长期的不同后果。60年代末70年代初题为《增长的极限》和《人类处在转折点》的罗马俱乐部报告,更是把保护生态的倡议推向全球社会。80年代,美国著名学者莱斯特·布朗出版的名著《建设一个可持续发展的社会》,对可持续发展观首次做了系统阐述,书中分析了经济发展遇到的一系列问题,如土地沙化、资源耗竭、食品不足等,提出了控制人口增长、保护资源基础、开发再生资源等途径。

最近几十年,可持续发展研究逐渐从学术界的讨论变成了国际社会的关注焦点,也进入了一些国家政府的议事日程。1972年联合国在斯德哥尔摩首次召开人类环境会议,提出了"只有一个地球"的口号;1987年世界环境与发展委员会发表的报告,首次向国际社会提出了"可持续发展"的呼吁;1992年联合国再次召开环境与发展会议,最后通过的《环境与发展宣言》(又称《里约宣言》《地球宪章》),正式确立可持续发展是当代人类发展的主题。1997年年底,为了使21世纪的地球免受全球变暖的威胁,一百多个国家和地区的代表聚集在日本京都,召开了《联合国气候变化框架公约》第三次缔约方会议(又名"防止地球温暖化京都会议")通过了《京都议定书》,达成了各国减排温室气体的协议。2002年在南非约翰内斯堡召开的可持续发展世界首脑会议,表达了世界各国领导人及国际社会总体上对人类居住的生态环境的更多关注。在近年召开的有关气候变化的一系列峰会上,尤其是2015年通过的《巴黎协定》,各国领导人和联合国达成共识,即气候变化也是生态环境重要性的重要体现,是凝聚国际团结和全球努力的机遇;假使各国不采取行动,全球变暖带来的麻烦可能造成重大危机(如气候难民、某些小岛国和一些临海地带的消失以及更多的灾害)。

全球变暖威胁一众小国

（二）生态威胁成为国际政治的新热点

国际政治学界对生态威胁的关注，仅仅是近四分之一世纪才有的事情。而且，迄今为止，国际政治学者对此仍然缺少大的共识。不过，可以说，从1972年人类环境会议召开以后，世界范围内的人口增长、技术进步、经济发展与生态环境之间的关系，开始成为国际社会，尤其是较发达国家关注的中心问题之一。各国开始重视科学进步、技术改进和经济高速增长造成的始料不及的负面后果，如人口大量增长、现代化、城市化和工业化造成的各种废物对大自然的污染，交通拥挤、食物短缺、药品短缺和资源匮乏，森林过度砍伐、河流改道、饮用水源被污染及大片区域沙漠化，油轮泄漏、电子噪音、化学废物的迅速扩散，地球自然物种（植物、动物和其他生物等）的急剧减少和因城市和工业排放的"三废"造成的"畸形儿"等的增加，全球变暖、各种人为的灾害越来越频繁；简言之，人类社会与自然环境的关系已经开始失调，地球生态开始以各种灾害的形式惩罚"人的罪孽"。

生态政治的新形势以特有的方式作用到国际权力结构的分配上，影响国家合作与对抗的新态势。在这方面，"南北矛盾"尤其突出。事例之一是有关气候改变原因的争论。一些发达国家认为，气候的人为改变主要来自落后、愚昧地区民众对森林的乱砍滥伐和对植被的各种破坏（包括不恰当的农业耕种方式、食物摄取方式、燃料原料结构等），所谓"沙漠化过程"完全是由某些发展中国家错误的发展政策所致。多数发展中国家不同意这种看法，它们认为发达国家的大众消费结构（大量使用家用电器、大量弃置城市垃圾等）、工业高能耗结构和对发展中地区不计后果的掠夺性开发（如对石油的大量开采和对其他矿物燃料的过量汲取）才是全球变暖的主要原因。很多人以城市化和汽车工业造成的严重生态污染为例，强调工业发达的各国要对当前生态失衡负主要责任。

依照前一种看法，某些发展中国家目前的经济发展方式和由此带来的生态环境破坏速度加快是完全不负责任的，因此，必须采取各种形态制止这一势头。对于持这种论点的人来讲,所谓"可持续发展",首要的目标是针对"野蛮的、不能持续的发展",即制止竭泽而渔、杀鸡取蛋的开发方式。他们批评说,有些发展中国家甚至以破坏环境为要挟,强迫发达国家和国际社会提供它们所需的各种援助。这一派意见在国际政治政策中的体现是,加强现有的国际法的实施力度,加强国际干涉,加强对不合理开发方式的控制。与此持相反论点的人则认为,发达国家的指责代表了一种虚伪傲慢的态度。发达国家目前实际消耗着地球上绝大部分燃料、原料,却拒绝让后发展地区的人民有享受(或有可能享受)同样的消费模式及舒适的生活机会;真正的不道德是了解事情的利害关系,在自己不肯做出任何让步的同时却让别人做出牺牲。批评意见强调,这不能算作公正、平等,更遑论道义的选择;假如发达国家真的愿意与发展中国家一道解决生态危机,必须首先从自身着手,比如增加对不发达地区的援助、放弃掠夺性贸易、减少过于奢侈的消费、改造旧的生活观念等。从国际政治实际过程来看,这一立场的含义在于改造既有的不合理的国际经济和政治秩序,放弃西方旧式的支配性模式,建立机会更加均等的国际机制。在联合国讲坛和全球气候峰会上,屡屡显现两种立场的对立交锋。

  不仅如此,有一种悲观的观点是,生态环境的严重退化还可能改变国家间的力量平衡,在某个区域或全球范围内导致新的不稳定,并诱发各种冲突乃至战争。例如:全球变暖导致北冰洋的冰层不断减少,各国围绕航线开发和储藏于北极圈的资源权益竞相采取行动并可能引起对南极资源的争夺;膨胀的人口和土地压力造成移民潮,给接收国的国内秩序和周边地区的稳定带来消极后果;水资源的紧张(尤其是水供应的下降)和上游的污染导致相关国家发生矛盾与冲突;在一些发展中国家,食品的缺乏造成城乡之间、定居者与流动人口之间的紧张关系;若生态环境进一步恶化,粮食出口国会用食品作为要挟或施压的武器;《联合国海洋法公约》的生效加剧了沿海国之间的"蓝色圈地运动"以及沿海国和内陆国之间的生存权利之争。相当多分析者认为,发展中国家比发达国家更易受到环境破坏的影响,并导致彼此间产生麻烦,而很多发展中国家仍然没有充分意识到环境退化的恶果,还在使用旧的开发方式加剧生态环境威胁(如滥伐森林、农田退化、水资源过度汲取、渔业资源枯竭等)。也有观点认为,发达国家更易遭受攻击。例如,生态问题导致的移民潮肯定向欧美方向移动,核污染主要出现在工业化区域,汽车和电器等现代消费品的大规模使用加剧了工业化国家对石油等化石原料的依赖——"生态恐怖主义"势力瞄准的主要目标是西方国家。

不论赞成哪一派观点,毋庸置疑的是:生态环境在当代所受到的各种破坏,给国际战争和国家间冲突增加了新的变量,使国际社会和主权国家同时变成生态危机的受害者,使人类可持续发展的前景受到严重威胁;相关的大争论也使地球村意识逐步普及、深入人心。

(三) 对"人类中心主义"的批评

美国研究生态与道德关系的一位专家亨利·舒认为,西方的多数道德是建立在"人类中心主义"(anthropocentrism)之上的,这在生态环境问题上体现得特别明显。

所谓"人类中心主义",是指人类活动所追求的全部的和唯一的利益,归根到底是人类自身的好处和需要;人类不会为了任何非人类的动物、植物或其他种属(如生态体系)去做事情,除非它们满足了人类的某种需求或偏好。假如人类认为某种非人的动物、植物或其他种属"很漂亮""很有趣""很稀罕",有"医用价值""营养价值""观赏价值",就可能会采取这样那样的行动去保护、拯救或培育它们。

生态系统和它的各个组成部分被人类视为具有"工具性价值"(instrumental value)。因此,一旦某种(某些)动物、植物或其他种属被觉得过于丑陋、过于肮脏、数量过多、直接对人类的生存产生威胁,人类就可能毫不犹豫地置其于死地或限制其生存、活动范围。在气候变化上人类采取的行为目标,是服务于人类的长期经济福利,尽管现有的植物和动物种类

人类中心主义

也将受益于这一过程。国际道德的考虑几乎完全是在人类范围内展开,其关注焦点是如何在世界各国之间分担防止地球燃烧所需的成本。假使大气环境和山川地理的改变会使其更加赏心悦目或使人更加舒适方便,而不是产生现在科学家们所担忧的使人类面临各种连锁性的消极反应,人类可能不会采取目前的限制性措施,而会使用各种鼓励、诱导、"开发"式的手段(比如人造地震、特大水库、观赏性运河和山丘等)。亨利·舒教授比喻道,这就好比亨廷顿的"文明冲突论"实质不过是表达了西方人对非西方的非我族类心理一样,欧美国家宣传的生态保护主义论的背后,透射出一种居高临下、傲慢的人类中心主义。①

---

① Henry Shue, "Ethics, the Environment and the Changing International Order," *International Affairs*, Vol. 71, No. 3, 1995, pp. 453-461.

对上述讨论很难下简单结论,读者权当是对生态政治的一种另类见解吧。

二、国家层面的应对

站在国家间关系和外交的角度观察,各国政府面对生态政治问题时持有矛盾复杂的心态及立场。一方面要维护本国主权、安全和发展的根本利益,对与此相冲突的其他国家及国际组织施加的压力和做法进行斗争,另一方面不得不从生态环境危机特别是重大疫情的跨国性质考虑,加强国际协商、协调和合作。

(一) 国家主权与军事安全的考虑

由传统国际政治分析出发,可以很明显看出生态环境问题引出的国家安全危险。在这里,"安全"是在狭义上被使用的,即国家的生存和军事安全;分析者主要的研究兴趣是地理环境生态等因素对国家利益、国家安全和国家主权等方面的影响。对于很多国际政治学家来讲,要透彻了解国际政治事务,必须参考一系列环境要素,不论它们是否属于人类的范畴,也不管它们是有形的还是无形的。在相关领域又分许多学派、分支,产生了各种方法、工具和解释,比如,有的侧重纯粹自然条件(气候、地理、自然资源等)的国际后果,有的注意所谓人造问题及环境(污染、人口、城市化、过度工业开发等)的世界性含义;有人看重国家间博弈等战略分析,有人关心自然条件改变对于综合国力竞争的后果;有地缘政治学派,也有生态学意义上的人类-环境关系学派等。这里,传统国际政治学的关注点不在于发展问题,而在于国家生存或国家力量等概念,注重的是各种生态问题造成的国家损害,以及提升国家对生态威胁的反应能力,涉及如气候难民涌入对于某些发达国家形成的压力、自然灾害对于国家边界守卫造成的难题、少数国家私下研制生态武器给其他国家带来的危险等。

对于广大发展中国家来说,对国家主权的关注有不同的含义。在它们看来,在国际社会的环保决议或各种标准里,相当多的内容是少数发达国家塞进去的私货,代表西方国家的利益和要求,整个过程受到个别大国的控制。从根本上讲,西方国家凭借军事实力、经济实力和信息及技术上的优势,支配着许多国际制度、规章和条约的起草和执行,逼迫发展中国家接受它们本来不应当接受的环保方案,甚至以防止环境被破坏为名,行控制发展中国家之实。比如西方国家对议事程序和国际规则及优先性的控制:多数发展中国家会认为发展优先,环保只能在此基础上跟进,但多数发达国家从既得利益出发,持有相反的论调,最终的国际规则往往是后者意志的体现(世界银行近年来关于环保标准在用于发展援助的贷款项目中的政治要求,就是明显的例子);而且,决策权力和权威的分配有利于发达地区,比如凡是与生态环保问题有关的国际组织和国际机构,其关键的位置均由欧美日等地区的专家出任,发展中国家推举的代表充其量只能担任一些名义上、礼仪性等比较次要的职务;对环保协定的执行和监督方面亦有类似情况,比如国际原子能机构、巴黎统筹委员会和伦敦核供应俱乐部等国际核管理组织对核原料的控制、对发展中国家核技术的封锁以及对所谓"麻烦国家"的制裁等。

各国政府,尤其是较为贫穷落后的发展中国家的政府,在生态环境保护问题上的"主权关注"由此而生。其含义是,在一个经济相互依赖、生态问题日益严重的全球化时代,如何既能够进入国际市场、参与国际竞争、利用比较成本优势,使自己国家的经济发展和人民生活水平得到改善,又能够学会适应国际上日益增强的重视生态环境和各种环保标准,把经济发展与环境保护(可持续发展)摆到一个适合本国国情的平衡点上,同时能够确保本国在国际舞台上的政治发言权,避免陷入某些发达国家设下的游戏圈套,尤其是防止涉及国家主权与安全的根本权益受到损害,以致成为资本主义世界体系之少数核心国家的依附性外围。这里的关键词是"依附"(dependence),按照其主要理论家之一多斯桑托斯的界定,它"是这样一种状况,即一些国家的经济受制于它所依附的另一国经济的发展与扩张。两个或更多国家的经济之间以及这些国家的经济与世界贸易之间存在着互相依赖的关系,但是结果某些国家(统治国)能够扩展和加强自己,而另外一些国家(依附国)的扩展和自身加强则仅是前者扩展——对后者的近期发展可以产生积极的或消极的影响——的反映,这种相互依赖关系就呈现依附的形式。不管怎样,依附状态导致依附国处于落后和受统治国剥削这样一种局面"①。对很多发展中国家来说,主权关注是指对自身陷于依附的担忧。

显而易见,以生态环境遭破坏为核心的全球性危机的加深,给各国政府提出了许多的难题,涉及国家主权,威胁到国家原有的统治能力。比如,有关环境保护的国际会议和国际规定越来越频繁也越来越严格;从环保标准上看,环境保护也趋向于定量化和加强监督的过程,对各国政府的要求越来越高。在世界各个地方,尤其是比较发达的地区,随处都能听到加强"地球村居民"之间合作的呼声,其中最强烈的吁求来自绿党、新社会运动、各国政府及民间的环保机构、反核组织、各种专门的国际组织。到目前为止,各国对于这种势头抱有一种多少有些矛盾的心理:当仅仅涉及生态保护、难民安置、水资源分享等比较具有技术层面的国际交流与合作时,各国显得比较慷慨大度,会主动出让一部分曾经属于其主权范围内的权利和权力;而一旦触及比较敏感的国家安全、军事和政治利益等领域时,如国际核监督、资源信息等,各国国家主权会受到损害的意识便会增强,相应地,在行动上也变得比较谨慎甚至抱有敌意(法国政府指使特工对绿色和平组织反核船只实施秘密爆炸便是一例)。

(二) 新形势需要的国际合作

生态环境退化与暴力冲突之间的联系,为人们提供了新的视角与启示。按照既往的解释,由生态环境问题引发的冲突,正是现实主义者所说的典型的"资源战争"。然而,这一类解释漏掉了生态环境安全中最重要的

---

① 〔巴西〕特奥托尼奥·多斯桑托斯:《帝国主义与依附》,杨衍永等译,社会科学文献出版社2017年版,第258页。

方面:环境退化的危机已经并正在削弱弱小国家的社会构造,不仅会严重加剧国家内部的动荡和暴力,而且会造成周边国家和整个地区的不安定。例如,在非洲撒哈拉沙漠以南的大片区域,由于长期缺少治理、人类对环境的利用不当,生态条件正在急剧恶化,人为造成的自然灾害越来越频繁地发生。从短期和局部后果上看,它严重危及该区域许多国家的经济发展以及社会和政治稳定;从长期和更大范围观察,它给世界造成了一波又一波可怕的战争冲突、难民潮流和疾病传染等威胁。在中东地区,以色列与阿拉伯国家之间的矛盾,在一定程度上来自对当地十分宝贵的水资源的分配;而冲突中对资源破坏的加剧,导致了自然环境的新恶化趋势。在南亚一些国家,对河流资源的争夺自独立以来就没有停歇过,甚至影响到这一地区以外的国家。换句话讲,生态环境安全的观念已经无法简单地按照旧的国内冲突与国际冲突的界限,或者军事威胁与其他形态的不安定的界限,来加以划分和对待。

在国家利益的认同问题上,传统观念的一个判断——国家实力大小决定国家所获得的利益——由于生态环境危机的加深同样正在失效。即使是最强大的美国,也有可能在生态恐怖面前束手无策——比如这种威胁可能来自臭氧层被破坏,或者海平面的非自然升高,或者某种可怕的生物物种对人类的难以抵挡的侵害,或者一种特殊的病毒、有害细菌的恶意传播(比如以邮寄方式和在上水道投毒的方式)。显然,在生态危机面前,人们不可能完全根据国家的实力强弱和传统地位来确定什么样的程度有害、什么样的程度无害的问题。在生态政治学里面,人们更多的是根据科学与政策的关系做出判断:国家的"环境学习"不得不适应科学的原理,国家利益的塑造必须服从于自然的法则;国内行为者的角色和国内的价值经常不得不与国际上生态环境的尺度协调,内部的议事日程常常不得不与国家对外的生态方针一致。当人们谈起国际生态环保制度和措施时,必须考虑到它们的贯彻程度和效能。传统国际政治关注制度的构成、制度与权力的联系、制度延续的因素等方面,但问题在于如何使这些制度行之有效。要知道,除开西方少数国家的霸权行径之外,国际可持续发展的另一个主要障碍在于国家的内部弱点和结构。非洲和南美一些国家的事例证明,当国家内部政治构造十分陈旧和虚弱时,国家的政权便很难执行国际协定。

生态环境问题并不是小事,处理不好就演变成大的危机。为了应对这种挑战,国际社会需要各国的共同努力与合作,需要重新审视以往的许多观念和做法。生态政治的崛起,使世界各国及其决策者和思想家不得不面对全球化时代传统安全观和主权观面临的新问题,去寻找新的政策选择和思维方式。尽管各种选择之间存在矛盾与摩擦,但它们最终构成了一种"合力",推动着国家及国际社会朝更高阶段迈进。

小贴士

最近十几年间,世界上出现了多次公共卫生疫情,给有关国家乃至国际社会造成不同程度的人道主义灾难,也一次次拉响全球生态环境危机的警报。它们是:2003年春夏之际的SARS事件,2009年的甲型H1N1流感,2013年的禽流感(H7N9)疫情,2014年的脊髓灰质炎疫情,2014年西非地区的埃博拉疫情,2015—2016年的寨卡病毒疫情,2015年的中东呼吸综合征疫情,2018年的刚果(金)埃博拉疫情,2019年的非洲猪瘟疫情,2020年的全球新冠肺炎疫情。

三、生态政治研究带来的启示

随着全球生态政治话题的热络,学术研究工作也在不断深入,传统理论尤其是传统的国际政治学和安全学说迎来了更新换代的机遇。限于篇幅,这里仅做几点提示。

(一) 相互依存与地球村意识

从国际社会的利益和要求出发,全球主义政治观在观察生态环境问题带来的冲击时,揭示了一系列具有破旧立新意味的命题与思想,把人们的眼光置于一个更广阔的历史背景下。一方面,它首先体现在对国家主权的重新思考上。按照新的观念,由生态环境危机造成的国际政治和国际关系的新趋势,显示出传统的国家主权结构和观念的衰变。国家在新的全球生态危机面前要么显得太大,那么显得过小:所谓"太大",是指国家无法设计和承担各种各样的具体的可持续发展的任务,可持续发展只能从下面、从基层、从各个地方逐渐实现;所谓"过小",是说国家无法应对跨国界的生态问题,后者经常是由国际组织和非政府组织处理的。另一方面,全球生态危机的加深为全球意识的增长提供了有力刺激。人类只有一个地球,它的资源是有限的,所有人必须负责任地分享这个世界,"星球方舟"上的全体乘客不得不同舟共济,保护生态环境,为子孙后代保留一个健康、和谐的家园。必须在所有民族(国家)之间、在不同代与代之间保护和分享资源的这种观念,与旧的国际政治学中所讲的国家利益、权力斗争或集团本位主义有质的区别。全球意识的加强将要求约束国家主权的范围和功能,比如,限制对矿物能源的消费,控制可能造成对臭氧层的破坏的物质(如氟利昂)的使用,制止对雨林及森林地区的砍伐等。全球意识的强化将要求加大对全球的非政府组织和各国内部个人及集团权利的保护,促进资源、财富的公平分配,推动可持续发展在不同层面的实现。

从国际制度层面观察,全球生态环境挑战及其制度效应会逐渐减弱国家间关系中存在的无政府现象,同时令各国国际化、全球化程度提高。由于世界各国越来越多、越来越深地卷入正式的和非正式的各种机制,世人已经不可能再把国家视为某种完全自主的单元。这一过程将持续延绵下去,逐渐增强国际制度的力量和影响;权力正不知不觉地从各国的上层向各种国际制度(如联合国《发展纲领》《联合国海洋法公约》等)转移,各国从开始时的不情愿、不主动地进入国际合作与协调过程,逐渐朝比较自觉和主动的协作方向迈进。作为这一过程的结果,既往的权利与义务的平衡正在不知不觉地发生变化:主权国家正式的权利要求逐渐被弱化,国际社会的权威性逐渐加强。国际范围内的各种机制和规范逐渐成为新的权威中心,各国政府的权威地位则日益削弱。国际制度的不同层次把不同的约束(实践的和规范的)施加在国家主权的概念上面。

在人类所处的现时代,国际事务和国内事务的传统界限比过去更加模糊。国际关系中的思想传统建立在一个认识之上,即国际关系从根本上有别于国家内部的政治过程。然而,生态环境问题的出现和世界解决这种问题的新努力,使上述认识受到越来越强烈的冲击。很多国家意识到,在全球化时代,国际关系与各国内部政治、经济、文化及社会过程之间,存在着日益强烈的互动关系,这种关系使每个国家成为国际社会整体不可分割的组成部分,具有某种"一荣俱荣,一损俱损"的内在结构,逐渐销蚀、淡化传统的国家边界和政治分野,把各国内部各个领域的各种变化在全球范围内折射和放大。因此,不论是纯粹的国际问题研究者,还是政治家和企业界人士,甚至艺术家和出版人,都必须面对全球共同的挑战,把自己生活的小环境与国际大背景联系起来。如果说内河污染、森林乱伐还可以看成是某个国家内部的问题,那么,国际水域的污染、大片森林地区的沙化、某些地球生物的绝种、严重病毒疫情的扩散、生化武器及其材料的走私的影响超出了单独的国家边界;至于全球气温急剧升高、"热岛效应"的形成、臭氧层出现空洞等恶果,更是会殃及整个人类乃至整个地球的生物圈。

全球性问题令世界各国"一荣俱荣,一损俱损"

(二) 非传统安全威胁

从世界范围观察,生态危机的加剧和此领域全球性挑战带来的治理赤字,大大促进了对"非传统安全"问题的探讨。它更多着眼于以往未曾出现或很少见到的威胁以及与全球化和复杂的国际格局一道出现的安全挑战,它注意的不仅是器物层面和技术性的危险,以及与旧时的军事冲突和外交斗争有关的内容,而且有对全球化时代新现实、新问题的关注与探讨,如经济安全、信息安全、文化安全、生态安全、跨国犯罪与安全、核扩散与安全、民族主义与安全、移民与安全、社会矛盾与安全等。需要综合探讨的是,如何增进各国间的相互信任和共同安全,以及如何建立更加稳定与和平的国际环境,使之更能形成促进国际关系演化和各国国内进步的国际格局和更有利于整个人类社会实现可持续发展的国际秩序。

非传统安全的研究正是在旧理论缺失的地方提出新的视角和思路。

首先,它将人们的注意力引向更广阔的时空。从国际范围观察,越来越多的有关非传统安全的讨论,聚焦到战场、军事斗争、高阶政治之外的领域,涉及的问题是传统的政治家、外交家和军事家不大熟悉的,至少是以往不被排在议事日程前列的;金融危机、SARS疫情和新冠疫情便有这样的性质,这些以往不与传统安全挂钩的问题,现在被当成政府不得不面对的最大挑战。非传统安全威胁的强化,还迫使人们认真反思政府垄断安全话语和安全事务带来的局限性,回溯国家的优势和缺失,设计国家与非国家行为体分担安全责任或共同处理新威胁的前景。

其次,对非传统安全问题的探索,提示了国际多层次沟通与合作不断扩大的必然性。仔细观察非传统安全威胁的清单,人们很容易发现,日益增多的各种麻烦,没有一项仅仅靠单个国家自身的努力或者局限在单国国界的范围内能够彻底得到解决,相反,应对非传统安全问题,特别需要不同政府之间的合作、不同国民之间的信任、不同地域(可能大于或小于国家单元)之间的交流,以及不同行为体之间的认同与默契。正是有了这些因素,才有了所谓的共同安全、集体安全、合作安全、协商安全、综合安全等概念,才使看上去矛盾的对立面能形成积极互动的局面。

再次,非传统安全问题的提出,促使国际社会和各国更加重视人的安全和社会安全。与传统安全观念重视主权及领土完整、政权安危不同,非传统安全研究揭示了人的安全的中心价值。它认为安全实质上是人面临的一种状态,看重人作为个体的各种权利,强调要重视社会化的个人在不同层次、不同领域、不同问题上所获得的保障或所受到的威胁,解决问题要考虑不同行为体之间的协调与平衡。它既有条件地承认边界的重要性,也看重跨界族群的存在;既有条件地承认多数人的权利,又看重少数人的声音;既有条件地承认国家的权威,又看重社区和个人的独立声音;既有条件地承认物理层面加强国防、加强主权的意义,又看重体制层面言论自由的价值和政治民主的重要性。新的安全观念将国际政治与国内政治结合起来,将安全的对外防范性与对内要求的进步性结合起来,将个体安全作为总体安全的基石和出发点。

最后,安全绝不再只是传统意义上的防范问题,国家安全与国际安全密切相关,而且会变得更加紧密;安全只有在相互依存中才能得到更好的实现。也就是说,在一个科技和经济全球化的时代,一个国家的安全,必须是保障综合国力的提高与对外开放的结合,是自身发展和外部发展的结合。安全离不开多方参与和广泛合作,离不开与全球化时代各行为体的有机衔接。

生态政治学的研究属于新时代国际政治理论中一个方兴未艾的分支。它促进了传统国际政治学与其他学科的交叉渗透,折射出国际政治朝着世界政治(全球政治)演化的趋势。

思考题

1. 为何在讨论生态政治问题时,各国会存在大相径庭的看法和主张?
2. 生态政治议题的出现如何改变人们思考国际关系的角度及内容?
3. 在国际政治的光谱下,共同安全与集体安全两个概念有何不同?

推荐阅读

1. 〔英〕安德鲁·多布森:《绿色政治思想》,郇庆治译,山东大学出版社 2005 年版。
2. 〔美〕赫尔曼·E.戴利、肯尼思·N.汤森编:《珍惜地球——经济学、生态学、伦理学》,马杰、钟斌、朱又红译,商务印书馆 2001 年版。
3. 〔德〕乌尔里希·杜赫罗:《全球资本主义的替代方式》,宋林峰译,中国社会科学出版社 2002 年版。

国际多边机制

第十一章

本章要点

1. 国际多边机制的兴起,是国际政治演进新阶段的重要标志之一。
2. 当代国际多边机制极其复杂多样,国际机制学说和国际公共产品理论有助于更好地理解这一现象。
3. 国际多边机制在现实中经常受到大国政治的支配和干扰,联合国集体安全机制的困境便是典型。

国际多边机制是国际政治教科书以往很少涉及的一个问题。特别是在冷战时代,两个超级大国的全球对抗和势力分割,好似两根粗大的绳索,牢牢捆绑住国际社会和多数国家,无论是战争与和平问题,还是在意识形态领域,各国唯美苏马首是瞻,很难发出自己的声音和建立超越两极的多边安排,国际社会同样很少有机会建立有效的多边机制。冷战结束之后,国际政治出现新的变化,多边主义和多边机制逐渐活跃。本章将介绍与"国际多边机制"相关的一些新知识点。

一、国际多边机制的相关概念

(一)多边主义与单边主义

国际多边机制的思想基础是多边主义。它的对立面是单边主义。

从现实观察,多边主义(multilateralism)指的是多个国家组成的集团内部,通过某些制度安排,协调各国政策的一种主张;另外一种比较有理论色彩的定义是,多边主义是指一种在广义的行动原则基础上,协调解决三个或更多国家之间关系的制度安排与理论设想。在多边主义思想引导下建立的国际协商与制度规则,就是多边机制,比如联合国、亚太经合组织、世界贸易组织、世界卫生组织以及欧盟、东盟等区域性安排。一般而言,多边机制有自己的规章条文,有组织化的协调办事机构(如秘书处)和领导人的定期会晤安排,有落实成员协商达成一致的决议的具体措施。

多边主义是针对单边主义(unilateralism)而言的,后者通常是指大国、强国不顾多数国家和国际社会的愿望,单独或带头退出各种国际机制和公约,挑战公认的国际准则和惯例,对国际格局和区域合作形成破坏性后果的行为与倾向。单边主义驱动下形成的大国高压态势,经常被称作单边主义强权政治或单边主义霸权。

需指出一点,多边主义或单边主义并非特定国家的专属,它们会因条件、环境与内部决策因素的调整而改变;从这个意义上,多边主义或单边主义往往成为不同的政策性工具,仅仅反映特殊时期的政府偏好。

举例来说,美国当下是全球公认的单边主义政策的强硬奉行者,特朗普政府的"美国优先"和嫌弃全球合作的态度,是美国现政府在国际组织和公约里不断毁约、"退群"、推卸责任的根本原因。

然而,客观地讲,自第二次世界大战结束以来,美国彻底取代英国成为战后新的国际体系的主宰性大国之后,这个超级大国作为"世界警察",为维护自身利益和盟友关系,在国际多边机制的倡导、建立和推进过程中,发挥了巨大的作用。总部设在纽约的联合国机构和大量在战后创设的国际组织,都证明了这一点。

在美国作为主导国创建的多边机制与行动安排里,有些被公认为是全球性公共产品,有些则更多地服务于美国及其盟友的特殊需要,前一类如二战后全球多边贸易体制(所谓的"布雷顿森林体系"),后一类如20世纪50年代初赴朝鲜作战的"联合国军"和北大西洋公约组织。

如果分类,国家政策层面的多边主义(政策性多边主义)可纳入"国家多边主义"的范畴,反映了国家层次的方针与政策。

(二) 国际多边机制

与国家多边主义有所不同,国际多边机制是处于体系层次的多边主义形态。这里,有三个国家构成的小型多边机制(如中国、日本、韩国三国正在洽谈的中日韩自由贸易协定),有次区域和全区域的中型多边机制(如由中国倡导,包括湄公河流域各国在内的"澜湄合作机制",或东盟、非盟、欧盟这样的组织),有跨洲性质、各个大陆之间展开的大型多边机制(如中非合作论坛或日本-欧盟自由贸易协定),以及存在于全球层面的多边机制(如联合国、国际粮农组织、国际劳工组织等)。它们主要是以范围大小来划分的。

从功能划分,有集体安全的多边机制(如联合国安理会),有军事性质的多边机制(如北大西洋公约组织),有外交对话与缓解危机作用的多边机制(如"赫尔辛基进程"),有经贸和商业领域的多边机制(世界贸易组织、国际货币基金组织、世界银行等),有文化、教育、科学方面的多边组织(如联合国教科文组织),以及涉及人类生活其他方面的多边机制与安排。

国际多边机制一般是由各国政府参与和推进的,不过一个新趋势是,在各国政府的支持或默认下,各种半官方和民间组织、机构参与国际活动的范围逐渐扩大,成为多边机制的有机补充。"多边军事外交""多边学术外交""多边体育外交"等,更像是一种"没有外交官的外交",有时能起到传统的政府间双边和多边外交无法起到的作用。

(三) 作为国际机制的多边主义

作为国际机制的多边主义,是实现国家间有效和持久合作的一种方式,是制定国际普遍行为准则的议事平台,是处理各国、各民族间某些纷争的社会性安排。从这个意义上讲,机制性多边主义是多方参与的国际共治;它们以可预期的、法制化的、有共识的方式,处理地区或全球不同层面的公共性问题,并为此提供合法性和导向性,增进国家间、地区间、民族间、族群间、文化间的协调与合作。

作为国际机制的多边主义,具备如下特征:

- 它有普遍的行为准则,这种准则界定何为合适的行动,不会单独考虑大国、强国的特殊利益和诉求。
- 它看重各国政策的沟通与协调,把这类沟通与协调(在不必然达成协定的情况下)视为机制存在的基础。

- 它禁止排他性、歧视性和不公正的前提条件,在设计机制时便注重各个参与方(不论大小强弱)的相互平等和相互尊重,杜绝帝国性质的做法。
- 它鼓励集体行动的逻辑,即加入多边机制的各方形成某种"命运共同体",具有"一荣俱荣,一损俱损"的不可分割性。
- 在大多数国际多边机制下,它阻止任何单个成员(无论强大或弱小)拥有否决权,一旦全体或多数成员做出决定,须保证这项决定得到某种程度的贯彻落实(否则多数赞同原则不会出台)。
- 从实践结果评估机制性多边主义,会给加入国际机制的成员带来长远收益,产生"得大于失"的主权适量让渡效果,进而产生更大的扩散效应。

总之,成本和收益挂钩、责任和权利相关、制度刚性与灵活性的联动,是国际多边主义生成和发挥作用的原理。这种原理之上的国际多边机制,与被单个国家当成政策工具的多边政策有本质的不同。

(四)国际多边机制的理论基础

除开对单边主义的针砭外,国际多边机制的广义理论依据有三个:

其一是全球化与相互依存理论。这种理论指出,面对日益严峻、广泛持久的某些全球性难题,如突然爆发的严重传染病(埃博拉或 SARS 之类的疫情)、四处扩散的难民危机、北极冰盖的加速融化、越来越猖獗的跨国电信犯罪,单凭单个国家自身的努力——哪怕是美国这种世界级别的大国,也无法有效解决问题。各国必须在相互谅解与配合中实现共同安全。而多边机制正好弥补了主权国家这一天然缺陷,缓解了全球性危机带来的压力,增加了解决难题的机会。除了对主权国家体系天生缺陷的提示之外,全球化与相互依存理论还发展出一种"地球村"意识,从国际伦理生成、国际干部培养、各国经济的相互依存、国际文化之不同于国家文化的特质等现象出发,解释了地球村意识增强的总趋势。对于多数国家和国际社会整体而言,多边主义当然比单边主义更受欢迎。

其二是功能主义学说。这一学说认为,人类社会的发展是一个逐渐提高自组织意识、培养分工与合作水平、把个体利益与整体利益有机对接的进化学习过程;国家与国际社会有不同的功能,有各自的专属特性、适应条件、优势与局限,最好的结果("帕累托最优")一定是磨合中所产生的协调配合方式,这种方式能够使不同功能都得到有效发挥,产生"一加一大于二"的效果。功能主义解释了全球化的一种现象,即各国从早先的互不信任到开始接触与协商,再到增强合作直至走向全球化进程,最终进入形成共同体意识的长期国际化进程。早期功能主义通过对一些专门性国际组织(如万国邮政联盟和国际红十字会)的追溯分析,发现全球性合作始于一些具体领域专门功能的发挥,通常以自下而上、循序渐进的方式进行。功能主义理论家们指出,国际上这些非政治性的、往往不损害各国根本利益的具体安排,既不威胁主权国家的地位,又可以消除主权行为体无法消除的某些机制性障碍。新功能主义的更多探索放在原本功能之外的某些政治影响和社会性内化上面,揭示出所谓的"外溢效应"的存在,即通过长期的非政治性的功能合作与协调,各国的国家体制进行了一定调整并相互适应,相关国家的民众和精英彼此产生了更多好感,潜移默化地减弱了国家之间从前存在的敌意和不信任,从而创造了未来更多政治合作与谅解的政治基础和外交潜能。

其三是多极化理论。传统的国际政治理论一向重视大国的势力均衡问题,它体现出近代欧洲列强(后来美国加入)控制世界其他地区、避免由于彼此争夺导致战争残杀或形势失控的需要。从"铁血宰相"俾斯麦到美国当代大外交家基辛格,都是势力均衡论的著名倡导者和操纵大师。势力均衡论就是一种古典的多极化思想,折射出欧美资本主义列强19世纪前后统治世界的理论与实践。不过,支持本章讨论的国际多边机制的多极化理论,主要是指20世纪90年代初冷战结束之后,国际格局从美国、苏联两个霸权国家支配的所谓"两极格局",朝着"一超多强"的多极化格局逐渐转变的新趋势。依照这种理论,在新趋势下美国仍然是超级大国,但综合实力有所衰减,而其他一些大国(或者称为"极")呈现出不同程度的赶超状态,造成全球大国实力重新布局。其中,中国作为新兴大国的崛起引人注目,印度的地位同样不容小觑,德国、日本、俄罗斯、英国、法国以及一批中等强国的动向也带来多极化的快速变幻形势,增加了国际政治的不确定性。新老重要角色动机不一、规划不同、方式各异,但有一点看来是相似的,即几乎所有重要国家都在培育和推动适合自身需要的大小多边机制,如中国的"一带一路",俄罗斯的"大欧亚伙伴关系倡议"和独联体方案,德国和法国联手加强欧洲的各种做法,印度、日本、土耳其、沙特、南非、印尼也有类似的主张和做法。以上种种为各种多边主义及多边机制开辟了更大空间。

国际多边机制的理论基础

(五)国际多边机制的刚性、韧性、惰性

虽说多边主义可用作政府的政策性工具,但它一旦成为国际性的制度,发展出有法可依的国际机制,就不是各国可以随意弃用的东西。从历

史观察,越是成熟和长久的国际多边机制,越是具有制度刚性、韧性、惰性,其约束力越是不可轻视。

制度刚性指的是国际多边机制建立之后形成的体制性规范和内部约束,包括对所有成员的某些硬性要求,例如联合国对会员国主权资格的认定,会员国履行义务(上缴会费等)和享受权利(投票权和担任特别委员会成员)的准则。主权国家当然可以撤出国际多边机制,但制度刚性会带来不可避免的损失甚至伤害(包括明确的代价与不可预期的结果),比如国际信誉度下降、盟友的疏离、投票权的丧失,以及撤出时的行政费用和补偿金等。英国脱离欧盟这几年所花费的大量金钱、时间、人力成本,很能说明问题。

制度韧性在此是指国际多边机制在面临外部环境和内部条件的变化下,其制度与规范可能自动、定期或不定期做出自我调整,以防止既定安排遭到根本性破坏的抗压能力;尤其是那些代表时代进步和多数成员愿望的制度,更有坚韧的生命力。以联合国为例:最近几十年特别是冷战结束之后它的全球道义权威不断提高,《联合国宪章》更多被国际社会所提及,并没有因为某些国家不时的单边主义和强权政治而退出国际舞台的中央位置。究其原因,其中之一就是得到公认的国际法准则和公约在这个最大的国际组织中的顽强存在。

制度惰性与制度韧性实际是一体两面。按照韦伯的现代社会管理思想,一个制度建立之后须有自己的官僚体系、科层结构、分工协作的配套之类,时间久了就会产生官僚主义:管理者越多,经费越多,权限越大,层级越复杂,它自身所展示的官僚氛围就越严重,效率就越有可能下降,会员国改革或撤出的成本就越是高昂。很多英国人之所以主张退出欧盟,理由之一是无法忍受所谓的"布鲁塞尔官僚主义"。

不管是哪一种原因,国际多边机制存在的这些特性,使得它们多少成为国际政治中一种相对独立的存在。

(六)国际多边机制的好处和不足

总体而言,国际多边体制会给参与国带来一系列的好处:

- 参与多边机制的国家在共同外部威胁面前会产生内部的团结精神和凝聚力,也即所谓的"共同安全感"。这种凝聚力产生了维护安全的集体努力。
- 参与多边机制的国家由于各种因素的作用会逐步建立各种机构和规则,形成某种跨国界的组织网络,加强不同领域不同部门的共识与合作。
- 多边机制内广泛开展的经济合作和社会交流,有助于成员间的相互关心并达成利益认同。这是一种国际上称作"构筑信任"(confidence-building)的过程,对于共同安全意识的形成起到促进作用。对国际社会整体利益而言,国际多边机制的主要优点是孕育各国、各个民族、各种人群的地球村意识,学会在保持各自文化多样性和历史传承积极成分的同时,尊重"他者"、美美与共。
- 对于绝大多数国家来说,加入多边机制的好处多于其带来的麻烦与损失。尽管国家主权短期内会受到这样那样的约束,但中长期的收益值得一国保持成员身份。这就是从国际多边机制观察,做出反悔、毁约和撤出决定的国家数量非常少的原因。

国际多边机制的"吸粉效应"

- 从更加广阔的历史进程评价,国际多边机制的全球地域性和功能性的辐射覆盖是人类进步的新阶段、组织化社会的重要标志,也是不同文明、族群和国家相处文化提升的一种体现。这一进程指向不断进化的更高阶段,只有进行时,没有完成时。

与国际政治的内在矛盾一致,国际多边机制亦有多种不足和深刻矛盾:

- 如同国际法一样,国际多边机制也经常出现协调力不够、有法不依或执法不严的情况。
- 大国、强国之间的博弈,易造成国际多边机制的运行效率高低不一、波动频繁。
- 在很多场合,人们难以辨认政策性多边主义与机制性多边主义的不同,经常把工具性质的调整当成体制本身的逆转。这种判断带来了新的问题,比如因对美国"退群"行为的不满和担忧,进而导致一些国家对国际组织功能的怀疑和对自身责任的踌躇推卸。
- 官僚政治现象的严重存在和难以消解,也是不少国际多边机制受人诟病、功能欠佳的内在原因。
- 站在历史长河的角度评估,与近代几百年的国际政治体系和国家治理结构对照,国际多边机制在实践中的兴起迄今为止不过100多年(以19世纪中后期,万国邮政联盟、国际红十字会、现代奥林匹克运动会、世界博览会等这些发源于欧洲的多边机制为起点标识),它们自身的组织化水平、协调处理国际纷争难题的能力等,仍处于初级阶段。

二、国际机制学说和国际公共产品理论

对读者来说,还可以借助对国际机制学说和国际公共产品理论的学习来理解国际多边机制。

(一) 国际机制学说

国际多边机制是广义的国际机制的组成部分。

国际机制的英文是"international regime"。"regime"有不同的中文译法,如规范、规则、体制、制度、政权、政体、安排、管理方式、统治形式、系统设置、精心安排的生活方式等。在国际关系领域,每一个译法都有部分确当性和适用性,又均有不全面、不完整的缺点。此术语源于医学:为了保持和促进某种机体(如人体)的健康成长,医生规定安排了一整套饮食、锻炼、养生的办法或疗程,这套由各种办法和疗程组成的东西就叫"regime"。不管运用到什么领域,各种"regime"含义的要点是共通的:一是旨在增益、促进福祉,二是有专业和权威的安排,三是系统性和完整性。

在国际政治里,国际机制是19世纪中后期开始应用的一个理论术语。它是指国际共同体或各主要国家(共同地或私下相互地)为稳定国际秩序(不管是经济秩序、政治秩序、安全秩序,还是环保秩序、救助秩序、交往秩序)、促进共同发展或提高交往效率等建立起的一系列有约束性的制度性安排或规范。

这些制度性安排或规范可以是成文的、以国际法形式出现的规章制度,也可以是不成文的、非正式的默契与合作;可以是国际组织和大国会晤的决议及其他产物,也可以是私下交易的和没有公开组织者之活动的结果。所以人们见到了各种各样的"机制",如"安全机制""贸易机制""石油机制""海洋机制""区域机制""次区域机制"等提法。所有机制的核心,在于避免无政府状态,降低冲突发生的可能性,实现有规划、可预期的发展。

国际政治中的规则和机制通常并不像国内政治制度那样完整和有效,各种制度安排也不如后者那么有力和自主。原因在于,世界范围内没有单一的政府和单一的法律,哪怕是最大的霸权国也做不到这一点。国际组织的"软弱"和国际法实行中遇到的困难,有时会让人产生误解,认为国际机制无足轻重或根本不存在。但事实上,尽管全球化进程相对于主权国家的存在还不够强大,但就多数国家在各个具体领域或问题上存在的相互依赖关系来说,某些国际机制仍是十分有影响力的。

例如,第二次世界大战结束以来,在众多领域出现了指导国家和跨国关系的一整套规则和程序,像对发展中国家的援助、环境保护、鱼类保护、国际粮食政策、国际度量衡统一、国际海运政策、国际电信政策、国际贸易和金融的规则乃至术语等。它们曾经、正在或仍将对国际经济和政治关系产生重要作用。

各种国际机制和规则不仅在范围上不同,而且主要行为体对其遵约的程度也不尽一致,行为体有时会违反原本由它们自己做出的规定;然而,这种行为只要保持在一定限度内,并不能说它们破坏了机制或造成机制的死亡。只有当规则的例外情况比遵守规则的情况更多、更重要,或者规则的使用者在规则和程序上发生了根本分歧,它们对规则的违反或破坏又不受到任何惩罚甚至批评时,规则才真正失效,多边机制才算死亡。

大国主导、其他国家遵约的国际多边机制

制定规则是国际关系里重要的权力之一。国际协调说到底,就是主要大国按照一定的想法制定出规则和程序,然后推而广之,实现各国间的某种一致或和谐。人们所说的霸权,并不总是表现为行为体蛮横不讲道理的态度,或者简单地以大欺小、以强凌弱的行为;事实上,随着社会的进步和历史的发展,国际关系中的野蛮行径趋于减少,赤裸裸的"炮舰政策"不能说绝对没有,但数量在明显下降。今天的国际霸权更多地表现为一种精致的控制权,一种类似"胡萝卜加大棒"的东西;它可以用利弊并存、软硬兼施的方式迫使弱小国家最终不得不接受强国制定的规则或提出的条件,它也可能以完全"利他式"的承诺在一定时期内负担小国、弱国无法承受的债务或防务来达到实现长远控制的目的。归根结底,选择的条件多半是由大国提出的,规则是由大国制定的,修改规则只有在得到大国的认可之后才能转化为现实。

国际机制学说解释了大国、强国在全球政治经济安全秩序里的支配性,提示了国际多边机制的复杂性和多面性。现实生活中的国际多边机制对部分参与国有好处并起到了一定的作用,受到许多国家和国际组织的欢迎,但它并非对所有国家同样有利——赋权及受益远不均等。

(二)国际公共产品理论

国际公共产品理论从经济学角度解释了国际多边机制的功效及缺陷。

国际多边机制就是各国共同倡议和推动建立的一种国际公共产品。联合国大会通过的《联合国海洋法公约》,国际社会达成的有关控制温室气体排放的《巴黎协定》,联合国框架下推进的国际维和行动,是人们经常提到的国际多边机制的典型事例。

公共产品(public goods),也叫集体产品(collective goods),这一概念最早来自经济学。公共产品是相对私人产品来说的,是指具有消费或使用上的非竞争性和受益上的非排他性的产品,一般指政府或社会团体提供的、能为绝大多数人共同消费或享用的产品、服务。

公共产品的第一个特点是,一些人对这一产品的消费不会影响另一些人对它的消费,具有非竞争性。例如,国防事业保护了所有公民,其成本以及某些人对这一产品的利用,不会排斥另一些人对它的利用,每个公民从国家安全局面获得的好处,不会因为这个社会多了一个新生儿或某人出国而改变。公共产品的第二个特征是非排他性,即产品在消费过程中所产生的利益,不能为某个人或某些团体所专有。例如,治理空气污染是一项能为人们带来好处的服务,它使所有人而不是一部分人能够呼吸到新鲜的空气。

公共产品又可分为纯粹(充分)公共产品和准公共产品两类。纯粹的公共产品,是指那些为整个共同体所有成员共同消费的产品。国防、公海上的灯塔、《联合国宪章》及其准则,便属于这类完整意义上的、充分的公共产品。它们一旦被消费,任何行为体都不能独占专用;任何行为体若执意如此,会付出高昂的、往往不划算的代价。比如说,环保制度减少了空气污染、噪声污染等,使人们可以享受新鲜的空气和安静的环境;如果要排斥这一区域的某个人或某个国家享受新鲜的空气和安静的环境,是做不到的,技术上也无法实现。

纯粹公共产品还具有不可分割性,即它的消费是在保持其完整性的前提下由众多消费者共同享用的,如交通警察为公众服务就不可分割。纯粹公共产品不仅包括物质产品,还包括公共服务,如一国政府在国内实施的环保条令,或联合国秘书长特使在全球热点地区展开的斡旋行动。

不过,在现实生活里,纯粹公共产品并不多,多数还是"准公共产品"。准公共产品的范围很广,教育、文化、广播、电视、医院、体育等单位提供的产品都属于准公共产品,实行企业核算的自来水、供电、邮政、市政建设、铁路、港口等部门提供的也是准公共产品。这类产品仅具备公共产品的部分特征。

以教育事业为例。一方面,教育具有非排他性,对于处于同一个教室的学生来说,甲在接受教育的同时,不会排斥乙听课;另一方面,教育产品在非竞争性上的表现并不充分:一个班级内,随着学生人数的增加,校方需要提供的课桌椅的数量也相应增加,老师批改作业和课外辅导的负担加重,若在校生超过某一限度,学校还须增加班级数和教师编制,成本会进一步增加。放在国际范围内观察,给予落后国家的教育援助,经常面临这类困难,形成需求与供给之间的缺口。所以说,教育产品在使用时具有一定的竞争性,不是充分公共产品,而是准公共产品。

联合国派遣的维和部队有类似的性质:理论上它属于集体安全行为,然而联合国的维和经费及派出兵员数量受到各种因素的限制,对其使用时存在多方争夺。公共道路和公共桥梁也是如此:尽管它们可为所有人使用,但受路面宽度限制,一辆车在使用道路的特定路段时,就影响了其他车辆的通过;其他国家在联合国决议下为非洲某个国家修造公路桥梁,不仅在获得资助的国家内部存在竞争,其他没有获得批准的申请国也会有抱怨,由此产生公平性难题。

公共产品生产和供给的方式有三种:

(1) 公共生产。它是指由公共部门生产公共产品(包括物品和劳务),再由公共部门向社会提供。所谓公共提供,首先是指这些公共产品是由公共部门供给的,其次它是一种以不收费的方式来提供公共产品的。政府的纯粹公共产品,主要采用公共生产及供应方式。公海灯塔或外交斡旋,属于这一类。

(2) 私人生产。公共产品不一定都由公共部门生产,有时由政府购入私人产品,然后供应给市场。例如,国家可以将制片商拍好的电视剧买下在电视台播放。又如,不管谁来建造,一条道路在修成后被政府购买,供社会使用,便是公共产品;若它被企业购买并向行人收费,则变成私人产品。再如,国际维和进程的一个趋势是,武器和军事装备多由私人企业生产,政府在国际市场采购,提供给本国或他国的军队使用。

(3) 混合生产。在向社会提供的过程中,为了平衡获益者与非获益者的负担、提高资源的使用效益,政府对有些准公共产品,尤其是在性质上接近于私人产品的准公共产品,往往采取类似于市场产品的供应方式,即按某种价格标准向消费者收费供应。由于混合供给方式包含了政府的政策因素,它与市场供给的私人产品在价格或供应方式上存在一定差别。

公共产品、准公共产品与私人产品

国际公共产品理论提供了经济学的视角,便于读者从不同角度看待国际多边机制。

三、案例讨论:集体安全机制和维持和平行动

讲完国际多边机制的概况后,下面用联合国的两个事例对其加以说明:一是集体安全机制,二是维持和平行动。

(一) 集体安全机制

从国际安全的角度说,多边机制的突出事例是所谓的集体安全机制。它意味着这样一种国际政治制度安排,即如果一个国家的安全受到威胁,其他国家有责任采取措施共同对付威胁者。在《联合国宪章》第七章里有对集体安全的经典表述,其中心思想是:联合国安理会有权断定侵略行为或任何破坏和平之行为,并采取行动维持或恢复国际和平及安全;安理会可以采取武力以外的办法执行其决议,如果非武力办法不奏效,也可以采取会员国之空海陆军示威、封锁及其他军事行动;联合国会员国应依照特别决议或协定,供给为维持国际和平及安全所必需的军队、协助及便利,包

括过境权。

从原理上判断,集体安全是国际社会的一种保障。很多年以后,历史学家也许会说,它预示着、代表了国际社会的发展方向。倘若国际组织的最高目标在于谋求国际和平,则维持国际和平的最好办法就是把武力集中到国际共同体本身。一个世界如果像一个家庭那样荣辱与共、同仇敌忾,潜在的侵略者就不敢发动战争,弱小国家也不必害怕外来的威胁。集体安全与冲突的和平解决不同:后者是在问题出现以后再想办法解决,此时流血的代价已经付出,而且多数场合问题的解决并不彻底;而前者重在威慑敌人,其成本往往只在军备上面,有时甚至兵不血刃便收成效。

不过,集体安全设想的落实存在很多困难,现实与理论有不小的差距。

根据《联合国宪章》规定,联合国各会员国把遵照联合国的宗旨及原则来维持国际和平与安全的主要责任授予安全理事会。联合国所有会员国同意接受并执行安理会的决定;联合国其他机构只是向各国政府提出建议,唯独安理会才有权做出宪章规定的各会员国必须执行的决定。因此说安理会是联合国的实际首脑机关或集体安全机制的"枢纽"丝毫不为过。归纳起来,安理会有以下权力:依照联合国的宗旨和原则来维护国际和平与安全;调查可能引起国际摩擦的任何争端或局势;建议调解这些争端的方法或解决条件;制订计划以处理对和平的威胁或侵略行为,并建议应采取的行动;促请各会员国实施经济制裁和除使用武力以外的其他措施以防止或制止侵略;对侵略者采取军事行动;就接纳新会员国以及各国加入《国际法院规约》的条件提出建议;在"战略地区"行使联合国的托管职能;就秘书长的任命向大会提出建议,并与大会共同选举国际法院的法官。《联合国宪章》赋予安全理事会的上述权力,使它看上去多少像是一种特殊的"世界政府"。在联合国的六个主要机构(大会、安全理事会、经济及社会理事会、托管理事会、国际法院、秘书处)里,安理会规模最小但权力最大。根据规定,安理会由15个理事国组成:其中五个是常任理事国(美、俄、英、法、中);其他10个理事国由大会选出,任期两年。每个理事国享有一票投票权。程序问题以15个理事国中至少九个理事国的可决票表决之。实质性问题的决定也需九票通过,其中包括五个常任理事国的同意票。这就是所谓的"大国一致原则",通常称为"否决"。如果一个常任理事国不支持一项决定,但又无意否决该决定的通过,可以弃权。联合国安全理事会是履行全球集体安全职责的关键角色。

安理会是联合国的"芯片"

从程序和规制方面分析,集体安全机制存在天然的缺失。首先,照既有的规定,安理会像是少数国家的"权力俱乐部",一般国家进入它的机会很小。在激烈竞争的环境下,多数国家极少有机会担任非常任理事国,这还没有考虑一些国家在每两年一次的改选中连选连任的事实。其次,从理论上讲,占联合国会员总数不到8%的安理会15国,可以采取无视绝大多数会员意愿的行动。即便安理会的决定同多数国家的想法不谋而合,另外近180个国家也有理由对安理会以它们的名义做出决定但它们并未参与决策的局面表示关注。而很多国家是联合国名义下的历次维持和平行动的费用支付者,但被排斥在行动计划的设计辩论之外。

第十一章 国际多边机制

显然,这是一种不够完善的集体安全机制。今天之所以有越来越多的国家提出了变革的要求,是因为既有的规章制度与变化了的现实之间存在差距。第二次世界大战结束至今已有半个多世纪,目前安理会的构成显然不能反映变化了的现实。宪章赋予五个常任理事国的地位反映的是1945年的状况,而非现状。联合国会员国的总数是其成立初期会员国数的近四倍。广大发展中国家要求改变现状,限制或取消常任理事国的特权,安理会成员国要实行平等的地区分配,实现各国真正的机会均等。还有一些国家希望考虑到地区强国崛起的现实,在安理会常任理事国和非常任理事国之间增加一个等级,叫作"半常任理事国"或"轮流坐庄理事国"。不管最终采取什么方案,必然对现有结构做出改革和完善,这是总的趋势。但安理会无论怎么改革,都应当以保持它的工作效率为前提。安理会必须有能力在危机出现时迅速地做出决定,成员数量的膨胀势必损害其效率。现在的改革建议和方案繁多,但没有一个能令所有国家满意。因此,安理会的改革可能会是一个复杂艰难和漫长的过程。

有关安理会机制的另一个争议是否决权。依现有标准,安理会功能发挥的关键在于五个常任理事国的完全一致,即任何一个常任理事国的拒绝意见,都将使安理会乃至整个国际社会消除危机的共同努力作废,从而使联合国的集体安全保障机制在事实上瘫痪。由于五个大国享有否决权,集体安全所规定的各种制裁当然无法施行到它们身上;不但如此,它们的盟邦或有私下交易者亦可托庇于它们的否决权之下。一个众所周知的事例是,以色列曾一再无视联合国有关决议精神,对占领区的巴勒斯坦人实行残酷的镇压政策;由于美国的袒护,以色列从无受联合国集体安全机制制裁之虞。

联合国维护国际和平安全的权力基本放在安理会,而安理会能否行使权力,在相当程度上取决于五国的态度。这种设置有它的历史原因和必然性,也起到了某些积极的作用。但必须承认,它与《联合国宪章》精神存在一定的矛盾,宪章宣布"本组织系基于各会员国主权平等之原则";它也与现实发展状况不完全吻合,五个常任理事国在现实中是不可能完全一致的:这里有一个超级大国,两种社会制度,三类社会经济发展的层次和模式,无数重大的利益对抗和心理分野。结果是,理论上的"集体安全"经常遭到现实的"个别否决"。安理会五个常任理事国之间的关系,事实上决定了当今世界政治和安全权力的大致分配。当它们保持基本和平与合作时,也就是今天我们所说的"战略对话和伙伴关系"的时候,全球稳定与集体安全就有最基本的保障;反之,国际社会就缺乏安全感和有保障的秩序,对抗逻辑往往压倒协调与合作的精神。

国际决议的"大国定夺"

当今世界里,有相当多的国家对安理会落入少数西方大国,特别是美国控制之手的前景深感不安,因为很显然,在五个常任理事国中,尽管原则上它们享有同样的权力,但各国的实力、联盟、影响及由此造成的决策权的配置有着明显的级差:美国既是西方世界的盟主,也是常任理事国中的"头号强国",在多数场合均能得到英法两国无保留的支持(尤其在涉及国际危机的处理时),因此美国包揽了大部分的动议权。英法两国是老牌西方大国,在国际组织中根系深厚,对联合国的决策程序及各种法律法规早已烂熟于心,尤其善于利用公关及媒体做文章、摆姿态,因此也占有安理会、大会秘书处和维和行动部门的相当权力,特别是在程序解释及运行规则方面。苏联在解体之前也曾是安理会中的"要角",多与美国平分秋色,倡议权和否决权都运用得相当积极;苏联解体后,俄罗斯继承了其常任理事国席位,但因实力下降,不得已退居次要角色,眼睁睁看着原属自己的某些权力旁落。中国在安理会一向谨言慎行,作为一个发展中国家,又是一个持有不同于西方制度及价值观的社会主义国家,在动议及决策方面多采取以静待动、以守待攻的策略,自然也没有打算与美国等国一争高下。实力和态度的差别决定了决策权(包括动议权)方面的差别,撇开程序不谈,安理会多数决议的文本内容是由以美国为主的西方国家确定的。现实世界的集体安全往往是少数国家定义的集体安全;站在多数国家的立场上看,这种集体安全机制具有不合理的一面。

(二) 维持和平行动

近年来备受国际社会重视的维持和平行动,是联合国旗下最重要的集体安全行为,也是国际安全与和平领域主要的多边机制之一。

在联合国旗号下实施的"维和行动",主要是在秘书长直接领导下为维护国际和平及安全采取的军事行动,包括军事观察团和维持和平部队等形式。军事观察团是由被当事国认为公正的会员国应秘书长的请示向联合国提供的不带武器的军官组成的,其职能是观察并向秘书长报告维持停火的状况(秘书长再向安理会报告),调查破坏停火行为并尽其所能改善局势。维持和平部队由会员国提供的小规模装备轻武器的军人组成,其主要职责是帮助防止再次发生战斗,恢复并维持法律和秩序。为此目的,维持和平部队在必要时有权进行谈判、劝说、观察和调查。它们实际布置在对立双方之间,并进行巡逻。一般情况下,它们只是出于自卫、作为最后手段才可使用武力。它们必须保持完全中立公正的立场。

应当说,军事观察团和维持和平部队的工作是有一定成绩的。今天的维持和平概念比过去更加复杂。冷战结束以后的这些年联合国承担的维持和平行动的次数远远超过冷战时期的数量。维持和平的使命和具体任务大大扩展。维持和平不再是仅仅把交战双方和各方分开,它的目标可能还有保护手无寸铁的平民(如在波黑),发放人道主义救济物质(如在索马里),或者对一个即将崩溃的国家提供帮助(如在卢旺达);它可能还要承担诸如"恢复民主"(如在海地)或为国家重建奠定基础的工作(如在柬埔寨)。世界上有越来越多的国家请求联合国派维和部队帮助解决一些棘手的冲突问题。联合国安理会就像"消防大队",在一个冲突此起彼伏的时代,四处灭火、应接不暇。在不少地方,维持和平部队的确履行了艰巨的监督和维持停火的职责,受到当事国双方,特别是国际舆论的好评。多数维持和平部队冒着枪林弹雨执行任务,出生入死、化险为夷,一些维和部队士兵以身殉职,增加了世人对维和行动的尊敬和拥戴之情。1988年诺贝尔委员会在挪威奥斯陆宣布,将当年的诺贝尔和平奖授予联合国维持和平部队,以表彰联合国维持和平部队和军事观察团在实现联合国安理会关于停火的要求、维护《联合国宪章》、和平解决冲突等方面做出的杰出贡献。

联合国维和机制已取得的成绩不能抵消它同时存在的问题和缺陷:

首先,维和部队缺少维持和平行动所必需的理论依据和武器装备,因而多少显得有些软弱无力。联合国军事人员所扮演的并不是战争或强制行动的角色,而是作为一种结束敌对行为和作为敌对力量之间的隔离物的机制而介入的。实际上,它是国际社会认可的给冲突双方台阶下的停止战争并维持停火的一种机制。这必然使维持和平部队只能是有限规模的、没有重武器的弱势军队,从而使其在面对强大得多的"维持对象"时力不从心。维和部队既不能阻止种族清洗,也不能阻止某些国家的瓦解,似乎唯一能够做的事情是保护国际社会的救援物资的运送并且将它们分发下去(如果当事国的军队成心阻拦的话,有时甚至连这也做不到)。

其次,维和部队多半是由各会员国派出的小批部队组成,带来了指挥、协调、后勤上的诸多麻烦;其指挥官通常由中立国家即中小国家派出,他们多半缺少在大型战场上调动和指挥大部队的经验;许多中小国家提供的军事人员不能胜任使命,而训练有素、装备精良的部队由于政治方面的原因不能被派出。派兵的时间也是一个问题。经验证明,早期的介入可能会比较容易地排除后期较大规模干预的必要,或减少干预的成本,但维和部队的组成却要经过"会员国建议、秘书长报告、安理会讨论和做出派兵决定、秘书处及军事专家商讨细节、向会员国借调军人组建维持和平部队、人员培训和后勤准备、正式向冲突地点派出"这样一个复杂的程序,当完成这个程序时,日历也许又翻过了十几页、几十页。此外,维和部队兵源不足也是一个问题。

"迟到"的维和部队

最后,维持和平行动需要大量经费,尤其是一些规模较大或持续时间较长的行动所需费用导致联合国财政拮据。联合国要向参加维和行动的所有人员提供食品、医疗、住宿和津贴等。同时,联合国还要向派出维和人员的国家提供一大笔经费,维和部队中有10%的人是专家顾问,因而花费更高。在很多年份,维持和平经费大大超过联合国年度预算。维和行动的财源大体分为三类:第一类由联合国会员国自愿捐助;第二类从联合国正常预算中拨款;第三类由联合国维和行动资金拨款,这类资金是维和行动的主要财政来源,一般由联合国会员国按照大会批准的特定比例分摊。根据有关决议,维持和平经费应由会员国根据各自会费的分摊比例承担,但常任理事国要承担更多的责任。然而,会员国欠费现象司空见惯。尤其是超级大国美国,作为提供维和经费的"大户",往往根据自己的需要和判断,来决定是否提供、何时提供足额的经费,这就使联合国维和部门及其行动计划受到严重牵制。据报道,由于近年来联合国经常拖欠派出维和士兵国家的经费、维和士兵的生命安全没有可靠保障、维和行动屡遭挫折等原因,各国在为联合国维持和平行动提供兵源时顾虑重重,使联合国常常难以筹集到足够的维和士兵。

还有一种维持和平行动,是经安理会批准、由联合国授权、在西方大国直接参与和指挥下实施的维和行动,典型的例子有以美国为首的多国军队在海湾战争中的行动,以美军为主力的多国部队在索马里的行动,以美国为首的北约部队对波黑地区的大规模干预,以及法国牵头的北约对利比亚的军事打击。与第一种类型相比,这类行动主要有以下特点:首先,它们的直接目的不是监督或维持停火,而是制止冲突、遏制危机;不是调停劝解,而是"排除障碍";使用武器不是为了自卫,而是为了压倒不听劝阻的当事方。所以,外来军队从一开始便是居高临下式的、不容置疑的强权使者。其次,其使命决定了这种军队必然是有相当规模的、装备重型武器的作战部队,是训练有素、行动迅速的特种部队,是海陆空多军兵种协同作战的大国部队。这同联合国军的"软弱无力"形成了鲜明对照。1991年的海湾战争是一典型:以美国为首的多国部队不仅打得伊拉克的精锐部队"共和国卫队"毫无招架之功,甚至不允许入侵科威特的伊拉克军队有和平撤退的可能。在这场举世瞩目的战争中,美军动用了几十万人的部队、好几个航母编队、世界上最先进的各种军用飞机、分布全球的基地网络和太空卫星监视系统,全部战役行动花费了几百亿美元。

在上述战绩的背后,世人见证了联合国集体安全机制的一个重大缺陷,即这种国际多边机制功效的大小取决于少数大国,甚至主要是美国的意志和愿望。联合国作为一个实体可以表现出对赤裸裸的侵略行为的回击能力,但是,第一,这种回击能力的强弱取决于西方国家的参与程度;第二,无论如何,战斗一旦打响,联合国便再也无能为力,一切取决于大国的力量和当事各国(或当事各方)同大国妥协的程度;第三,从逻辑上讲,完全可能出现下述情况:尽管大国的维和部队借用了联合国的权威性和合法性,但大国在特殊利害关系的驱使下,可能"挟天子以令诸侯",用国际社会道义之名,谋大国政治私利之实。有些大国把联合国维持和平行动当成推行利己政策的工具,从而导致一些维持和平行动违反了《联合国宪章》原则与操作方面的规定。有的维和行动超越了只有在主权国家邀请并只负责监督停火、不干涉内政的原则;有的维和行动实际上多少成为偏袒性举动;有的维和行动发生在根本没有发生冲突甚至还不是联合国会员的国家,如美国借联合国名义并在"采取预防性行动"战略下在马其顿驻扎了几百名士兵。这些维持和平行动虽然名义上归属联合国领导,但实际是由个别西方国家组织、协调和操作的。

联合国集体安全机制的困境,尤其是维和行动面对的难题,是当今国际多边机制面临的深刻挑战的生动写照。读者了解国际多边机制时,既要看到它们的成就与存在价值,也要认识其深刻矛盾之处。

思考题

1. 国际多边机制对于"国际无政府状态"有何修正作用?
2. 国际多边机制与国家的多边外交之间有何联系和差异?
3. 国际多边机制为何在困难和矛盾境况下仍能生存下来?

推荐阅读

1. 李铁城主编:《联合国的历程》,北京语言学院出版社1993年版。
2. 〔美〕莱斯利·里普森:《政治学的重大问题:政治学导论(第10版)》,刘晓等译,华夏出版社2001年版。
3. 〔美〕布鲁斯·拉西特、哈维·斯塔尔:《世界政治(第5版)》,王玉珍等译,华夏出版社2001年版。

科学技术的作用

第十二章

本章要点

1. 科学技术随近代欧美资本主义一道兴起,成为各国在国际舞台升降的加速器。
2. 科技在国际政治里的作用好似一把双刃剑,关键是谁来掌握它、如何使用它。
3. 国际体系的变迁、国际关系的塑造,越来越取决于科学技术的进步及其应用。

在探讨科学技术对国际政治的影响之前,需界定一下我们讨论的核心范畴。

生活中人们习惯说的"科学技术"是差别甚大的两个概念——"科学"(science)和"技术"(technology)的组合。前者是指反映世界本质规律的理论,是揭示客观事物特点的思想观念,属于基础性原理;后者是解决问题的技能,是完善现有事物的手段,属于经验性知识。科学的本质是求真,技术的优势在于务实。科学发现往往是技术进步的先导(如牛顿力学对于早期工业革命的意义),技术改进也经常为科学进步提供启示,但不是所有科学研究及成果都能转化为技术进步(如"哥德巴赫猜想"),也不是所有技术进步都直接依赖于科学发现(如农民种田本领的习得或普通人驾驶水平的提高)。古埃及、两河流域、古希腊及古罗马是科学的主要发源地,为西方留下了这方面的深厚思想传统,尤其是在逻辑、数学、自然哲学和科学原理等方面。中国古代社会重视农耕、医术、占卜、兵法、冶金等实用型技术知识及相关人才,可以说是历史悠久的技术大国("四大发明"便为典型),但相形之下穷究真理、独立探索的纯粹科学精神未曾得到充分鼓励和发育。近代以降,欧美各国率先大力将科学发现应用于技术、工艺和制造,现代化、工业化、市场化均大大领先于世界其他地区的文明系统,至今在科学原创思想和新知探究领域依然有较大优势;一些新兴非西方大国凭借综合国力的快速提升,今日在高新技术上加快赶超步伐,互联网、人工智能、高铁线路、钢铁业及传统制造业的突进态势显著,但在科学发现前沿及原创尖端技术方面仍相对落后。

不过,本章的主要目的不是讨论科学与技术的差异,也不是比较中西方文明各自的长短,而是把科学技术作为一个整体因素,考察它对当代国际政治的影响。这样做的理由有二:一是科学与技术之间确实存在紧密联系,尤其到了国际化和信息化的今天,它们之间呈现相互依赖、相互促进的发展趋势,即科学技术化和技术科学化,科学和技术日益一体化,并且用系统的、整体的、连续的方式对人类社会发生作用。所以,对于非科技专业的一般读者,重要的是了解科学思想和技术进步带来的总体影响。二是在以往的国际政治教材里,对于科学技术与国际格局的关系认识不够。传统教科书把重点放在国家行为体和国家间权力竞争上,而新的全球变革动态表明,科学技术的穿透力正在改变旧的认知,其间包含了量变与质变的复杂层次,需要重新加以审视评估。总的来看,科学技术是以加速度在进步的,而且表现出非线性的、辐射状的扩展,但科技进步的革命意义始终如一,保持了历史的连续性。我们不能把原子能产生的变化同电的发明给人类生活带来的改变做简单的类比,它们都属于革命性的更新。科学技术本身是中性的、无阶级的、无意识形态色彩的,但怎样使用它、朝着什么目标对其加以应用,却有着"双刃剑"的效应:既可以造成好的影响,也可能带来坏的后果,对社会、对个人如此,对国际政治亦不例外。本章仅选取与国际政治相关的科技知识部分,做初步的介绍和讨论。

一、历史上的科学技术

(一) 科学技术进步与工业革命

历史上曾经有过弓弩发明、车轮发明、铁器发明、纸张发明等重要技术进步,给中亚蒙古区域、中国黄河流域、阿拉伯及两河流域等地的相对领先位置奠定了基础,然而这些技术上的进步并没有科学的前导与说明,基本属于工匠的创造、熟练劳动者的经验总结。直到近代资本主义在欧美源起,科学与技术才有了真正意义上的浸透与结合,并且大大助力了西方国家的自然地理扩张、生活全领域应用科技和在国际政治体系占领主宰位置。

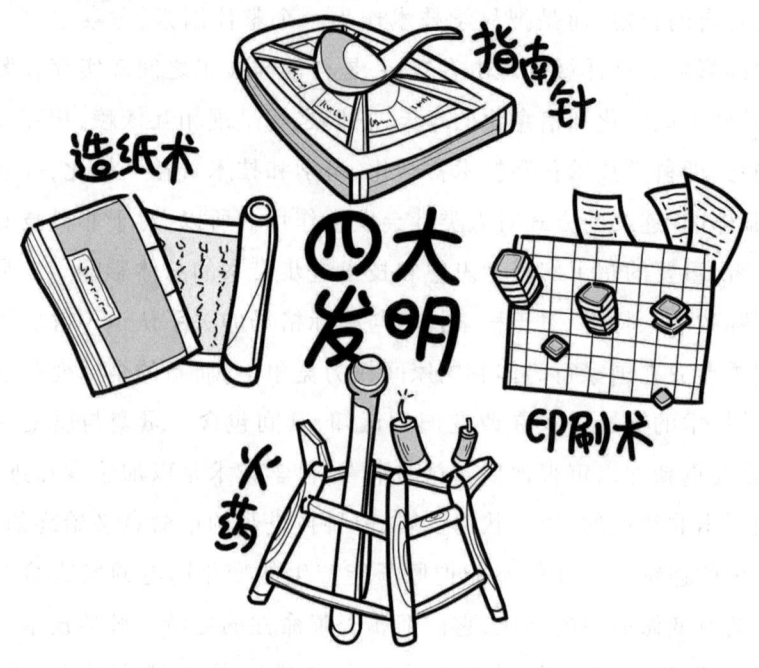

中国古代的"四大发明"

第一次工业革命也叫"蒸汽机革命",从 18 世纪 60 年代持续至 19 世纪中期,标志着人类的农耕文明向工业文明开始转换。这一次革命首先出现在以英国为代表的西欧——近代资本主义的主要发祥地。英国科学家牛顿在 17 世纪后期发表的科学论文(尤其是关于万有引力、三大运动定律的说明),不仅为此后 300 年的理论物理学奠基,也直接带动了蒸汽机等实践技术创新。第二次工业革命开始于 19 世纪中期,使人类进入了"电气化时代",电力、钢铁、铁路、化工、汽车等规模制造业兴起,美国、西欧引领风气之先。这一时期也是欧美国家科学思想昌盛、各种新知层出不穷的高峰期。第三次工业革命被普遍称作"信息化革命",其影响力至今依然强劲,电脑的发明、网络的普及、信息传播方式的迅猛推进,把人类生活提升至更高阶段,这一次西方发达国家科技发明首创多且保持领先地位,但中国、新加坡、韩国、印度等非西方国家及地域开始觉醒、复苏,呈现追赶势头。从科学对技术的基础进行观察,这一时期科学家们发表的大量关于语言的人工化改进、文字的图表呈现等论文思路,对科技发展起了重要的示范先驱作用。

第四次工业革命目前初露端倪,人们对它尚无共识及统一说法,但它与前三次有所不同。大致可以认为它属于一种新型的绿色工业革命,即从根本上改变了以往的经济增长方式,提倡可持续的发展,技术特点是更多使用清洁能源、大幅减少化石燃料的消耗,经济社会改进逐步与不可再生资源全面脱钩,其中人工智能、移动互联网、云计算及量子通信技术、生物技术、纳米技术、可控核聚变技术等发挥着关键作用。这一阶段科学的启示仍在,但技术本身的自组织效益开始发力,技术成长的强大惯性愈发强劲,技术人员在操作层面的技术已达到更高的标准。这也是为什么尽管中国、新加坡、韩国、印度等经济体(一定程度上还有马来西亚)的科学思想、前沿性论文、基础理论未有欧美地区同行雄厚根底,应用技术、商业能力、操作技能、管理技巧等却常有"弯道超车"的惊喜表现。

从国际政治的角度分析,近代以来四次科学技术进步与工业革命的启发在于:资本主义制度在世界范围内霸权地位的获得,与大规模生产方式及其强大的征服力直接相关,这里面科学技术起到关键作用。自此,非西方文明开始受制于西方文明,欧美中心地位保持了数百年之久,近代全球国际体系从一开始便打上西式文明与政治权力的烙印。工业革命历史本身还告诉世人:影响全球范围内的进步,一定是既有科学思想的昌盛繁荣作为先导,也有技术创新的源源不断激励和保障在后跟进,这中间产权保障、法律完备、政体保证不可或缺。与古代世界各地孤立、局部的技术改进不同,近代以来帮助欧美国家占据世界体系和国际政治制高点的科学技术,有一种强力扩张、全方位渗透的态势,类似大机器与制造业的推广、铁路或国际航道的开辟,以及互联网与人工智能的应用,都可归入"全球通用技术"的范畴。这些通用科技帮助较先进国家在增进本国权力与利益、征服世界其他地区上,不断取得倍增的效果。

（二）西方霸权：不同阶段及其科技要素

上文的讨论引发了一个值得深思的问题：世界历史和国际政治的变迁究竟是一个平缓的、渐进的上升曲线，还是有特定的阶段区分和周期的不均衡过程？显然本书的回答是后者。让我们深究一下，近代西方国家轮番称霸的科技基础及要素有哪些。

从1492年哥伦布首航美洲大陆起到16世纪末期，是西欧近代列强首秀葡萄牙称霸的时期。这一阶段葡萄牙的科技及制度创新主要有：全球探险和航海大发现，以及同美洲、印度等地展开最早的国际贸易（当然是以不平等的交换方式）。其中，先进的航海技术及制造能力、通商意识与比较成本思想等，发挥了引导作用。

大航海时代

从16世纪末到17世纪末的百年内，是另一个西欧强国荷兰成为当时霸权国的时期。荷兰这一时期的科技与制度创新主要有：提出并阐述海洋法及国际法；适应当时这个国家领风气之先的海洋自由贸易需要，率先建立阿姆斯特丹银行、证券交易所和谷物交易所；建立荷兰东印度公司；发展相关的技术与思想理论等。

从 17 世纪后期开始,直到 19 世纪后期,英国成为第一个真正意义上的世界霸主。以牛顿(力学)、法拉第和麦克斯韦(电磁理论)、焦耳(热力学)、波义耳(化学)为代表的一大批科学家及其思想发现,成为奠定近当代科学进步的重要基石;在技术和制度创新层面,英国人的自由贸易理论、英格兰银行的国债、金本位制、产业革命论、废奴倡议等,代表着"日不落帝国"鼎盛期的世界首创与贡献。

19 世纪,美国的工业制造能力超过英国,第一次世界大战后以"威尔逊十四点和平纲领"为象征,美国开始发力并争夺世界统治地位,直到第二次世界大战结束后获得在全球的支配地位。代表美国世纪的创新技术与前沿理论难以计数,比较为中国读者所熟悉的有:建立联合国及战后主要国际政治经济制度,研发核武器及其他大规模杀伤性手段(包括相关战略威慑理论),率先实现跨国公司的全球经营,首创生产流水线("福特汽车生产方式"),开拓航空和航天宇宙事业,建立全球盟友体系、全球军事基地系统、全球当代通用教育模式、以好莱坞为典型的通俗文化艺术模式、以华尔街为中心的国际金融制度以及"硅谷"式的全球科技开发模式,等等。所有这些制度、器物和模块里面,均含有科学和技术的重要内涵。

自然,霸权国的交替更迭,国际格局的周期变动,并不单单决定于科学技术因素,还受霸权国的地理位置、资源禀赋、起始条件、国民性格、外交手段等多重因素影响。本章的分析重点是科技因素的重要性。

分析至此,读者容易想到的问题是:欧美资本主义国家近代以来为何长期在科技方面保持领先地位,这对后发的非西方国家有何启示?读者的思考可沿着两个方向展开:首先,应看到资本主义扩张与成功的野蛮面,看到西式科技跃进过程的不可复制性,如欧洲人早期大航海探险过程中获得的垄断利润,征服弱小民族的血腥手段,宗主国与殖民地的不公正贸易,西方崛起过程对非西方民族造成的心理压抑和其他苦难等。这些属于在 21 世纪的今天没有法理支撑、不可再现的原始资本主义成分。其次,在西方实现科技领先的具体体制与做法里,亦有一些因素值得参照学习,如大学科研制度的独立保障、知识产权的有效保护、司法体系的完备与不受政治干扰、利用市场实现军工民企的结合等。

二、当代科学技术的作用

（一）国家、市场和科技

前面各章提到，当代国际政治的画面里，不只有显著的角色，如竞争霸权地位和主导作用的大国、强国，也有日益增多的非传统的竞争者，比如实力独特、技巧超群的一些中小国家，以及体量庞大、分布世界各地的一些跨国公司。那么，科技因素如何对它们助力，它们又怎样影响他者？

1. 扮演大角色的中小国家

世界各地有这样一些国家，它们尽管人口不多、幅员有限、自然资源贫瘠，但充分挖掘和利用了科学技术，打造出世界一流的产业产品、技术技能和软实力，其能量远超比自己大得多的多数国家。因篇幅所限，这里仅举三例。

• 韩国在20世纪70年代之前还是一个默默无闻的角色，自1988年汉城（今称首尔）奥运会以来的30多年间，韩国迅速成为全球科技新锐国，国民收入和教育水平达到发达国家程度，电子通信技术、军工产品与技术、半导体产业、汽车、造船、电力、钢铁及装备制造业进入国际先进行列。凭借雄厚的科技及综合实力，韩国的外交和国际交往有声有色，不仅与美国、加拿大、欧洲等发达国家和地区的关系紧密，与东南亚、非洲、拉美、南太平洋等地区亦有重要合作，在联合国及国际组织担任要职的人数超过不少老牌发达国家。

• 以色列人口总数不到1000万，被誉为"最小的超级大国"：军事、科技、农业、医学、工程学、计算机科技、光学仪器制造等均处于全球领先地位；陆海空军战力、情报能力和远程奔袭力均为各国榜样；拥有数量甚多的各型核武器,令周边的阿拉伯国家忌惮但又无可奈何;以色列和美国是特殊的战略盟友,它在美国有庞大的金融和实物资产、强大的院外游说集团,以及大量犹太裔科学家、金融家、艺术家。

- 瑞士是典型的"四两拨千斤"角色。瑞士国土面积约为4.1万平方千米,人口总数才850万(2018年),科技创新能力却在全球数一数二。在瑞士的十几个世界500强公司里,地中海航运公司是世界第二大航运公司,罗氏制药、诺华制药联手可占全球制药业的半壁江山,嘉能可和雀巢分别是全球最大的商品交易商和最大的食品公司,SIG是著名轻武器制造商。中国人喜爱的瑞士手表、巧克力、军刀等,不过是这个国家贡献给世界的高品质产品中很小的一部分。从国际关系的角度观察,瑞士的银行金融、达沃斯论坛及相应的规则/决议/报告等,均为全球同类领域的最高标杆。

反观很多不发达国家及地区,虽然自然物产丰富,地理和气候条件优越,有些还拥有众多人口、广大幅员和悠久文明,但是由于外部和内在原因(不论是帝国主义、殖民主义的历史遗患,还是部落、种族、教派之类的内部矛盾冲突,以及国家体制及政策方面的各种问题),这些地方似乎与现代科学技术隔断绝缘,在全球发展与现代化排位上相当落后。各个民族国家和区域在世界现代化进程的相对位置,越来越不取决于先天的、自然的禀赋,而是更多地受对科学技术的理解与掌握所决定。这中间不只包括狭义上的科学发现与技术专利,也得算上贸易技术、法律咨询水准、科研组织方式、教育培训模块等因素,即在科技基础上孕育出的新型现代化团簇与集群(cluster)成果。

通过比对这些新型现代化团簇与集群成果,新型小国不断倍增的国际影响力和旧式大国不断衰弱的国际地位便一目了然。

21世纪综合国力竞赛将在更高、更大的地球空间展开,深海、大洋、极地或外空可能会体现出主权和政府权力的延续;谁占据了高边疆,谁就占据了主导位置。从全球能源开发的不同途径与思路,对此也可以得到好的证明。尽管工业革命至今,以煤炭、石油、铁矿石、铜矿石为代表的化石资源始终是各国发展的主要能源,然而新的趋势已经显现,那就是核能、风能、水利、电池板、潮汐能、太阳能等清洁能源在开发利用方面有更好的前景。不论大小国家,只要率先掌握高效和便于储存的可再生能源,就有可能在综合国力的长期较量中占据有利位置,发挥超出自然幅员和人口规模的国际作用。

经济学家熊彼特的创新理论有一个重要思想,即竞争的本质是一种创造性破坏,不论产品的创新、工艺的创新、生产方法的创新或科学技术的创新,还是社会生产方式的更迭,都是对从前同类的某种打破和推翻,是在此基础上的超越与再造。熊彼特的命题促使人们用全新的角度看待诸如金融危机、经济萧条、发展停滞或企业倒闭等不利现象,并用这种思维看待任何表面上处于不利的事物与进程,寻找"危中之机"和新制高点。也就是说,谁能在世界经济萧条停滞期找到突破口,利用科技手段,谁就可能在竞赛中后来居上。历史越是发展,自然因素造成的约束就越有可能被突破,而创新力就越有发挥的空间。

2. 全球跨国公司

全球跨国公司之所以拥有现在的规模与影响,原因之一是这些经济巨头同时是科学技术的重要孵化器,首创了许多引领世界潮流的前沿产业、产品、技术和规范。

比如,中国的华为集团是全球最大的电信设备供应商;联想集团是广义个人电脑领域全球第一大厂商,2002年被中国国家知识产权局授予全国企业技术创新和拥有知识产权最多的企业;马云创立的阿里巴巴是中国乃至全球范围内最大的电子商务平台,这家企业创造的支付宝等各种"宝"和"双十一"购物节,不仅方便了中国百姓的日常生活消费,而且在世界很多国家产生了巨大影响;与阿里巴巴类似,腾讯公司推出的微信(WeChat)是一个基于智能终端提供即时通信服务的免费应用程序,它集语音短信、视频、图片和文字及信用支付多种功能于一体,覆盖中国绝大多数手机用户,而且范围扩展到世界多个国家及地区,成为世界上广受欢迎的应用程序之

第十二章 科学技术的作用

一;中国国家电网有限公司的特高压技术、中国核建集团的新型核电站建造技术、中国的高铁技术,都在消化吸收国外同类先进产品技术的基础上进行独特的技术创新。观察中国进入全球500强的100多家大型国有和民营企业,多半都有类似的"独门绝技"。尽管中国人在科学发现和基础研究领域尚有不少短板,但中国企业家在技术引进、消化吸收和更新换代方面的能力,却是世界公认的"超强超快"。应当说,中国经济的迅速成长及科技水平的强劲提升,给了中国政府及其外交充足的底气,"一带一路"倡议、筹建亚投行倡议、减少温室气体排放倡议等重大举措,无不包含了决策层基于国内科技实力与水平的考量。

中国知名品牌

纵观当今世界,有话语权的强者至少具备两大条件:一是科技,二是市场。从前者分析,几乎所有跨国公司都诞生于重视科技的发达国家和新兴经济体,这些地方一般都拥有充足的科研投入、完整的教育体系,有利于技术应用的市场环境、受到尊重的工程师和科学家,有内在动能转化为外部地位和影响力的故事线索。就后者而言,市场经济与商品交换,也是所有跨国公司诞生和扩张不可缺少的载体。不难发现,俄罗斯、朝鲜、古巴等国曾经或现在仍然拥有特殊的科技专长与超前发明，如古巴的医疗体系、朝鲜的核武器研发及导弹技术，特别是俄罗斯一度雄霸天下的航空航天、军工重工、能源开发、科学发明的大量先进成果，但这些国家的企业在世界500强中只有零星几个或几乎没有踪影，也很难将自身的科技专长转化为全球通用技术及产品。究其原因，最重要的一点是这些国家对市场经济的排斥。

（二）科技因素对非传统国际行为体的加持

科学技术是一柄双刃剑，主要看掌握在谁的手中、如何使用。在今天的国际舞台上，一些非传统的、非国家的行为体，通过运用或试图运用高科技手段，也能影响国际形势、实现重大目标。

国际恐怖组织和阴谋势力便是这方面经常被提到的典型案例。有特定政治目标、手法隐秘、手段残忍的恐怖主义组织，为了达到自身的目的，想方设法地利用现代科技。比如，电视、互联网、手机、广播等大众传媒，被"基地"组织等恐怖势力用来恐吓公众或招募志愿者；日本"奥姆真理教"教主麻原彰晃，策划并实施在东京地铁上施放沙林毒气，造成十余人死亡、数千人受伤的恶名；苏联解体后的几年，一些走私团伙试图将毒性极大的核材料从俄盗窃出来并高价转手给国际上某些阴谋势力。正因如此，联合国及其相关机构（如国际原子能机构）多次做出决议，要求各国和国际社会共同努力，阻止大规模杀伤性武器（核武器、生物武器、化学武器）及其原材料落入国际恐怖组织等恶势力手中。病毒、细菌、衣原体类和毒菌类的生物攻击方式，不仅早已成为好莱坞大片的素材，还是实际生活里人类面临的重大危险。尤其最近几十年，随着分子化学的突破性进展，以基因重组技术为代表的遗传工程应运而生。就像任何高新技术一样，基因工程很快被应用于军事领域，一些军事大国竞相投入重金和人力研制基因武器和反制手段。试想，若国际恐怖组织或阴谋集团攻破防守大门，盗取了这类基因武器，然后把譬如说感冒病毒与艾滋病毒组合嫁接在一起，或把鼠疫杆菌植入大肠杆菌令其繁殖（哪怕是由科学家怪癖的驱动，或实验室操作失误所致），造成这类基因攻击及成品泄漏，有关国家的民众乃至整个人类将遭受无法估量的可怕后果。在科技发展日新月异和国际斗争激烈复杂的背景下，上述推测绝非没有现实可能。

同理，现代金融业的迅猛扩张，已使得银行、证券公司和各种金融机构成为市场经济高端、复杂的技术平台之一。一些拥有大数据和特殊技能的程序员、操盘手和电脑工程师，无论是出于私心、阴谋还是误操作，不仅可能瞬间让巨额资金额度化为乌有或转到他人账户下，而且可能诱发大规模的连锁反应，造成局部甚至全球范围内的金融地震。一次大的金融银行业风波带来的损失，不亚于一场中小规模军事冲突的代价，而且无硝烟的战争比战场上的对抗更加诡异和难以应对，因为它也许无影无踪。尤其在信息化、便利化、全球化的时代，越是大的发达经济体、金融银行机构，在一般人无法弄懂的衍生产品、次贷和信用方式上，越是容易遇到大的失误或恶意操作，越有可能付出惨重的代价。假使这种情况发生在国家之间，涉及不同民族国家的重大利益，就会有牵一发动全身的连锁反应。权力谋取与政治博弈的概念，在科技光谱的折射下，生发出别样的含义。往好处观察，技术平台和科学进步，令一些拥有伟大抱负且能力超群的个人能实现常人无法做到的事情，比如在国际和平、合作及人道主义事业中发挥重大影响。盖茨基金会就是一个当代典型。成立于2000年的比尔及梅琳达·盖茨基金会，以微软创始人比尔·盖茨及其妻子命名，资助范围包括全球健康和医疗救治、最不发达国家的救灾减贫、帮助世界各地少数族裔及弱势家庭子女获得教育资助、推动图书馆建设、建立上述领域的一些研发中心等。这个基金会在抗击艾滋病、根除小儿麻痹症、减少疟疾威胁、"厕所革命"、"安全套革命"以及鼓励亿万富翁捐赠等方面发挥的引导作用，甚至超过一些政府和国际组织的努力及成效。没有人否认，资金保有量超出很多弱小国家又有微软这样的超大科技型企业支撑的盖茨基金会业已成为当代国际关系里不可忽视的一个"玩家"。

总之,科技因素对于非传统国际行为体的加持,不同行为体在这个过程中展示的积极作用和消极面,也是观察当代国际政治的一扇新窗口。

科技是一柄"双刃剑"

（三）改变传统的战争形态

科学技术新发明在国际冲突中造成的后果,是人们提及最多的一个方面。

第二次世界大战结束以来,高技术在军事领域里的广泛运用得到突飞猛进的发展。微电子技术、计算机技术、军用新材料（如高强度、耐高温和耐腐蚀的复合材料）、光电技术、军用航天技术、核能技术（如中子弹、电磁脉冲弹）、军用生物技术、精确制导技术、自动化指挥系统技术、电子对抗技术和隐形技术等,使各国的作战规模、作战方式以及作战能力发生了巨大的变化,使有工业化国家参与的现代战争成为地地道道的高科技之战。海湾战争是最典型的事例。那些看过关于该战争的电视新闻报道的人不会忘记西方多国部队的智能炸弹和巡航导弹是如何毫厘不爽地找到伊拉克空军总部的主要通风管道或导弹掩体的确切入口的画面。在这场所谓"世界上首次以第三次浪潮形式为主的战争"中,两种不同的军事模式狭路相逢。伊拉克军队在它的大部分雷达和监视系统被摧毁之后,成为"被屠宰的对象";多国部队则像一个将智能注入武力的控制系统和战争机器,自始至终未给对手任何喘息的机会。在这种战争中,"持久战""游击战"等概念逐渐弱化,人数多寡、距离远近都不再是最要紧的问题——对于未来可能卷入此类战事的处于劣势的那些国家(多半会是发展中世界的弱小国家)而言,它给予的教训之一是:不要同你根本无法对抗的国家动武,否则,即使你有理(更不必说无理),你也得强咽苦果。强权政治的逻辑在现代战争里得到淋漓尽致的表现。

专家们早已指出,核武器的出现及核时代的降临,既改变了世界大国斗争的形式,也修正了战略家们对安全与秩序等问题的见解。单就破坏力而言,一架 B-52 轰炸机装载的爆炸物比以往人类史上所有战争的全部爆炸物当量都大。发动战争的代价越小,"红利"越大,战争越有可能爆发;反之,大战的前景越可怕,发生大战的可能性越小。自 1945 年以来,尽管出现了多次局部战争、常规战争,却从未形成世界大战,尤其是拥有核武器的敌对工业化区域之间没有发生大战,这显然是与核武器的巨大毁灭力分不开的。

随着无人机、隐形战机、定点清除方式、特种作战、非正面战场攻击手段等样式的出现,战斗的形态、战争的含义、胜负的观念也在不断变化,小规模的、短时间的、低烈度的、战术战役级别的军事较量一刻也不曾停息,研究界对它们的认识也不得不重新调整适应。在新的阶段,不用说对敌方将领的暗杀、对恐怖集团首领的猎杀变得更加不受约束,一些国家军队的特种作战力量、一些派别势力的武装分子常常无视边界的存在和国际法的惯例而大打出手;有时这些打击行动之快、有关国家面孔变化之快,让安理会和国际社会甚至来不及开会讨论,战事就已结束,一切似乎重回正轨。俄罗斯、美国、土耳其等国在 2020 年年初前后,围绕叙利亚北部地区一些重镇控制权的明争暗斗,就很能说明问题:表面上是叙利亚政府军和反对

高科技下的战争

派武装及库尔德民兵等弱势力之间的争夺战,是无大规模杀伤性武器使用的局部冲突,背后却有地区级别乃至全球层次的军事力量博弈和外交讨价还价。尤其是,俄土关系的"变脸"比天气转换还快,美土关系的一波三折比北约任何其他成员之间的矛盾关系都复杂,美俄关系的不确定性比全球其他国家之间任何一对双边关系的不稳定更甚。因而围绕叙利亚北部这些地理要冲的较量,尽管造成了规模性战场伤亡和大范围难民潮,却无法在联合国集体安全机制下进行讨论和解决,国际社会和联合国秘书长甚至很难给出统一立场及口径。在全球当下发生武装冲突的很多地点,都能见到类似的蛛丝马迹:乌克兰民兵掌握的先进导弹及其他武器,加沙哈马斯力量的巧妙袭击,也门胡塞武装组织拥有的精良无人机,利比亚各派势力得到的技术装备,部分代表了国际上新军事装备和战法进展。判断新型武装冲突,已不能用第一次和第二次世界大战时的标准,也无法再根据20世纪90年代海湾战争或波黑战争时期的正义与非法尺度,当然更不可以依据美国人在"9·11"事件后推动全球反恐斗争时所采取的是非立场。政治与技术结合,军事和外交互为表里,传统战争与非传统战法混淆,令国际斗争更加扑朔迷离。

三、科学技术进步对国际关系的影响

促进各种文化和民族之间的互动,增进国际政治与国内政治的互动,是当代科技对国际关系的又一重大影响。它有历史的延续性,只不过在现在和未来体现得更突出。

世界上有数千个民族和种族,更有难以计数的特质文化。然而,若非凭借技术手段,各种文明之间是无法沟通的。地球表面70%的面积被浩瀚的大洋所覆盖,其余30%的陆地除部分平原外,遍布着高山、丛林和峡谷。在哥伦布首航美洲大陆以前,人们并不了解各种民族和文化间的差异,遑论文明之冲突或融合。不同地域、肤色、人种之间的接触和认识,乃一长期而艰难的历程。16世纪早期麦哲伦环球航行队18名幸存者在历经艰辛返抵西班牙,用了将近三年的时间。儒勒·凡尔纳于1872年发表的长篇小说《80天环游地球》,表达了人类在当时条件下所能设想到的最短环球时间。

如今,即使按凡尔纳给出的路线并且在主要地点停留,绕地球飞行一周也仅需数日之功。交通运输手段的发展使国与国之间的人、财、物的交流可以按天数计算,而通信传播媒体的发达则使信息瞬时间完成传递任务。电报、电话、无线电、电视机、海底电缆、光学电缆、通信卫星和其他手段的发展,真正令"秀才不出门,全知天下事"。地球变得越来越"小",各地块的距离被拉得越来越近。只有到这时,各种民族和文化之间的交流才有了真正的意义。民族间的互动日趋频繁,一方面加强了文明意识,另一方面亦加强了彼此间的差异性与内部的共通性——亨廷顿的这句话说对了一半。当美国有线电视新闻网(CNN)、英国广播公司(BBC)不断播出波黑内战的残酷画面时,全世界的穆斯林都被激怒了;各国各地持不同方言、原先彼此完全没有联系的穆斯林在无形中被联系起来对波黑穆斯林进行声援,从而增强了同质文明的感召力和凝聚力。中国也有这方面的突出案例:2020年年初当新冠疫情在中国大地蔓延开来,全球华人华侨、中国海外留学生里面,有很多人迅速在所在国家和地区展开了赈灾募捐的大范围行动。不论是在哪一种情景下,信息的快速传递及现代化通信手段的广泛应用,对于中华民族的整体意识及血脉传承都起到了重要的作用。工具性的科学技术不是导致文明聚合或国家冲突的根源,而是凝结各种文明和民族的"黏合剂"或分裂它们的"催化剂"。

使国际关系具有全球维度,是近代资本主义扩张和科学技术进步交互作用的结果。各国日益成为国际体系整体之不可分割的部分。以往的国际关系概念主要指的是民族国家之间的关系,它反映出近代西欧典型的民族国家之国际体系的基本观念,即民族组成国家,民族国家是至高无上的主权者,国际社会由主权国家组成,国际政治即国家间政治。这种以近代欧美国家为范本的基本观念,在当代条件下虽未完全失效,却与现实有着逐渐增大的差距。差距增大的原因之一是科技的迅猛发展。科技不仅可以加强整合,也会带来裂变。边缘族群和非主体民族参与诉求和独立意识的增强就是一例。这不仅表现在落后地区,在工业化发达国家也有体现。科技带动的经济全球化、国际化和日益强大的跨国公司行为,既创造了更多财富,也使经济的疆界同政治的疆界越来越不一致。与此同时,国家主权被新技术、新观念所冲击和重塑。国家的支配能力与科技的发展速度之间存在因果关系,主权的延展或收缩很大程度上取决于主权者对科技的把握。当然,使国际关系具有全球维度的最明显压力,来自全球性挑战。很多全球性危机只有在科技高度发展的情况下才会出现,也只有在各国齐心协力巧用科技手段的时候才能解决。问题本身孕育着解决问题的手段:人类可以通过卫星找到撒哈拉沙漠中的伏流,画出太平洋洋底的高山图,测出雨林消失的面积,感应都市上空发散的热量,观察人口扩张的状况,但对问题解决来说最重要的是共同的意识与努力。全球主义植根于科技进步,后者则为前者开辟了更大的空间。

科技进步也影响或改变着决策者对国际国内事务的看法,从而潜移默化地影响或改变国家的议事日程,并且为国际关系注入新的矢量。比如,20世纪60年代末以来,技术进步所揭示的开发深海海底丰富资源的前景,使得对海洋问题感兴趣的国家的数目远远超过了临海国家的数目。它具体表现在联合国海底委员会成员的数目上。同样的情形也发生在联合国和平利用外层空间委员会中。此际所能确定的是,当科学技术显示出自己日益强大的存在时,政治(包括国内政治和国际政治)已不再是孤立隔绝的板块政治,它变成空间上联动的和相互制约的政治;国际关系已不再是一对一的或几个对几个式的机械磨合,而是变成复杂有机体的运动。在此过程中,国际制度的网络化进程更加强劲,相关技术和专业意见渗透到世界各个角落、国际国内事务的各个方面。比如,在国际和各国食品安全领域,国际食品法典委员会越来越多地介入,提出了有关食品安全的指导性意见(被广泛称作全球食品安全"新指南");在打击跨国有组织犯罪的问题上,联合国毒品和犯罪问题办公室已经开始定期发表报告,协助或给各国政府的相关工作施压;位于荷兰海牙的国际法院,已经而且可能将更多地对主权国家政府的领导人开展调查和提出指控(假使后者被确认为有意实施犯罪的话);在国际水域,类似《1954年国际防止海洋油污染公约》《国际防止船舶造成污染公约》的国际法,对于规范全球船舶业的环保态度和措施,正在产生日益增大的约束力;在各国使用地雷的考量上,已生效的《渥太华禁雷公约》势必形成对目前尚未签约的少数国家的强大压力,令后者不得不朝着减少地雷使用的方向运作。虽然一些大国力图干扰或操纵国际制度,包括中小国家在内的各种国际利益集团的博弈也从未中止,各种国际制度和组织内部的官僚化及惰性在相当大的程度上影响着制度与组织的效能,然而从总体上判断,科技协力下的国际制度网络化进程不可阻挡。

世界政治从出现到今天一直像一面不断旋转变化的多棱镜,折射出人类社会存续的不同方式。它曾表现出军事因素的决定作用,它曾被打上意识形态的烙印,它使市场经济上升到至高位置;今天,它还显现出科学技术的特殊价值,给人类带来倍增的力量和不确定的未来。

思考题

1. 科学技术的近代演进历程与古代文明时代有何不同？
2. 如何理解科技的工具力量、双刃剑效应和不确定性？
3. 除本章内容外，国际政治里还有哪些科技因素存在？

推荐阅读

1. 〔美〕约瑟夫·熊彼特：《经济分析史》第一卷，朱泱等译，商务印书馆 2017 年版；〔美〕约瑟夫·熊彼特：《经济分析史》第二卷，杨敬年译，商务印书馆 2017 年版；〔美〕约瑟夫·熊彼特：《经济分析史》第三卷，朱泱等译，商务印书馆 2017 年版。
2. 〔美〕贾雷德·戴蒙德：《枪炮、病菌与钢铁：人类社会的命运（修订版）》，谢延光译，上海译文出版社 2014 年版。
3. 〔美〕梅尔·施瓦茨：《可能性法则：量子力学如何改善思考、生活和爱的方式》，何芳、邓静译，中信出版社 2019 年版。

第三部分　中国角色

中国的改革开放已有40多年。不管从什么角度观测,这段时间在这个国家里发生的一切,都是具有人类历史意义的改变。对于学习国际政治的学生来说,理解这一现象有重要意义。

在这个国家,原来高度集中的苏联经济模式为中国特色的市场体制所取代。占当今世界人口五分之一左右的中国人民,在新的体制激励下解决了长期悬而未决的温饱问题。中国经济创造了40年平均增速近10%的成绩(截至2018年),人均GDP从不到400元提高到近6万元,提供了世界上最大、增速最快的新兴市场。以此为基础,中国的政治、社会、文化、教育、科技、体育、传媒等领域和人的观念都发生了翻天覆地的改变。中国的政治体制在保留基本格局的同时,执政党的指导思想与管理方式也出现了适应时代的新变化。

在新的经济政治激励下,中国的社会变得更有生机、层次更加丰富,因而其弹性、延展性和抗危机能力都大大增强;旧式的阶级划分标准已无法适用于对今日生动多样的阶层群体及利益差序结构的界定。在中国的思想文化领域,出现了多元化的观念。中国国内各种体制从旧时适应革命与战争年代的形态,转变为适应和平与发展及经济全球化要求的形态。

中国外交和国际关系的转型,与国内发生的改变是相辅相成的。从国际角度看,伴随着中国国内各方面的历史性转型与发展进程,尤其伴随着经济重心的确立和市场化发展的迅猛要求,中国的对外关系领域也出现了深刻变化。经过几十年的经济持续增长,中国已俨然成为世界的重要力量,世界经济大国的地位为中国在国际舞台上施展新的作为提供了基石。在外部的压力和内部的变革双重因素作用下,中国外交与国际关系的表现形态不断调整、更新和自我完善,适应着新的形势与要求。中国作为联合国安理会常任理事国以及世界大国的含金量不断提高,中国在全球的影响力日益上升,中国的发展方式被各方面所看重。

迄今为止,中国力量、中国声音和中国影响的主要来源,是其迅速壮大的经济,是占世界人口五分之一左右的中国民众强烈的消费欲望,是这个国家尚未成熟但极具潜力的市场,还是这一切在全球经济中形成的"四两拨千斤"的特殊角色。中国崛起是理解当代中国政治、社会及观念转型的关键,也是分析中国对外关系巨大变化的前提。中国崛起像一枚硬币的两面:既是力量,也是挑战;既包含国人骄傲的优点,也带来不可小觑的问题;尤其从外交和国际关系角度来看,它给中国带来的绝不只是机遇,同样还有未曾预见的各种困难、压力和挑战。

中国是21世纪世界变化的主要动能和变量之一,读懂今日中国也就读懂了今日世界的一部分。中国的变化,也是我们的生长环境的变化,关乎每个人的未来。所以,在介绍完国际政治基础知识和新的议题后,本书最后专门介绍"中国角色",用两章篇幅分别讨论中国国际角色的变迁,以及改革开放以来中国对外关系的转型。

中国国际角色的变迁

第十三章

本章要点

1. 从受压迫者到负责任大国,中国全球角色经历了不同时期的深刻变化。
2. 21世纪前期的中国,是国际政治的主要动能和变量之一。
3. 从发展前景观察,中国作为新兴国家,自身也面临着各种新机遇和挑战。

中国是21世纪全球政治的主要动能和变量之一。认识当今世界特别是千变万化的国际关系，离不开对中国及其在世界舞台上扮演的角色的了解。一个世纪之前的中国，在近代国际体系中受压迫、受剥削，是欧美列强竞相宰割瓜分的最大的落后国家。而到21世纪初，中国重新跻身世界主要大国行列，中华民族正释放出令国际社会震惊的力量。从受压迫者到负责任大国，改变是如何发生的？为什么会出现这种变化？什么因素促成了这种改变？

一、中国的基本国情

（一）概况

中国有14亿人口，是世界上人口最多的国家，约占当今全球总人口的五分之一。中国现有34个省级行政区，单从人口、幅员、产值等指标衡量，多数单个省份就相当于国外大国或中等强国的规模。中国历史悠久，从最早的王朝夏朝算起有4000多年的历史，是世界上现存不多的文明古国及传承性文化体系之一。中国陆地国土面积有960万平方千米，是世界上位居前列的幅员大国，自身的地理、资源、气候、生态、族群等，具有其他国家少有的丰富性和多样性。中国周边邻国众多，其中陆上邻国有14个，海洋邻国有8个（越南和朝鲜既隔海相望又是陆上邻国），中国与邻国及周边地区长期的交往是理解这个国家国际角色的重要内容。

中国被公认为当今世界政治结构中重要的独立一极：占据联合国安理

会五大常任理事国之一的位置,是唯一来自发展中国家的代表;目前承担了联合国总会费的12%与维持和平行动总经费的15%(仅次于美国),也是五大常任理事国中提供维和士兵最多的一个国家(过去30年有近4万名中国维和人员参与了20多项联合国维和行动)。中国武装力量是世界上兵员最多的一支军队(现役总员200万),军费开支已占到全球第二位,拥有包括陆军、海军、空军、火箭军、战略支援部队、武警部队在内的各军兵种和军工力量齐备庞大的军事编制。中国目前是世界第二大经济体(2019年GDP超过14万亿美元,占全球总量的16%)、最大的投资吸收和输出市场、最大的外汇储备国、最大的货物贸易国、全球120多个国家的第一大贸易伙伴、世界上最大的能源生产国及消费国。活跃在世界各个国家的中国企业、劳工、商人、观光客和留学生,为当地的就业机会、贸易往来、经济活动等的增加做出了不可忽略的贡献。

(二) 超大社会

中国社会明显的特征之一是其超大的规模和悬殊的内部发展水平。中国每年增加的人口比一些小国家的总人口还多,每年新增产值相当于一个中等强国的经济总量。中国较落后的西部地区与较发达的沿海地区的差距,不亚于外部落后国家与发达国家的差别。加上国内少数民族多居住在西部边远区域且与国外冲突热点相邻这一事实,经济巨大差异的存在使得中央政府的治理面临不小的障碍。外人更多地看到中国发展迅猛、已是世界第二大经济体的事实,看到"北上广深"等城市日新月异的风貌,却很少了解到中国国内落后地区的现状,很少明白这种差距给执政者造成的压力。各种问卷调查显示,中外公众对"中国是不是发达国家""中国人是否富有"的认知有天壤之别。中国外交部发言人的表态代表的是中央政府的立场、表达了整体的国家利益,但它并不一定会得到所有人的理解。看到反差的存在,继而做出恰当的决定,并不是一件容易的事情。

今日中国超大社会的另一特点,是"非中央外交"的形成。中国是一个地域广大、少数民族众多、地理环境多样,在改革开放进程的激励下,地方政府乐意发展自己的对外交往方式。例如,东北、西北诸省区推动与中亚和俄罗斯交往的边贸外交和能源外交,山东和东北各省形成了与韩国合作建设的开发区或工业园,西南方向各省瞄准东盟推出西南出海大通道、澜沧江-湄公河合作机制和中国西部国际博览会。在中央外交和地方外事部门的指导下,这些举措不断产生外溢效应,促进中国与周边地区的经济一体化和政治信任,成为国家对外交往新的桥梁纽带。这也是以中国为轴心的亚洲商业长期和平存在的原因之一。

超大社会

超大社会的存在,决定了中国社会的转型不是均质、无缝的单一平面,而是阶梯式推进、速度和质量不等的复式图景。这对国家外交和战略设计有着非常复杂的影响。比如说,市场气息比较浓厚的沿海地区人民与以农牧业为主的西北地区人民对尚武风习的评判就很不一样:苏浙沪人更钟情谈判的技巧,草原人民的后代则更有"拔刀"相向的豪气。

(三) 多元社会

与印度、巴西等非西方大国不同,中国是共产党执政的社会主义大国,是一个"红色国家"。然而,今天的"红"与昔日的"红"又有区别,它是"马"(马克思列宁主义)、"中"(中国历史文化)、"西"(西方近代影响)三种色调的融合。

首先,十月革命后传入中国的马克思列宁主义,经过本土化的反复改造、重塑,最终形成了中国特色的样式。在中国,党的方针是外交决策的依据。"四项基本原则"(坚持社会主义道路,坚持人民民主专政,坚持中国共产党的领导,坚持马克思列宁主义、毛泽东思想)是进行社会主义现代化建设和改革开放必须遵循的根本原则,也是中国外交的指针。就程序讲,外交政策运作的机构主要有中共中央外事工作委员会办公室和外交部。中央外办直接隶属于最高领导层,外办主任相当于总书记的外事顾问。中央外办并非外交部的上级,但因它在中南海最高领导身边办公的事实,具有上传下达的特殊地位。改革开放时代的中国共产党,不同于苏联斯大林时期的共产党,也有别于其他国家的共产党。在始终执掌政治大舵的同时,中国共产党减少了传统意识形态色彩,与时俱进地更新自身面貌——从早期的"革命的先锋队",演化成后来的"三个代表"的践行者,再到今天"人类命运共同体"的倡导者。

其次,中国社会和中国外交同时继承了自身古老历史的某些基因。思想领域的诸子百家、器物层面的四大发明、精细的农耕方式、独特的兵书和医学及天文理论等成就为今人所称道并使人感到自豪。尊孔与国学热正在中国大地兴起,党的干部和外交官也应学习本国传统历史文化。深厚的历史文明血脉造就了深植的大国心理。在中国当代社会生活的各个领域,无不见到这一基因血脉的存在。

最后,现代西方文明的落地生根也是不容否定的事实。从鸦片战争被迫打开国门开始,直至改革开放主动打开国门,西方的各种思潮接踵而至。与帝国主义的坚船利炮一样,欧美资本主义文化强势而精致,器物与思想层面均具强大的扩张力,其中既有不合中国国情的"低档货"甚至"垃圾",也有建构现代社会不可或缺的要件。在今天的中国社会尤其是年轻人那里,西方文化大有市场(如西方影视剧和消费模式);在中国学界,美式话语占据了有利位置(如现实主义、自由主义、建构主义"三大主流学派");在中国政府体制和法规里有大量借鉴欧美的成分(如福利制度等);在外交实践中,西方缔造的联合国体系、国际货币和贸易体系在全球政治生活、经济生活中发挥着巨大功能;自由、民主、人权、反恐、气候变化、全球治理、保护的责任、可持续发展等最先由西方国家提出的命题,得到包括中国在内的多数国家的认可。

对于"西方",一般中国人有着又爱又恨的心理。学习了近代史,就不难理解中国革命的起因和早期中国外交的特点。独立自主观念在中国外交中占有的位置是如此重要,中国百姓对于西方国家的干涉方式可以说是深恶痛绝。在今天的中国,"受害者心结"和"弱国心态"有所缓解但并未去根。这一切增加了中国外交决策的复杂性和中国在世界上发挥作用的难度——国家利益与意识形态有时一致有时不合,国际化的要求与民族自尊的想法时常碰撞。

"马""中""西"三种底色

（四）动感社会

当代中国社会是一个动感十足的社会，其活力和变动在当今世界较罕见。

"动"的表现之一，是工商业对于政治决策和外交方针的影响力快速增强。曾受抑制的工商界和大众消费选择权，在经济全球化和市场浪潮的带动下，迅速转化为新的社会杠杆和影响力。纳税人意识、物权和法权等在市场基础上形成的公民权利观，得到不断增强。不同寻常的权利意识通过各种方式被表达出来，比如要求参与贸易和税收规则的制定，希望政府决策更加透明和可以预期。工商业者对国家外交和国际形势十分关注，对自身不断扩大的海外利益和人身财产安全提出保障要求。外交工作与经济利益的联系日益密切。新时期不断扩大的外交领事工作的主要任务之一便是对中国海外投资者的利益保护。外交部门承担了不少为国内招商引资、为产能"走出去"牵线搭桥的使命。外交部发言人经常对中国企业在海外受到的不合理阻碍加以抨击。国家领导人出访时，总有企业和金融巨头的随同。"经济外交"代表中国社会国内成长的向外延伸，经济利益和市场化也是中国外交从传统向现代转型的主要动力之一。看看几十年全球规模最大、速度最快的这一经济发展现象，不难想象中国社会具有超乎寻常的巨大发展潜力。

大众媒体的活跃和对更大自由度的寻求，是今日中国社会的另一"动"态。通过各种媒介获取和了解信息，用它们加强自身能力和改善待遇，成为越来越多中国人的日常方式。中国的各大报纸是全球发行量最大的纸质传媒，中国的网民成为世界上数量最大的网民群体，中国家庭的手机和电脑保有量在新兴大国中首屈一指。就对外交的影响而言，过去人们普遍相信外事无小事，公众对外交无知情权。现在的局面发生了较大的改变：有些需要保密的消息或事件常常因为外媒的透露而提前曝光，从而被乐于捕捉消息的网友传播；各种新工具（如手机微信）很难受到控制；外交部门做了大量适应性调整，如建立新闻发言人制度、网上发布领事保护事项、外交官员在线回答网友提问、组织媒体人参访等,但仍无法避免部分网友情绪化的指责。中国新闻媒体的自由度比过去有了极大改善,但管控仍很严格;媒体本身出现了极大分化,有的更加保守,有的十分大胆、前卫。

经济快速国际化、外向化,也表现出上述"动"态。国际经济全球化发展路径的最大特点是,它建立起跨国协调合作的投资和贸易方式,吸收了多个国家乃至整个国际社会参加互补互惠的合作形态,更好地利用人、财、物等各种资源。到经济合作的一定阶段,地区一体化进程可能出现有助于增强共同军事安全和对共同政治目标的认同感直至共同社会身份的各种效果。中国发生的一切与此吻合。20世纪末发生的亚洲金融危机和2001年中国加入世界贸易组织,是促使中国经济加速国际化的标志性事件。中国在亚太经合组织中的各种设计和倡议,与韩国、日本、瑞士、新西兰等国有关双边贸易自由化的安排,人民币作为地区结算币种在周边国家的推广,与东盟国家签署的自贸区协定,上海合作组织成员间的经贸合作,"一带一路"倡议等,这些都给了中国人自我审视和改进的机会。"开放"对于中国社会政治进步的作用,丝毫不亚于"改革";它用各种安排及时间表倒逼出中国的制度变迁及其对全球化的适应。

(五) 转型社会

经验和理论都证明,市场化、商业化到了一定阶段,易加剧社会内部的分化和裂变。中国现在的贫富差距,包括地区之间、族群之间、职业之间的差异,达到了惊人的地步。财富的积累与差距的扩大叠加,让对立和不满的声音变得尖锐。无论用什么标准衡量,假使这样的情况得不到有效治理,社会矛盾就可能造成崩裂效应。

国际化进程的加快,也带来始料不及的挑战。中国经济发展不均衡、社会管理制度还不尽完善,在对外交往上表现为热情高但国际化水平仍待提高、承诺多但仍存在落实不到位的情况等问题。加入世界贸易组织的这些年,中国与许多国家的贸易摩擦、知识产权纠纷、生态保护方面的冲突等,成了国际经济关系的一大焦点。究其原因,一方面是外部世界尚未做好接纳如此庞大经济体的准备,有些国家恶意设置障碍、制造事端;另一方面是部分出国打拼的中国人按已养成的习惯行事,没有适应国际社会较高的标准。

中国社会的发展到了新的关口:它具备了现代的器物性外表,具有强劲的动力和潜能,但在现代性要求的社会管理、自组织机制、公民权利和国家纠错方式方面仍有改进空间。从长期历史观察,中国共产党和执政者,正从历史长河中的革命战争、专政统治、阶级斗争那一段,朝着和平发展、依法治国、尊重人权这一段稳步过渡。党在不同阶段中心任务的变化和对新的执政方式的探索、对社会组织的培育和个人自主性的充分保障、对民族强盛复兴的追求和大国国际责任担当的平衡,是中国改革开放和社会转型的更高目标。

转型社会融入世界

二、中国国际角色的变迁

(一)"前史":屈辱遭遇催生的革命态度

评说当代中国外交,不能不考虑近代鸦片战争以来的中外关系,不能不提到以一系列丧权辱国条约为特征的中国低下的国际地位。

五四运动与民族觉醒

1919年,以五四运动为标志,拉开了中国新民主主义革命的序幕。它高举的反帝国主义、反封建主义的旗帜,推动了新思想、新文化、新知识在国内的传播,尤其是使马克思主义在中国迅速传开,使处于半殖民地半封建社会的中国有了一种全新的变革状态,为中国共产党的诞生和随后的中国革命斗争奠定了基础。从那以后的30年,是中国人民开展新民主主义革命的30年,是结束百年来任人宰割的屈辱历史和连年战乱的局面、实现国家独立的30年,也是在全球范围内打击帝国主义和殖民主义势力,壮大世界和平、民主和社会主义力量的30年。在国际范围内,中国共产党领导的中国革命力量,"以俄为师"、摸索路径,在进行国内武装革命的同时,争取广泛的国际支持和合作。革命根据地既是传播革命思想、积聚革命力量的播种机,又是向外部宣传中国人民解放斗争意义的平台。

在反法西斯斗争和抗日战争中,中国共产党人和中国军队与包括美国在内的西方资本主义国家建立了某些联系渠道,初步接触和理解了近代国际外交的各种知识与手段。如果说,在1840年以后很长的一段时间里,中国人尚未完全从旧时的朝贡体系和"天下"概念中解脱出来,仍然对西方列强主导的近代国际体系困惑不解和无从应对,那么,从1919年以后,以中国共产党人为核心展开的伟大革命实践,则接受了新世界的进步理念,对中国半殖民地半封建状态下的落后愚昧进行了深刻批判,创造出了富有战斗力和创新性的革命方式。这也是中外关系破旧立新的过渡期:中国被西方某些国家视为积贫积弱的"东亚病夫",旧政权和各种旧势力腐败残破不堪,中华民族处于受压迫的地位。以西方列强为主宰的国际体系表现出恃强凌弱的霸权特征,对维持中国弱小和被分割的状态感到满意。中国共产党人尚未掌握国家政权和外交工具,却代表新兴力量崛起,表达广大地域和民众的要求,朝着夺取政权的目标挺进。对后来的中华人民共和国对外关系来说,"前史"的最大遗产,是使中国从积贫积弱、受西方列强支配的受压迫者,逐步变成了坚强不屈的反抗者和俄国"十月革命"的追随者。

总体而言,这一时期中国革命和中国共产党人的追求目标,是尽可能动员广泛的抗击列强的统一战线,用武装斗争对抗外来压迫者、奴役者,争取实现摆脱殖民主义、帝国主义枷锁的目标,使中国重新成为独立自主的国家。在这个过程中,以毛泽东为代表的中国革命力量发展出了一整套中国特色的革命理论、游击战思想和军事学说,成为世界范围内弱小民族争取自身解放的斗争的重要组成部分。中国的革命时代和由此产生的观念,也给新中国成立初期的中国内政和外交打下深刻印记。拒绝列强的宰割,挑战西方主导的国际秩序,以战争和革命方式赢得地位,是这一时期中国共产党人对外关系的主要经验。面对帝国主义、资本主义世界体系,中国革命者的哲学,是摧毁而不是修补,是阻断而不是介入。中国的全球角色体现为一个东方受压迫民族的觉醒与反抗,启发并带动了世界范围内更多弱小民族的斗争。

(二) 毛泽东时代:斗争精神的延续

中华人民共和国成立后的头 30 年,也是人们常说的"毛泽东时代"。这是中国共产党人执掌政权的第一期,是以革命战争年代的思路与做法,发展新中国的对外交往,确立中国在当代国际体系位置的初级阶段。

1949 年成立的中华人民共和国,在世界历史的画面中,是一个既强大又贫弱的国家,是一个让社会主义阵营振奋、令西方资本主义国家惊恐的国家,是一个让五亿四千万世界人口加入社会主义阵营从而实现国际政治重大结构变换,但经济发展水平远低于世界人均水平且提供不出有吸引力的发展模式的东方国家。第二次世界大战结束后一段时期内的特殊国际背景,以及在中国发生的抗日战争和解放战争,决定了中国共产党领导下的这个国家,在成立初期立即实行面向苏联"一边倒"的对外方针。新中国外交的最初阶段被打上了斯大林主义模式的深深烙印。应当指出,即便在这一时期,中国外交仍有一段倡导和平共处五项原则、与新独立的亚非拉国家建立友好关系的尝试,它同时积累了中国外交制度化、按国际惯例办事、同国际社会对话与合作的初步经验。然而,从 1956 年苏共二十大之后,由于内外各种原因,中共与苏共渐行渐远,最终分道扬镳。随着大背景的转换,中国的外交朝着更加"左"倾的方向演化,这导致美国主导的国际体系对中国的怀疑和排斥加强。到了"文化大革命"时期,国内政治的极左做法达到登峰造极的地步,损害了新中国成立初期中国外交相对稳健温和的方针。毛泽东在晚年做出局部调整,尤其是随着中国恢复在联合国的合法席位以及中美对话的开启,中国外交的钟摆再次回摆。只是这种势头短暂且乏力,中国在国际社会被边缘化。

毛泽东时代注定被20世纪的世界史册所记载,中国革命者的长征故事已成为受压迫民族寻求解放的历史传奇。它是世界体系逐渐摆脱帝国主义、殖民主义和西方列强支配的主要表现之一。所谓"东方觉醒",包含了近代仁人志士的各种抗争,包括伟大的革命先行者孙中山先生的启蒙式努力,但最重要的当然是以毛泽东为代表的中国共产党人的长期革命斗争和解放战争的胜利,以及新中国成立初期为摆脱封锁、争取国际承认的艰苦斗争。毛泽东时代的这些特点也是历史条件和认知范围所决定的。从革命党到执政党的转变需要一个过程,中国与外部世界的关系尚处于定位探索的初级阶段。

(三)邓小平时代:改革开放和国际合作

20世纪70年代末开始的改革开放,使中国社会进入一个新的时代。

与毛泽东时代相比,这是一个以经济建设为中心的时期,所有领域、所有工作完全转向服务于发展、有利于民生、着眼于综合国力提升的轨道,一切不适合这一中心的体制和观念都在进行着不同程度的改革。对外开放,尤其对西方发达经济体的开放与借鉴,成为经济发展的题中之义。

中国外交工作很快适应了新的主题与要求,努力营造新的方针与氛围,为国内变化保驾护航、创造条件。比较而言,中国这艘大船在毛泽东时代的主航标,是与形形色色的各种内外反动势力抗争,确保国家的政治独立不受干涉,实现让中国人民站立起来的任务;而邓小平时代的基本航向,是努力解决中国人民的温饱问题并使之富裕起来,用改革开放的手段,推进市场经济适应中国的国情。这中间当然存在无数曲折,出现了各种问题,但中共十一届三中全会奠定的航向始终没变,经济目标的优先性得到高度保障,中国的综合国力和人民生活水平由此不断提高。这一大的背景决定了中国外交的方向,定位了中国与世界新的关系。

这一时期恰好是经济全球化、区域经济集团化和一体化迅猛发展的阶段,中国在与世界其他经济体紧密联系、相互协作的过程中,逐步成为发展中世界最大的新兴市场,成为全球经济的重要推动力量,成为初具全球影响力的大国。中国的多边外交不断创新,召开了多次大规模、有影响的中非峰会,建立了与美国、俄罗斯、日本、欧盟以及各个地区强国的战略协作和对话框架等。中国外交在注重维护中国自身利益和主权安全的基础上,在国际义务与责任方面投入了更多力量,中国人担任了更多的国际组织的要职、参与了多个国际规则的制定,涉及世界卫生组织、国际金融机构、联合国维和行动、世界贸易组织的上诉机构、海牙国际法院等领域和机制;中国在全球环境与气候变化、全球贸易新一轮谈判、全球金融改革与危机应对、全球防核扩散与反恐怖、联合国安理会及联大改革中的作用,得到了更多的认可。中国与世界的关系在21世纪也达到历史新水平:与170多个国家建立了正式外交关系,与200多个国家及地区建立了经贸联系;中国成了对世界经济有显著推动作用的金砖国家"领头羊"。中国国家权益的保障程度、与周边国家的合作关系、重大外交方略的出台次数、中国对全球经济发展的带动力和对国际安全的保障力等,都已超越过去任何时期。

邓小平时代的意义值得长久牢记。它不仅仅意味着中国经过几十年的发展,物质基础得到充实,更具有广泛的世界影响。自近代以来,现代化很长时间被认为是欧美发达国家的专利,亚非拉广大地区很少有得到公认的发展样式及能力。20世纪六七十年代部分亚洲中小国家和地区(新加坡、韩国、中国香港、中国台湾等)脱颖而出,显现出快速追赶先进经济体的势头。但毕竟这些经济体的体量较小,且多半在第二次世界大战后得到美国的大力扶植与资助,所以在全球层次上没有产生太大的国际政治冲击波,也谈不上对世界力量格局的不平衡态势有多少纠偏作用。中国在20世纪最后一段时期的突飞猛进,向世界展示了一种不同以往的全新力量和发展路径。这种路径既重视吸收和借鉴,也强调创造和出新,尤其当这种力量来自世界最大的发展中国家和人口最多的文明古国,其进取价值更难以估量。这预示着世界现代化进程的新样式,也是国际关系格局朝着更加公正合理方向调整的主要标志之一。

第十三章　中国国际角色的变迁

（四）中国新一代：世界大国的困惑与挑战

21世纪第三个十年开始之际,中国已站在了新的起点上,有了全新的目标、面临着新的关口。在这一代领导人面前,对外关系存在的各种难题,多半不是传统式的、纯粹消极性质的问题,不是旧时代、旧结构下的矛盾,而是新时期、新形势下出现的情况,属于前进中特有的"瓶颈"。对改革开放最初目标的坚守、恰当的判别能力和平衡感是很不容易建立的,尤其对于中国这样一个快速成长又有独特历史和政治制度的大国。

比如,低水平消费时代的中国,不存在能源短缺的问题,也没有能源外交或能源安全难题;若不是技术进步和资金充裕,《联合国海洋法公约》最近十年不会给各国带来如此强烈的冲击,在东亚地区也不至于产生复杂的海洋主权纠纷;如果不是对外开放和国内社会经济增长,普通百姓是不可能有大量出国留学、打工、旅游、经商的机会的,外交部门也不会有如此繁重的领事保护任务;如果不是有14亿人口,中国快速发展和不断壮大在周边邻国和世界其他大陆产生的震撼效应（包括各种版本的"中国威胁论"）也就不可能像现在这般强烈。如果对这些问题的性质想不清楚,只看到消极阴暗的一面,比如像某些网络"愤青"抨击的那样,说中国正在受到外部阴谋的扼杀封锁,中华民族正面临危境和决战;或像一些媒体预测的那样,说现有国际体系和规则正在压缩中国的存在空间,妨碍"中国梦"的实现;或像少数学人解释的那样,说当下的全球金融危机同时是资本主义总危机和社会主义制度取胜的预兆,就有可能在大格局上发生战略误判。如果国家决策和对外战略建立在这些似是而非、片面狭隘的判断之上,中国的改革开放进程也许就此止步。

总体观察,这一时期的中国发展轮廓尚未完全成形,还存在国内外的多重不确定性。从中长期观察,存在大相径庭的两种可能:一种是,综合国力已经位居世界较前位置的中国,用更高的标准继续自身的改革开放,造福自身国民,也造福周边邻国和国际社会。在国际范围内大力拓展海外利益的同时,巧妙回避与既得利益大国特别是美国发生对抗,更加善于向广大中小国家提供更多更好的公共产品和规则,积极主动地与国际社会合作互利,在新一轮的全球治理和人类进步进程里,发挥富有想象力的建设性作用;在国内,加快政治现代化和制度建设步伐,落实法治社会、市民社会、多元社会和尊重人权的要求,在经济结构向国际更高标准转型升级的同时,推动社会政治的转型升级。这番景象也是世界之福,中国将日益成为全球进步和繁荣的引领大国,为21世纪的人类命运共同体做出重大贡献。另外一种可能是,外部势力加大封锁打压,设置多重陷阱,制造各种危机,企图阻止中国实现其目标,对此中国凭借日益增大的实力特别是军事和经贸实力进行反制,形成激烈的大国全球政治军事较量,或者与周边邻国特别是存在领土或海洋纠纷的他国发生武装冲突;对峙的局面由点至面、由弱渐强,和平发展、睦邻友好、互利共赢变得艰难曲折。中国与外部世界的关系将由前一时期的创造性介入和建设性合作,逐渐变成以摩擦和抗衡为主的态势。

临近巅峰的阶段,也是高山反应最剧烈的时刻。从世界大历史角度观察,当下的中国巨人正处在这一特殊位置,未来十几年到几十年将是检验其进退的关键年代。

三、机遇和挑战并存的未来

纵观最近一段时期的历史,中国与世界的关系发生了很大的变化。用习近平总书记的话讲:"中华民族实现了从站起来、富起来到强起来的历史性飞跃。"中国从一个积贫积弱、被列强瓜分和看不起的弱国,成为全世界多数国家公认的综合国力仅次于美国的新兴超级大国。从国家的体量、经济发展速度、国内生产总值、军费支出和军事装备等硬指标衡量,中国均位居世界领先地位。习近平总书记说"世界处于百年未有之大变局",主要的依据就是中国在世界范围内定位和影响力的变化。这种真实而突出的变化不是一蹴而就的,而是由弱到强、由小到大的渐进过程,是昂扬向上的积累和"全球化快速顺畅发展阶段"的共同结果。

第十三章 中国国际角色的变迁

从历史的连续性正视这个时代,中国经过长期贫困、动乱,从休养生息到恢复发力、羽翼渐丰,开始进入踌躇满志、向世界进发的状态。从解决温饱、建设小康到全面小康、初级发达、中等发达,这些目标随着中国国力的提升逐步提出和被实现。中共十八大时,一批长在红旗下的领导人正式登上历史舞台。他们执政时国家实力已较强,中国在国际上越来越成为次主角、主角,他们自然就有大国领袖的追求和底气。中共十九大明确提出宏大的全盘规划和政治口号,即建设社会主义现代化强国、实现中华民族伟大复兴和构建人类命运共同体,这种追求在一般国家是很难想象的。相比美国这种世界霸主,中国是把自己定位为全球和平发展的推动者和人类命运共同体的建设者。或许将来历史会写:中国进入 3.0 版,其特点是推动全球化,如"一带一路"倡议、全球护航、提供全球公共产品、构建人类命运共同体等。

快速发展及其带来的内部差距与问题,正如硬币的两面。当前缺乏的不是硬实力或加快硬实力建设的推力,而是缺少让外部国家心悦诚服的软实力和制度安排,缺少对普通百姓权利的细致关照和发展社会组织的法制保障。要认真思考:中国的发展能给世界提供哪些全新现象?制度、教育、科技等是全新的吗?中国带动的发展能让世界变得少污染、少造假、更文明、更环保吗?要知道,中国还不是现代生活各方面的质量大国、创意大国、精致大国,有很多需要改进之处,尤其要关注科技方面与发达国家的差距,与德国制造对比,与日本尖端机器人对比,与美国的芯片设计、军工实验室和航天技术对比,与英国在发动机、医学制药、生物育种和微电子方面的领先技术对比,甚至与以色列、瑞士、瑞典、荷兰、芬兰这些发达小国的特有优势对比,总体上我们国家的制造业和技术依然处于世界中低端位置,由大至强还有很长的路要走。

国际政治舞台上的中国,既不必照搬西方模式,也不会因循守旧、自我封闭。做大做强的基础是朝仁智方向的自身建设。一个大国的"仁"当然要以实力为基础,以外部世界对己方权利的尊重为参照,但须明白"以德行仁者王"的深刻道理。它要求国家政府实施"仁政",即做出充分尊重公民权利的政治制度安排。综合先贤智慧和历史经验,仁政主要包括五个方面:一是重百姓生计,让百姓有恒产和恒心并不受盘剥。二是促进司法公正,做到透明公正。三是倡导以人为本,看到民心向背对政治安稳的决定性作用。四是用仁治天下,提倡以德服人、以智化危的王道治理。五是善反思学习,始终保持开放和谦虚精神。一些"大而未强"的问题值得花大力气改进,例如教育、医疗、保险以及各种社会化服务供应方面和日常生活的具体层面。又如各地发展差距较大,生活在不发达地区的人会有边缘化之感,要特别注意他们的生存感受。直面这些问题和隐患,"中国方案"才会得到各国人民的认可称赞。

在国际关系消极因素和不确定性有所增加的复杂局面下,尤其在超级大国美国实施全球战略性收缩、不断削减其国际责任的特殊背景下,"智"的外交特别必要。应当谨慎分辨国际社会要求中国取代美国角色的各种呼声和多重压力,认真梳理外交资源使用的轻重缓急,有所为有所不为,小心防备战略冒进现象。中国外交在很大程度上还是依托财力,是以发展为优先、以发展来带动的外交。中国能在海外发声且有些外交优势,靠的是上万亿美元的外汇储备、大量投资与订单、"一带一路"倡议等。而对于很多全球性挑战,例如反恐、中东问题、难民、全球流动人口、海洋争端、资源环境与气候变化、冰川融化、物种消失等,中国还未能提出有价值的方案。对人类生活的方方面面,中国应有更大作为,让全世界感到中华民族的创造性。

对所有中国人来说,这是一个充满机遇的新时代,也是一个艰难征程的起始点。

思考题

1. 中国与外部世界关系的百年历史变迁,给了我们哪些重要启示?
2. 为何说毛泽东和邓小平分别是20世纪伟大的革命者与建设者?
3. 怎样判别当下中国所处的十字路口局面,中国面临哪些重大机遇和挑战?

推荐阅读

1. 徐京利:《另起炉灶——崛起巨人的外交方略》,世界知识出版社1998年版。
2. 〔英〕克里斯托弗·希尔:《变化中的对外政策政治》,唐小松、陈寒溪译,上海人民出版社2007年版。
3. 〔美〕康威·汉得森:《国际关系——世纪之交的冲突与合作》,金帆译,海南出版社、三环出版社2004年版。

中国对外关系的转型

第十四章

本章要点

1. 改革开放以来中国发生历史性的巨变,实现朝向世界现代化的伟大转型。
2. 中国的转型体现在对外政策和国际关系的各个领域,这一进程还在继续。
3. 中国对外关系的转型也给中国与当代世界的关系带来新的动能和挑战。

自中国20世纪70年代末实行改革开放以来,40多年间国际政治领域重要的现象之一就是中国的快速崛起和转型。这代表着这个曾经的文明古国和革命大国正在成为当今世界命运共同体的重要倡导者和建设性大国。在这里,"转型"不单指GDP的增加或技术性的改进,还指中华民族整体状态的革新,其间包含了量变带动质变的过程,折射出有深远意义的历史进步。

在众多态势和指标里,本章梳理了三方面共十点,作为这一转型的主要表现。

一、全方位的转型

(一)周边关系:从紧张到睦邻

自改革开放以来,中国对邻国及周边地区的态度和做法,由过去的政治意识形态标准高于一切、敌友关系泾渭分明,转变为建立友善与合作关系、妥善处理各种棘手难题的新形态和新实践。

作为当今世界邻国众多的国家之一,中国的周边关系也是现今国际政治里最复杂多样的。由于历史和现实原因,在大大小小的邻国中,不少国家曾与中国发生过主权纠纷甚至武装冲突,至今仍然有近十个国家同中国存在围绕陆地边界、领海和经济区及各种岛礁、大陆架划界的争议。历史上,中国与各个邻国的关系既有共荣共进的美好阶段,也不乏剑拔弩张的危急时刻。新中国成立直到改革开放的30年间,在当时特殊的国际国内政治氛围导向下,中国与周边区域的关系始终比较紧张,表现为:中国与部分邻国没有建立正式的外交关系;主权与安全压力始终没有得到缓和;经济贸易和人员往来数量少、层次低;"敌"或"友"的划线一直存在。朝鲜、越南及中南半岛被视为重要盟友,而日本、韩国及东南亚多数国家被划入敌对国家势力范围,苏联及其卫星国蒙古等在不同阶段被当作主要战友或主要威胁,与南亚主要大国印度、巴基斯坦的关系"冰火两重天"。

　　从1978年形成以邓小平为核心的中央领导集体以后,中外关系整体形势开始向着改善、调整和充实的方向发生积极变化。这一转变在20世纪80年代的特点是,中国与多数邻国的关系得到改善(无论是邦交国还是非邦交国),经贸关系成为推动这一变化的重要纽带;中国总体外交在这一时期出现新气象,即倡导独立自主的和平外交政策、不与任何大国或大国集团结盟(及对抗)的立场。80年代后期至90年代初期冷战格局的结束,对中国与邻国关系产生了新的推进作用。旧的集团分野和对抗氛围减弱,经济全球化和地区内部合作的意愿加强,以联合国为中心的国际组织和多边主义得到迅猛发展。所有这些因素都有助于强化中国与邻国和整个亚太区域在80年代业已改进的关系,并且朝着更高的标准和更广的范围迈进。20世纪90年代以来,中国与所有周边国家实现了关系的正常化,建立起形式多样、互惠互利的睦邻关系。邓小平以及后来的江泽民、胡锦涛积极推动了中苏关系(包括后来的中俄关系)的实质性改善,从而大大增加了中国和平发展、全力搞好国内建设的战略机遇;邓小平对日本的历史性访问,将中日关系提升到正常的大国间关系的水平(他对中日之间尚未解决的钓鱼岛等主权纠纷的论断,奠定了后来中国外交部门解决与邻国主权纷争的总体思路)。上海合作组织的建立,标志着中国与俄罗斯及中亚各国关系进入新的阶段,在打击分裂主义、恐怖主义和宗教极端主义等方面的合作进入了深化期。中国与韩国的建交,并没有以损害同朝鲜的传统友谊为代价,相反大大促进了半岛转向后冷战格局的进程。同样的情况出现在中国与南亚的联系上:中国在保持与巴基斯坦全天候战略合作伙伴关系的基础上,改进了与印度的关系。中国在这一时期与东盟各国的关系,也进入了前所未有的新阶段:从中国加入《东南亚友好合作条约》,到"十加一"《中国-东盟全面经济合作框架协议货物贸易协议》的确定,再至对以"互信、互利、平等、协作"为核心思想的新安全观的倡导及《东南亚无核武器区条约》的签订,均反映出中国与东盟各国成为新型的战略合作伙伴。"一带一路"倡议更是把中国与周边地区的关系提上更高层次。改革开放后的中国,进入与邻国关系最好的时期。

与邻为善、以邻为伴

(二) 与发展中国家的关系:由政治盟友转向全方位合作

在改革开放的总体指导思想下,中国对发展中国家的方针,从原先只看重民族独立和解放理念、注重政治的相互支持,逐渐变为既尽力保持原有的友谊与合作关系,又根据平等务实和共同发展的原则稳步推进双方关系的形态。

中国与发展中国家特别是与非洲各国的关系,自新中国成立以来一直保持着很强的连续性。这就是说,中国领导人和外交人员始终把自己的国家视为发展中国家。中国与广大发展中国家有着同样的历史遭遇和现实挑战,这种感同身受是凝聚长期准盟友关系的基石,也是衡量中国与发展中国家关系变化的尺度之一。不管是在毛泽东时代还是邓小平领导的改革开放时期直至现今的发展阶段,中国与非西方世界的紧密联系,始终是塑造或撬动中国与国际体系整体框架的一个重要支点。以中国对非洲的关系为例:追求国家复兴和民族自强,以及在国际外交舞台上的相互承认,从一开始就是中国在外交上拉近与非洲众多新独立国家距离的起点,是新中国外交努力的重要部分。非洲国家在帮助中国恢复在联合国合法席位上的不懈努力和产生的巨大成效,使中国人有理由相信政治上的相互信任和回报的必要性。中非关系从20世纪50—60年代便包含着复杂的政治和意识形态亲疏成分,但又不是同中国与苏联那样的由共产党执政的社会主义国家的政治意识形态结构模式能够简单类比的。即便在改革开放进程走过40多年的今天,普通中国人对于非洲兄弟仍然有难以割舍的情怀;对于曾经无私援助过的那片拥有着宝贵的自然资源和独特的人文景观的非洲大陆目前还广泛存在的战乱和贫困感到惋惜;中国领导人和外交人员在观念和实践上始终保持着对发展中国家的友好情怀。

历史在变化,时代在前进。随着和平与发展成为决策层对世界局势与国际格局的基本判断,发展经济和实现现代化成为中国政府追求的重要目标,经济因素获得了自主的地位而不再只是服务于政治目标的工具。在这种背景下,中国开始调整对非洲经济援助的政策与方式:一是对经济援助所追求的目标进行调整,二是考虑提高经济援助的效益,三是改革经济援助的方式,四是把经济援助与中非双方的经济发展结合起来。总之,要结合中国自身能力和非洲国家的需要重新制定援助方针。20世纪80年代以后,中国政府明确把"平等务实、共同发展"作为对非政策调整的方向。它适应国内的改革要求,将中非关系的重点由政治转向经济,将不计成本的无私援助调整为关注效益、互利共赢的可持续发展经济技术合作。苏联解体、冷战结束之后,当西方国家以悲观眼光看待非洲前景、纷纷减少在非投资的时候,中国却在延续传统友好政治关系的基础上,以更加积极和长远的眼光看待非洲的发展问题,通过改革援非方式拓展中非经贸技术合作的新天地。到90年代中后期,中非经贸关系逐年升温,中国在非洲的影响力逐年上升。尽管苏联的解体和冷战的结束给非洲某些传统一党制国家带来冲击,也造成中国对非外交的某些困难和挑战,但从90年代后期开始,尤其是进入21世纪以来,中国重新加强了对非外交,并取得了引人注目的成效。21世纪初中非贸易额不过百亿美元,现在已经超过2000亿美元,中国成为非洲大陆最重要的贸易伙伴。政治上,2000年宣告成立的中非合作论坛、此后的几次中非首脑会议,特别是"一带一路"倡议的推进,标志着中非关系更加成熟。最近十几年,除了基础设施和资源方面的合作外,工业园区的共同建设、安全与和平建设领域的物质供给与军官联合培养、中国维和部队的多地部署、多个医疗与农业示范点的展开、联合抗击埃博拉疫情、更多的旅游和文化交流、大量非洲政党干部来华培训等,是中国与非洲关系一张张新的名片,见证了中非关系的全方位拓展。

中国与非洲

中国与非洲关系的演进，是这几十年中国与发展中国家关系调整变化的缩影。中国与拉美地区、南太平洋地区、东南亚地区的关系，在一定程度上也经历了从以政治标准定好坏亲疏的阶段，朝着相互尊重、不干涉内政、加强全方位交流合作转变，其范围之广、功能之多、活动之密集，显现出中国与发展中世界关系的新气象。作为世界第二大经济体，中国在市场化的全球经济里，一方面获取了巨大的收益和进步，另一方面也通过各种方式加大了自己的国际责任和对发展中国家的提携。

（三）对美关系：从不信任转向磨合建构

中美两国的关系是当今国际政治体系中重要的双边关系之一，也是中国外交里具有"牵一发动全身"效应的双边关系。新中国成立后在长达30年的时间里，美国一直是压在中国人肩头的巨大石块，在全球范围内围堵遏制中国，在周边鼓动盟友直接与中国对抗，使中美关系始终有着较强的对抗性；与此同时，中国人对美国也抱有防范意识与敌意。结果是中国无法从美国取得先进的技术、教育资源和投资，美国也无法从中国潜在的巨大市场中获益；这种对抗性关系同时严重制约了亚太地区的和平与繁荣。

改革开放以来，中国与美国的关系虽有这样那样的矛盾与问题，但经历了较大的改善，两国的贸易成为全球重要的双边贸易之一，为两国的民众和经济成长带来巨大红利；美国的科技与教育资源极大地促进了中国的现代化事业及人才培养，中国也成为美国企业家和跨国公司最热衷的庞大市场。总体上，中国在坚守重大国家利益和原则的前提下，始终秉持不树敌、不对抗、相互尊重、平等互利的对美交往方针，美国也不得不适应了一个不同于革命时代的新的中国。可以说，中国由现有国际体系的局外人转变成负责任大国，中国普通百姓生活的提高和观念的进步，乃至整个体制机制方面的改进与完善，都与对美关系的转型密不可分。

当然，中美关系极其复杂、充满变数，这可以从政治、经济、文化、社会各个层面来验证。仅从中美两国每次处理危机的情况看，如"炸馆危机"、台海危机、中美南海撞机事件、南海问题等，每每情况似乎严重到要逆转中美关系的进程，结果却总是有惊无险；近些年中美两国在涉及贸易摩擦、市场准入和知识产权保护、国际反恐和防扩散、气候变化等方面的不同立场上，又有新的碰撞点。处理中美之间的突发事件和危机，既是难题，也是考验中国新时期外交的试金石。这中间涉及如何正确界定危机的性质和对国家利益的伤害程度，如何保持交流渠道的畅通，如何在涉及原则问题上发出清晰的信息，如何正确估计事态的严重性，如何在危机处理上给对方以缓和空间等。危机是坏事，也是好事，处理得当便有了危中之机。从中国外交决策中观察，可以看到一种重要的学习与应变能力在不断提高。中国的大国外交变得更加成熟，对待占据国际体系主宰地位的美国显得更加理性，既充分认知其中包含的重大机遇和主要利益的轻重缓急，也懂得西方国家在对待中国事务上的两面性（接触与遏制）。处理好这种关系，既不能只是一味地强硬和斗争，也不能单靠妥协和退让。它不仅仅需要领导者及外交家个人的智慧与眼界，更需要好的应对机制和复杂的博弈方略。从中美关系的走势看，随着相互需求的增加和交往的扩大，摩擦与矛盾也会增长。这是一种史无前例的大国关系，是对中国适应性、灵活性和战略眼界的长期大考。

二、新的发展态势

（一）与国际组织的关系：由消极旁观到积极参与和做出贡献

中国从过去低估以联合国为代表的多边组织和机制的立场，逐步转变为看重、积极参与各种国际组织；从过去那种更多地站在旁观者的立场处理国际事务到现在愿意承担各种责任与义务；从很少提出倡议到提出更多自己的主张。这一过程还在加速推进。中国与国际多边机制的关系进入了互利双赢的新阶段。

中国与联合国的关系恰似一面镜子，从中既能看出中国总体外交政策特别是多边外交政策的调整变化,也可以折射出国际形势变化对中国的深刻影响。由于长期被拒之门外,中国对联合国无论是实质问题还是程序方面的了解都十分有限,一度在认识上也十分排斥。例如在"文化大革命"氛围最盛的年代,中国曾将联合国指责为"美帝苏修镇压人民革命的工具"。即便在恢复联合国合法席位的初期,中国主要还是把这个最大的国际组织作为反对霸权主义的讲坛和开展双边外交工作的渠道。一方面,由于国际国内各方面因素的制约,中国对联合国及整体国际多边组织的早期看法还是比较有限的;另一方面,联合国在冷战年代确实作为有限,尤其在发展领域、减贫或救灾等领域没有多少倡议及行动,美苏两个超级大国的霸权行径及东西方的对峙在很大程度上约束了国际机制的道义合法性和实践效果。加上特殊时期中国国内存在的偏"左"甚至极左气氛,联合国被中国人普遍认为是有碍世界革命推进、压制第三世界兴起、只让霸权国家为所欲为的地方。

改革开放之后,中国的多边外交政策发生了重大变化。中国在继续传统外交领域各项努力的同时,日益重视以联合国为主的多边外交。今天,联合国已经成为中国联系国际社会的一座重要桥梁,成了中国展现自身国际形象和外交理念的主要国际舞台。中国成为联合国维护全球安全的一个主要参与者,是安理会常任理事国中提供最多维和人员和全球第二多的维和经费的国家,30年来近四万名中国军人、警察和观察员参加了联合国的各种维和行动。中国在联合国框架下为推动军控和反核扩散所做的努力,为推动国际经贸领域的对话与合作、促进共同发展所做的贡献,以及在联合国人权领域的对话与交流中提出的一系列倡议和改进措施,都是中国与联合国形成新的建设性伙伴关系的良好佐证。

中国的多边外交政策逐渐成熟,主要特点是:独立自主,坚持原则;充分利用多边机制,寻求共同利益;积极参与各种活动,遵守国际规则;反对少数国家的野蛮霸权和单边主义;赞成联合国等多边机制实行渐进式的改革,使之适应新的国际形势并能更好地反映多数国家的要求;推动建立持久和平、共同发展的命运共同体。当然,并非在所有方面和领域,中国与以联合国为代表的多边机制都有完全相同的立场与利益。对联合国特别是安理会和人权机构的改革进程,对多边贸易谈判的步骤和全球变暖问题应承担的责任,对处理不同地区的热点问题的具体方式,对如何处置"麻烦国家"及其领导人等,各国存在这样那样的分歧。中国外交部门和公众对联合国及其他一些重要国际组织的相关立场仍然持有保留意见;特别是当美国等少数西方大国"以权谋私""挟天子以令诸侯"的事端一再发生时,中国对多边机制的双重标准经常持有保留态度。

(二)对外援助:由政治挂帅到国际通用方式

从中国的对外援助来看,在保证传统渠道(比如对非援助)的前提下,大大扩展了国际援助的广度和深度,改造并完善了援外的方式方法和管理模式,实现了弱化传统意识形态、拓宽援外相关领域、强调双方互利共赢的转变。在这个转变过程中,市场因素被纳入援外领域和整个国际关系。

新中国成立后对外援助一直是对外政策的重要部分。但对比改革开放前后,可分成两个不同阶段。在早期的对外援助方针下,援外的核心体现在两条原则上:一是平等互利,不把这种援助看作是单方面的给予;二是不干涉内政,即不附加任何条件。然而,随着极左气氛的蔓延,中国援外工作奉行的国际主义和爱国主义的平衡被打破,在某些特殊时期甚至实行了竭泽而渔的援外方式(20世纪70年代援外支出一度占同期国家财政总支出的6%—7%)。从援外管理体制观察,改革开放前的对外援助采取了中央负责制定援外政策、相关部委负责援外政策执行和项目管理的体制。这种体制保证了援外政治任务的执行,但计划经济体制的某些弊端也不可避免地渗透到援外过程中。例如,当时单纯靠行政手段管理援外项目,一切费用实报实销,从而使项目投资、建设周期、工程质量同执行单位的经济利益没有关系,不利于充分调动项目执行单位援外人员的积极性。此外,让很多中国人至今仍感心酸的记忆是,中国政府曾经在本国百姓填不饱肚子的情况下向阿尔巴尼亚、越南、朝鲜等社会主义国家提供了重要援助,但后来这些国家与中国的关系都陷入了停滞甚至对抗的困局。以上都给"文化大革命"时期的援外过程蒙上了厚厚的灰尘。

进入改革开放阶段,顺应变革的精神与氛围,中国的援外政策也出现了"静悄悄"但重大的调整。20世纪80年代初,中国提出了平等互利、形式多样、讲求实效、共同发展的新原则。这就同"文化大革命"期间那种只讲政治要求、不顾经济规律,国际援助与本国能力脱节的情况拉开了距离。援外工作经历了从弱化意识形态、扩宽交流领域到强调互利双赢的转变。为此,中国主要在政策、方式、管理和机构等方面进行了调整改革。比如,减少了传统的援外资金投入,要求受援国承担当地费用,从援建生产性项目转向援建标志性建筑,从援建大型项目转向因地制宜地援建贴近人民生活的中小型项目,如援建农业示范基地、乡村学校和一些必要的社会基础设施等,并开辟了新的援外资金渠道且提供优惠贷款。上述措施使得中国援外支出在有所减少的同时,与受援国的接触面扩大了,提供援助的内容比改革开放前更加丰富,援助项目也更加贴近受援国的人民。中国还向旱灾严重的非洲国家提供无偿粮食援助,向发展中国家提供技术援助,派遣专家到受援国讲学、传授技术,提供小型的示范性设备,邀请并资助受援国人员来华考察学习、进行技术培训等,从授人以鱼到授人以渔。随着市场机制的引入,国家直接控制经济生活的方式发生了变化,企业转变成市场行为主体,按照市场竞争规则和利润原则行事。传统的行政垂直管理体系被逐渐打破。援外工作的主管和执行部门开始尝试各种能够调动市场潜力的方式,探索投资包干制,调整政府在援外过程中的职能。援外行为主体从国家机构变成市场行为者,中央援外管理指令性色彩在降低,部分权力下放给专业公司和地方政府。援外工作成为中国企业参与国际化的一种路径,成为中国人增进与世界各地受援国家友好关系的一种投入,也成为整个新时期中国对外政策的一种杠杆。

新的援外政策同时面临新的问题:在增强中国在国际社会和全球经济

中的影响力的同时,商品交换和市场经济也带来了一些消极的后果,比如企业和个人的逐利倾向同外交大方针的矛盾时有发生。中国的援外已有多半个世纪的历史,近年受到的争议似乎是以往少见的;诸多关注与争议中,混杂了误解、批评乃至恶意攻击。如何避免走西方资本主义国家对外援助的老路,让企业和个人有更强的社会责任感,使援外工作更好地实现互利共赢,对于业已站在世界舞台中央的这个社会主义大国,既是考验也是机遇。瑕不掩瑜,总体而言,中国对外援助工作的转型得到了多数受援国和国际社会的认可与称赞。

(三)国防建设:全方位升级

从国防现代化的水平及其观念看,中国外交与国际关系的转型表现为,改革开放的这几十年间,中国的国防与军队建设也随着国家政治、经济、社会、文化及整个对外关系的巨大变化而发生战略性转变:在物质层面,中国人民解放军由一支国际参与度不高、技术装备落后的军队,朝着机械化与信息化复合式方向、正规化和现代化的军队方向转型;在观念层面,中国军人对国家的改革开放、和平发展目标与外交工作中倡导的"构建人类命运共同体"的理念有了更深的理解、提供了更多的保障,军队使命具备了复合型和符合时代要求的特征。

改革开放之前,社会主义中国始终处在一种紧张的外部压力和内在的焦虑状态下,中国军队同样长期处于大敌当前、准备作战的氛围中。与整个国家经济的困苦艰难相一致,军队在新中国成立的头几十年背负了沉重的负担,对外先后投入抗美援朝、抗美援越的大型战争,与印度、苏联、越南等国也发生过边界冲突。"文化大革命"时期,军队受到严重冲击。直至改革开放,中国人民解放军仍然没有摆脱战争和革命年代特殊的心态,没有适应和平建设时期的标准,与多数大国加快新军事革命的势头相比,处于相对停滞封闭的状态。

20世纪80年代以降,与整个国家的改革开放进程相联系,中国的国防和军队建设也经历了一个拨乱反正、正本清源的过程。首先,邓小平本人做出了对时代主题的全新判断,把和平与发展作为时代的两大主题。其次,服务经济建设中心,走精兵之路,将国防建设纳入法制轨道。再次,配合国家总体外交,军队实行了数次大裁军;开展了形式多样的对外军事交往,定期发布国防白皮书,与多个国家军队进行联合军演,增强军事透明度和互信;参加国际裁军与军控进程,提倡互不首先使用核武器,呼吁签署反外空武器化的条约;尤其是作为联合国安理会常任理事国,贡献了安理会常任理事国里最多的维和兵源和世界第二多的维和经费。中国对武力的使用十分谨慎,改革开放以来,没有与邻国发生武装冲突,在中国主权和国家安全得到良好维护的同时,与周边国家和世界主要大国的军事交往及互信关系得到全面改善。

今天,成为世界第二大经济体和第二大军费开支国之后,中国国防和军事领域的对外交往面临着新的机遇与压力。一方面,随着中国综合国力的上升,外部世界各式各样的"中国威胁论""中国责任论"也不断增多,尤其对中国军队现代化的目标有着越来越多的猜测与议论。另一方面,随着全球化进程的推进和中国融入国际体系进程的深入,中国的国家利益也在不断拓展,超出了传统的疆界,延伸至更大范围的国际空间,因而也对新时期军队保障这种利益提出了新的要求。维护国家主权、安全和领土完整,统筹军队建设与经济建设的关系,处理国家安全与国际安全的不同要求,更多地参与国际合作,应对传统和非传统安全的综合威胁,是转型的不同部分。

(四)非传统安全:更多重视及应对

改革开放以来,中国的决策部门、学界以及公众对非传统安全问题的兴趣不断上升,从一个侧面反映出这个大国长期的和平发展和经济重心的影响,说明了能源安全、生态安全、信息安全等非传统安全议题对中国现阶段产生的影响,与此前形成鲜明对照。

在改革开放之前的那段时期,由当时的国内政治氛围所决定,追求经济利益对于中国人来说不是一件荣耀的事情。中国与邻国的军事冲突连连,外部压力在自身焦虑中不断被放大,构成国家安全威胁的主要来源。在几十年的时间内,先是美国的封锁,后有苏联的威胁,中国人始终处于紧张的气氛中。这一时期的安全观锁定在传统范畴内,聚焦在军事方面,对其他方面缺乏了解、顾及不上,尤其没有体现出对国家安全与国际安全的关系的认知。这种安全观的背后潜含着中国对世界形势的"左"倾判断,那就是认为全球革命到了关键阶段,因而急欲推进全球范围内的解放事业,即便付出重大牺牲和战争代价也在所不惜;它强化了"文化大革命"时期中国人安全观的激进特征。

对非传统安全问题的认识,是改革开放以来的新鲜事物,呈现出不断深化的过程:

1978—1991年是从传统安全拓展至非传统安全的过渡期。中国实现了时代观及相应安全战略的转型,在与贫困问题相关的社会安全维护、政治安全维护上做出了努力。时代观的转型是,从强调"战争与革命"转变到追求"和平与发展"。在安全重心上,从单纯看重"军事安全"转变到重视"综合国力"。"脱贫""效益"等被提上政府工作日程,与社会安全的维护紧密相关。

1992—2000年是非传统安全问题凸现,开展多领域应对挑战的时期。在这一时期,非传统安全概念被引入中国,中国在外交上也首次提出新安全观,强调互信、互利、平等、协作。随着应对亚洲金融危机和随后加入世界贸易组织,中国人对安全的理解得到深化和拓展,合作安全、集体安全、区域治理与共同应对全球性挑战的意识逐渐深入人心,中国人也更注重从政策层面保障安全问题。

2001—2008年是非传统安全问题不断加深、传统安全与非传统安全相互交织,中国与世界的共同安全意识加深的时期。中国政府、外交部门和学界、媒体全面重视对非传统安全的研究与应对,在与反恐怖行动相关的国际合作反恐、与反分裂主义相关的国家安全维护、与流行疾病问题相关的人的安全维护、与能源资源问题相关的能源安全维护、与环境问题相关的生态安全维护等方面,表现出了前所未有的关注和努力。

最近十余年尤其是中共十八大以来,在新的国际国内背景下,政府提出"可持续安全"概念,把它上升到实现中华民族伟大复兴、构建人类命运共同体的高度。学界更是探讨了非传统安全的起源、概念等大量理论问题,并对经济安全、金融安全、能源安全、环境安全、水资源安全、民族分裂问题、宗教极端主义问题、恐怖主义问题、文化安全问题、武器扩散问题、信息安全问题、流行疾病问题、人口安全问题、毒品走私问题、非法移民问题、海盗问题、洗钱问题等做了多维的分析。中国更加主动履行大国责任,自身安全与全球安全不可分割的意识更加强烈。以战争、革命、乱中取胜、另起炉灶为特征的旧时观念早已远去,维护自身发展与稳定、维护国际和平与繁荣、自觉以一个新的全球角色建设和引导人类命运共同体,成为新一代中国政治家和学术界的明确呼吁和实际努力。

三、不同领域的进步

(一)地方国际化:逐渐增强的进程

随着经济全球化的加速和中国改革开放事业的全面推进,中国各地的国际化进程也在不断加深,中央在保证主要财权、人事权和军队掌控权的前提下,通过制度性的变革和完善,给予各省、自治区、直辖市各级政府越来越多的自主权(包括对外经济交往的权限);市场化过程改变了旧的大一统模式,使地方积极性得以发挥,对中国整体的对外关系产生了重要影响。

改革开放之前的中国,权力集中在中央政府,地方和基层的积极性受到抑制,没有自身的财权,更谈不上对外经贸权。对外援助或接待外宾的任务一旦下达,不管有多么大的困难,接到任务的基层单位和地方政府必须无条件完成。普通个人或民营企业在国家对外交往中要么不存在,要么隐形。地处边疆的省、自治区、直辖市和各级政府,没有任何权力和权利利用地理位置或本地资源发展与周边国家的经贸联系。

当代中国的经历表明,国门一旦打开,国家与市场导向的国际制度之间的互动就会对一国从上到下的国际化进程产生强化作用。就政策层面而言,随着政府工作重心转向经济领域,从20世纪80年代开始,中央政府对企业和地方政府实行分权让利,其指导思想是从计划经济过渡到市场经济。对企业的分权促使财政收入进一步向企业分散,对地方的分权则促使地方政府在经济活动中拥有更多原来属于中央政府管理的财权和事权,这些财权和事权涉及基本建设计划审批、物价管理、外资审批、外贸及外汇管理、企业下放;中央授予少数地方政府、经济特区、中心城市、边疆城市享有一定的特许权。这些都大大助推了地方的自主性与国际化。

深圳经济特区发展迅速

在中国,地方的国际化进程表现为一种不均衡的渐次推进、由沿海向内地纵深发展的过程,不同省份和基层单位的自主性与国际化水平参差不齐、情况不一。首先,沿海地区和少数直辖市获得了先发的机会,它们不仅拥有良好的自然地理区位条件,而且改革开放之后最先设置的各种经济特区、试验区、高新技术区和管理体制改革试验条件,带动了这些地区迅速国际化、地方事权财权和对外交往权限的迅速扩张。其次,在一些沿陆地边疆的省区,特别是少数民族集聚的地方,中央政府也赋予了其从事涉边外贸和经济合作的大量许可,在外交上提供了大量协助;在国际舞台上,中国领导人出访也经常首访周边邻国并签署协定,首先受益的当然是这些省区。像"一带一路"倡议最早惠及的就是邻近中亚的西部省区和毗邻东南亚的广东等沿海省份。再次,中央政府与周边国家在边界谈判、主权维护、海岛建设、边疆守护等重大议题上,也经常依赖和赋权给相关省市及地方基层单位,从而大大加强了地方外事工作的资源投入和干部能力培养。例如,近年随着中国进发海洋的热潮涌动,也由于南海安全和政治形势微妙,军队和国家加大了海南、广东、福建等沿海省份的海洋民兵队伍建设投入,专门设置了三沙市和三沙警备区的重大制度,从而给了相关地方其他省份无法获得的特殊关照。最后,可以见到,由于一线城市和沿海省份的人才密集度高、教育科技发达、传媒信息量充足、就业机会较多,因此在人员的素质或国际知识储备、普通人出游、学生留学和机构设置等各个方面,这些地方自主性发挥的基础扎实牢靠、发挥的空间大,走在了全国的前列。

对于中国这样一个超大国家、多民族国家、周边环境复杂多样的国家,上述趋势具有重要意义。一方面,它证明了改革开放给中国地方带来了巨大活力,新的体制机制与中央方针创造了大国奇迹;中国的进步与世界影响力很大程度上来自这种活力的释放,尤其是基层自主和国际化进展。另一方面,它也带来了新的压力与挑战,特别是新一代决策精英必须对如何全面考量全国总体发展和稳定的"一盘棋"、避免过大的地方差距带来副作用有新的方针和安排,这样才能在原有基础上继续跃升。

(二) 全球化观念：由无到有、逐渐生根

全球化观念对中国的深刻持久影响，是当代国际关系进步的主要体现之一。曾经闭关锁国的中央王国成为"地球村"中最活跃的一员。中国人心态的积极变化，也对全球化观念在其他地区的传播起了一定的示范效应。

显而易见，全球化对中国而言是一个当下的议题，改革开放以后才有可能传播，大体经历了三个阶段：

第一阶段（1978—1989 年）是初步引介时期。在此期间，全球化观念的输入与中国对外开放政策的制定联系在一起。工作重心的转移把实现"四个现代化"放到党和国家的头等重要的位置。因此，发展经济、发展生产力成为大趋势，得到民众的广泛拥护。中国经济与全球经济开始接轨，中国意识到开放与合作的必要性。

第二阶段（20 世纪 90 年代）是加速传播的时期。它与中国现代化建设和对外开放进入新阶段相适应。从邓小平著名的"南方谈话"、与邻国合作应对亚洲金融危机、中国加入 WTO 这些事例中，各界都加深了对全球化的了解。也正是在这个阶段，中国开始了对全球化的理论介绍与研究。全球化观念的理解与传播更为自觉、主动。中国逐步实现了全方位对外开放。这一进程再也不可能逆转。中国不仅没有像苏联、东欧那样发生崩溃，相反进入国际化、市场化的新阶段。

第三阶段（21 世纪以来）是全球化在中国的深植期。全球化观念几乎成了中国政治家和学者的口头禅，中国的快速崛起成为全球公认的现象，中国逐渐从世界边缘地带进入中心位置。尤其在中共十八大之后，中国迅速成为全球化在当今世界的主要旗手，成为自由贸易的重要维护者，成为国际社会沿着全球化方向推进的巨大动力之一。亚投行、金砖机制、上海合作组织，尤其是"一带一路"倡议，这些带有中国标签的重大平台与倡议，无不是全球化最新进展的引人注目的构件。

"一带一路"倡议的推进

全球化观念对当代中国转型的影响主要表现为：一是注重世界的相互依存和时代主题的转换，从强调战争与革命转向和平与发展。二是注重世界的整体性，强调从国际与国内两个大局考虑问题和制定政策。三是承认经济全球化的客观趋势和融入经济全球化的必然性，坚持在改革开放中寻求发展和安全。四是承认全球化进程的复杂性、不平衡性，在困难的低迷阶段不倒退、不放弃。五是承认人类面临共同的全球性挑战，主张各国共同参与全球治理，努力在人类命运共同体建设与民族国家利益优先立场之间寻求平衡。六是超越意识形态的对抗，强调各国合作和多边主义的作用。

全球化观念在中国的植根，让中国人逐渐意识到，没有必要推翻现存的国际秩序，而是应该在参与和合作中完善它。全球化改造着中国，塑造着当代中国人的心态；中国的积极态度增强了全球化势头，扩大了全球化的受众面。这是一个典型的双赢态势。

（三）国际问题研究：朝向开放自信

改革开放所倡导的思想解放使中国国际政治学快速成长进步，从完全同国际主流学术隔阂割裂的状态变成积极对话、努力探寻、不断提升的状态,从粗糙、简单、注释式的国际问题追踪发展为更加精细、形态多样、极富潜能的探索。虽然矛盾与缺点尚存,但中国国际问题研究正在发生历史性转型。

从新中国成立直到20世纪70年代后期,中国的国际问题研究一直没有得到充分发育。首先,相关研究领域知识分子的工作在这段时间没有受到各级领导干部和社会各界的足够重视,学者的深入探索和独立见解不受鼓励。其次,60年代初中苏两国决裂之后,建立起高校和党政机关的一些调研国际问题的单位和教学部门,但始终只是高层政治决策的注脚与诠释。最后,由于与外部世界隔绝,国际上的学术进展很少传入国内,国内研究者也没有机会出去交流,因而自说自话的现象十分普遍,研究工作陷入低水平重复的情况居多。特别是由于极左思想的干扰破坏,国际问题的资料收集与学术研究始终是狭隘片面的。

从改革开放以来,国际问题研究有了新的气象。1978—1989年是第一阶段,学术工作和知识分子得到高层鼓励,开放的氛围使得大量国外文献及流派思想得以引进;其中,来自苏联、东欧这些传统社会主义国家的作品数量大幅减少,而欧美日发达地区的译作和资料成倍增长,反映出中国改革开放的新取向。与现实经济、社会和政治风向的调整相一致,国际问题研究工作引介了大量被认为是国际主流的代表作品、学派观点,西方学术在中国的影响力迅速上升。这一阶段另外一个大的进展是在制度建设和学科设置方面,恢复了被"文化大革命"时期整肃的许多专业方向和学术项目,教材与课堂教学都有偏向西方发达世界的动向,与此前一段时期形成鲜明对照。

20世纪90年代算是第二阶段,国内改革开放进入再启动的状态,理论学习也进入更加深入细致的消化吸收阶段。这一阶段更加注重方法论和学术范式,大量借鉴了美国的国际关系理论。从西方留学回国的一批知识分子开始发挥作用,对中国国际政治理论的规范化和系统化做出了重要贡献。在学术制度的开放性和研究项目的展开方面,这一阶段的一个重要特点是,国际合作的比重大幅上升,中国学者与国外同行的交流达到过去少有的高度。这一切使21世纪初中国成功加入了世界贸易组织并全面改善了与东南亚国家的关系,这对于中国国际问题研究的国际化进程有着特别的推助作用。

进入21世纪后是第三阶段,国际问题研究进入了理论学习的深化期,理论学习在数量和质量上都大幅度提高,经验型研究大量出现,使用中国经验(历史的和现实的)的研究日益增多,并且开始有了理论创新的意识。从学术成长的规律考察,这一阶段中国新生代的学者具有更加优越的经济、技术和主观条件,中国国家综合国力的强盛也给学者们带来更多的自信与创新渴望。从外部引进思想与方法的工作仍在继续,但学界强调的重点和国家资助的对象有所转向,中国特色的国际问题研究和学派创立越来越多被提上日程。

2008年之后,中国经济、科技、军事实力是世界大国中成长最快的,综合国力被公认是世界领先的。与此相应,中国年轻学者同西方同行平等对话的意识更加强烈。中国学者开始更多地使用中国的经验和现实来验证和批评西方的主流理论。随着中国与非洲、欧洲、拉美和东南亚地区持续而深入的交流合作推进,中国与外部世界的全方位互动也在加速,美国依然是我国主要的仿效、批评和超越对手,但其他地区的同行及作品更多进入中国学者的视野。然而,中国国际关系理论的原创性仍然不够;在为数不多的有新意的中国特色理论里,更多的是从古典文献和思想中再挖掘,而较少从现代科学技术与其他分支学科的最新进展中嫁接融合,这与欧美发达国家的同行存在一定差距,也多少限制了这些创新理论的吸引力和年轻人受众面。如何发掘中国传统的思想和实践,借鉴各国国际关系理论和思想,创建既有中国内涵又具普适意义的国际关系理论体系,是新时代重要的挑战之一。另外,政策性研究居多,基础理论相对薄弱,也是不可忽视的一个问题。

国际问题研究的"中国特色"

总体来看,中国国际问题研究已迈上新的台阶,总体形态和特征早已不同往昔,已经与改革开放以来国家在物质和体制层面的进步保持了同步,更加开放自信的时代有望到来。

中国对外关系的转型升级与中国的改革开放紧密相连。在人类漫长的历史中,40多年不过弹指一挥间,但它给中华民族带来的进步却是史无前例的,也奠定了中国与世界关系的全新基石。

思考题

1. 如何认识改革开放以来中国的整体进步和转型的内在动力?
2. 造成中国各方面转型升级的外部环境和条件主要有哪些?
3. 同世界其他大国相比,中国最近40年有什么大的超越?

推荐阅读

1. 〔美〕傅高义:《邓小平时代》,冯克利译,生活·读书·新知三联书店2013年版。
2. 〔美〕伊莉莎白·埃克诺米、米歇尔·奥克森伯格主编:《中国参与世界》,华宏勋、闫循华等译,新华出版社2001年版。
3. 王逸舟主编:《磨合中的建构——中国与国际组织的多视角透视》,中国发展出版社2003年版。

第三版后记

第三版在此前基础上做了大的改进:增加了三分之一左右的新内容,同时对保留的章节做了材料更新和文字润色。

感谢责编武岳女士,她的细心工作使书稿更加规范。感谢方一优、杨立帆、黄富姿、杨莹依、吴佳蕾几位同学,用富有想象力的插图为教材添色不少。感谢我的同事、《国际政治研究》编辑部的王海媚女士,对通篇文稿做了高质量的校对勘误。

写作这一版的时候,正值新冠疫情在中国大地肆虐。写作间隙常默默望着窗外天空,为远在武汉的家人、乡亲及医护人员祈愿。这一刻只能尽自己的本分,为读者写出有意义的作品。

王逸舟

2020年2月下旬于北大朗润园

教师反馈及教辅申请表

北京大学出版社本着"教材优先、学术为本"的出版宗旨，竭诚为广大高等院校师生服务。为更有针对性地提供服务，请您认真填写完整以下表格后，拍照发到 ss@pup.pku.edu.cn，我们将免费为您提供相应的课件，以及在本书内容更新后及时与您联系邮寄样书等事宜。

书名		书号	978-7-301-	作者	
您的姓名				职称、职务	
校/院/系					
您所讲授的课程名称					
每学期学生人数	_____ 人 _____ 年级			学时	
您准备何时用此书授课					
您的联系地址					
联系电话(必填)				邮编	
E-mail(必填)				QQ	
您对本书的建议：					

我们的联系方式：

北京大学出版社社会科学编辑部

北京市海淀区成府路 205 号,100871

联系人：武　岳

电话：010-62753121 / 62765016

微信公众号：ss_book

新浪微博：@未名社科-北大图书

网址：http://www.pup.cn

更多资源请关注"北大博雅教研"